安徽省高等学校"十一五"省级规划教材

安徽省重点学科教育学原理、课程与教学论建设基金资助项目
安徽师范大学教材出版基金资助项目

基础教育改革研究

JICHUJIAOYU GAIGE YANJIU

周兴国 朱家存 李宜江 编著

安徽师范大学出版社

· 芜湖 ·

内容简介

　　基础教育改革是一定社会组织或国家在保证基本教育制度不变的前提下,有目的、有计划地对基础实践中不合理的因素加以变革,以使基础教育适应教育与社会发展的实践活动。本书可分为两个部分:第一部分是基础教育改革理论问题的探讨,着重探讨和思考有关基础教育改革的本质、动因、阻力、过程、策略及模式等问题;第二部分阐述基础教育改革的内容,重点介绍了20世纪80年代以来我国基础教育的管理体制、课程与教学、学校德育方面的改革,最后对基础教育改革中存在的问题进行反思并对基础教育未来发展趋势进行展望。

　　本书适合作为高等院校教育学专业本科及研究生的专业基础课教材,也可供基础教育工作者阅读。

　　责任编辑:胡志恒
　　封面设计:王　芳

图书在版编目(CIP)数据

　　基础教育改革研究 / 周兴国, 朱家存, 李宜江编著. — 芜湖: 安徽师范大学出版社 2010.12 (2019.7修订重印)

　　ISBN 978-7- 81141-137-9

　　Ⅰ.基… Ⅱ.①周… ②朱… ③李… Ⅲ.基础教育—教育改革—研究—中国 Ⅳ.G639.21

　　中国版本图书馆 CIP 数据核字(2010)第 254831 号

基 础 教 育 改 革 研 究

周兴国　朱家存　李宜江　编著

出版发行:安徽师范大学出版社
　　　　　芜湖市九华南路189号安徽师范大学花津校区　邮编:230071
网　　址:http://www.ahnupress.com/
发 行 部:0553-3883578 5910327 5910310 (传真)
印　　制:江苏凤凰数码印务有限公司
版　　次:2010 年 12 月第 1 版
印　　次:2019 年 7 月第 5 次印刷
规　　格:787×960　　　1/16
印　　张:15.75
字　　数:291 千
书　　号:ISBN 978-7- 81141-137-9
定　　价:45.00 元

目　录

引 言

一

"基础教育"、"基础教育改革"、"基础教育改革研究"，我们面对着三个相互联动又相互关联的概念。严格说来，后者已经不能算是概念，称为命题更为合适。不过要考究后者，就不能不涉及"基础教育"和"基础教育改革"。

"基础教育"从何时开始使用并成为一个广为人知的概念，甚至成为国家教育政策和教育理论研究的基本概念，没有人考证过，无从知晓。然而，无名未必无实。大凡世界之事物，总是先有其存在而后才有其命名，基础教育亦然。尽管"基础教育"是现代社会乃至是中国社会所普遍使用的概念，然而，基础教育之实践却因为教育在国家和社会的政治经济生活所起到的巨大作用而早已有之。西方诸国在现代化的过程中之义务教育的普及，可以说是最早的基础教育。如此说来，基础教育乃始于教育为全体人民之为人的基础，何时对此类教育命名为"基础教育"并不重要。

自有基础教育以来，便有了基础教育改革。当 19 世纪末英国的教育家塞西尔·雷迪在阿博茨霍尔姆创建一所乡村寄宿学校时，当德国的教育家赫尔曼·利茨和法国的教育家埃德蒙·德穆林也相继开办同类型的新学校时[①]；也就是说，当 19 世纪末 20 世纪初在欧美等国出现"新教育运动"和"进步教育运动"时，"基础教育改革"就已经开始。或许我们可以把欧洲的"新教育运动"看作是目前各国广泛开展基础教育改革的开拓者和先行者。

当基础教育改革渐成为社会普遍存在的教育现象时，对基础教育改革之研究和探索的活动也因此而开始。杜威虽然表面上看来是探讨有关基本的教育问题，然而，就有计划的改革行为而言，杜威可以算得上最早思考基础教育改革问题的教育家。只是他没有象今人那样有意识地使用"教育改革研究"或"基础教育改革研究"之类的概念。

这是一个直觉的判断，一个有待进一步理智辩护的判断。

---

① 赵祥麟.外国现代教育史[M],上海:华东师范大学出版社,1987:54～55.

二

　　人们对于基础教育改革已经作出各种不同的理解。然而,对基础教育改革作出某种理解是一回事,实际的基础教育改革以怎样的预设为前提而展开则是另外一回事。尽管人们都认为,基础教育改革在本质上不过是对现存的基础教育之弊端的修正,然而,实际的基础教育改革似乎一定要以对既存的基础教育之否定为前提。例如,"转变学习方式说"便是如此,似乎不对现在的现实进行彻底的破坏和颠覆并不足以实现对基础教育的完善。

　　在我们看来,改革不是对已经存在的基础教育作出根本性的否定。在这一点上,我们需要牢记埃德蒙·柏克的教诲。柏克在阐述有关政制变革时指出,"改革不是实质上的改变,不是对对象作根本性的修正,而是针对人们提出的弊病直接予以补救。"①这是政制变革所应遵循的原则,难道不也应该是基础教育改革必须要遵循的原则,是人们对基础教育改革所应持有的信条?基于新的原则来拟定基础教育方案,从而废除过去的人们通过长期的实践而获得的意识,对于基础教育发展来说可能是危险的。当前在学者的群体中存在着一种不良的风气,即喜欢和热衷于对基础教育的现实秩序和存在状态吹毛求疵,过分地张扬或夸大某些问题,以至于在公众看来,现实的基础教育已经到了病入膏肓的程度,不来一次彻底的革命、不对现实的基础教育作一次根本的清除,将不仅遗害当代,而且还祸及将来。

　　这便牵涉到我们应该如何看待当下的存在问题,也牵涉到我们如何看待基础教育现实弊端的问题。人们喜欢用理论的完美来衡量现实的不完美,用理想的状态来评判现实的状态;人们对于其自身的理性过分的自信,以至于认为一切的人类实践都可以通过"建设"而予以完善。如果说这不是我们这个社会的毛病,那至少也不能说是我们这个社会的优点。因为是从理想来否定现实,从完美来否定现实的不完美,所以人们就容易形成彻底地否定现实的虚幻的思维方式。他们忘记了这样的一个古训,即他们自己也将成为后人否定的对象;他们忘记了,在教育实践中追求理论的完美可能会引出现实的邪恶。而在集权制下,这种对于理论完美的追求就可能带来这样的恶习,即通过呈现极少数的、经过精心设计的完美而掩盖大量的现实存在的不完美。它展现了处于特定环境的人们的功绩,而牺牲了大众的真实感受。

　　基础教育作为人类的构建物,由于受事物本质的组织结构的限制,其本身就

---

① 埃德蒙·柏克.自由与传统[M].蒋庆,王瑞昌,王天成,译.北京:商务印书馆,2001:137.

存在固有的弱点。各种现实的弊端或毛病，或许正是这种固有弱点的反映，因而也是基础教育的实践开展所不可避免的。这仅仅是一种假设。或许这种假设本身是成立的，因为倘若我们认定自然之物是完善的，那么人为之物便不可能不具有某种局限性。这样说并不意味着面对基础教育可能存在的弊端而不作任何的改进工作，而是说对基础教育之改进应该是有节制的与温和的，不是任意的和激进的。应该审时度势地进行基础教育改革，同时也应该审慎的、小心的和符合伦理道德要求的，应该在改革的时候抱有对前人经验和智慧的尊重与敬畏的心理。基础教育改革需要"充满活力的头脑、稳健而强劲的观察力以及能够创造出大量快捷方法的智力资源来发挥作用"①。热情和狂热可以在瞬间摧毁人类社会多少年来通过审慎、精思和睿智而获得的关于基础教育的良好意识和经验，而结果不一定能够建构起较之被摧毁的对象来说更好的东西。虽然基础教育中的缺陷是明显的，过失是可见的，但对于这些缺陷和过失的改革却必须慎重，因为它们可能是个体基础教育体系的内在的组成部分。仅仅是试图剔除这些缺陷和过失而不对基础教育整个体系进行改革是达不到目的的。而一旦试图对基础教育体系进行改革，则我们又可能面临更大的风险和邪恶。

这是我们对基础教育改革所持有的态度。

三

基础教育改革作为专门的研究领域，大概要从第二次世界大战之后，基础教育改革成为国家行为和政府的政治行动时算起。由于研究的时间不太长，因而这个研究领域在专门的教育学术用语、研究方法以及研究所呈现出来的结论上，还都不是很成熟；这个领域的研究内容应当包括哪些，研究的逻辑起点是什么，也都不明确。然而，基础教育改革每日都在进行；基础教育在改革过程中也在不断地遇到各种各样的问题，这些问题由于关系到国民素质能否得到提高、一国之公民的创造力和创新精神能否得到有效的培养，因而又都是改革的实践者迫切希望能够得到解决的。在这种背景下，对基础教育改革进行理性的探讨与思考，就不仅是一个纯粹理智的兴趣问题，也是一个关系国计民生的实践问题。

然而，作为专门的研究领域，"基础教育改革研究"还有许多问题并没有澄清，如基础教育改革的对象与改革本身的关系？现实的教育秩序与有待建立的教育秩序之间的关系？基础教育改革最终的指向——是试图使基础教育更符合教

---

① 埃德蒙·柏克.自由与传统[M].蒋庆，王瑞昌，王天成，译.北京：商务印书馆，2001：127.

育自身的规律还是使基础教育更符合人的集体意志？基础教育改革是修正自身还是对自我的否定？无论是修正自身还是对自我的否定，都预设着完善的基础教育之存在，那么这种预设的可能性如何？如何才能够保证这种理念的基础教育存在的合法性？此外，基础教育改革到底应该是从个体出发还是从基础教育系统的结构出发来着手解决既存的问题？这些问题不清楚，则无论是基础教育改革的实践，还是有关基础教育改革之理论研究，就会如同建筑高楼大厦而没有根基一样。实践的紧迫性或许可以对这些问题不予考虑或悬置一旁，而理论的研究就不能不对此进行思考。遗憾的是，迄今有关基础教育改革之研究，对于这些关系到理论研究之根本的问题仍然没有予以应有的关注。

四

其实关于基础教育改革已有的研究成果，更多的都是在现象的层面，描述已经发生的或正在发生的事情。这当然很重要，然而仅有此是不够的。我们需要一个更有解释力的理论能够解释已经发生的现象。或许人们以为，基础教育改革理论乃是关于行动的，而不是关于知识的；因而，重要的不是对已经发生的基础教育改革之现象作出有说服力的解释，而是对基础教育改革实践提供有意义和有价值的强力指导。关于行动的理论是指向未来的，而关于解释的理论则是面向过去的。如此一来，关于解释的基础教育改革的理论与关于指导的基础教育改革理论之关系，就是一个有关对过去的基础教育之现象和对可能发生的基础教育之现象的关系的问题。由此，关于基础教育改革之理论或研究的看法，从根本上来说就是一个关于如何看待研究对象或实践活动本身——基础教育——的观念问题。如果我们认为，现实生活中所发生的一切基础教育改革之现象，都具有某种内在的关联性，因而都体现出被某种我们尚未清楚认识的规律所支配，那么，有关基础教育改革的解释性理论就不仅对理论的建构来说非常重要，即使对于基础教育改革之实践来说也是非常的重要。非常遗憾的是，迄今还没有具备足够解释力的关于教育改革理论的出现。

就我们的意图而言，研究的旨趣仍然在行动而不是在知识。因此，无论是本书的前半部分有关基础教育改革之动因、阻抗、过程、策略与模式的研究，还是后半部分有关基础教育改革之内容的讨论，它的目的都是明确而清楚的，即期望能够为基础教育的实际行动提供指导。最后是否能够对基础教育改革之实践提供切实而有效的指导，这要留待基础教育改革实践来检验。

与改革实践密切相关的理论是这样一种理论，它主要不是关注基础教育应该如何的理论，亦即不是探讨理念的基础教育之理论问题，而主要是有关好的基础教育如何达致或如何安排才能够最好实现基础教育之目标的问题。如果基础教育改革研究主要是关涉实践或行动，那么它就需要两个不可缺少的前提性条件，即有关基础教育改革的解释性理论所提供的事实描述以及有关基础教育改革的哲学理论所提供的好的基础教育的理念辩护。由于改革是对已经形成的基础教育之秩序的重构，因而我们必须事先清楚地知道和认识待建构的基础教育之秩序的状况，以及事物重构过程的发生规律。在二者都不甚明了的情形下武断地进行基础教育改革，我们就可能会成为扰乱基础教育之秩序的罪人，而真正的邪恶在于可能牺牲一代国民的发展。

当基础教育改革研究没有提供有解释力和理念辩护的理论背景时，我们也不能因此而中止对基础教育改革的研究。在这种情况下研究者就只能从未经确证的前提出发，从经验所能提供的当下的基础教育之现实出发。这样做固然存在危险，但也有一定的好处，那就是为后来者对基础教育改革之研究提供一个有效的靶的，提供一个可资否定的路径。至少也让诸多关心基础教育改革的仁人志士认识和了解到基础教育改革中存在的问题。

也许我们不仅需要一门"基础教育改革学"这样的学科，更需要一门"基础教育改革哲学"这样的学科。也许我们并不需要后者，而可以直接从道德－政治哲学中汲取已经取得的研究成果，以此为出发点而思考有关基础教育改革的若干问题。但不管怎样，研究与思考基础教育改革的各种问题，都不能置上述问题于不顾。

这是基础教育改革研究面临的困境，也是我们在思考和研究基础教育改革问题时所面临的困境。

第一章 基础教育改革研究概述

综观教育发展史可以发现,基础教育改革作为社会存在之现象,主要是发生在 20 世纪以来的事情。至少在进入 20 世纪之前,无论是高等教育、中等教育,还是初等教育,教育都处于一种较稳定的状态。由于社会政治经济环境的相对稳定性,教育在很长的历史时期都始终保持着它与外部环境所具有的一致性与不变性。这其间当然也有变化,然而这种变化远不如进入 20 世纪后教育所发生的那样快速。自进入 20 世纪,"基础教育改革"开始成为教育理论和教育实践中越来越常见的概念。它不仅见之于专业研究文献,而且也进入大众传播媒介,并与公众越来越发生密切的关系和联系。这是人类教育史上新近发生的独有现象。

在我国,教育被看作是培养人才的社会实践活动,对经济与社会发展具有基础性、先导性、全局性的巨大作用;基础教育是教育事业的奠基工程,是提高民族素质的基石,对经济和社会发展更具有决定性的深刻影响。因而,基础教育改革也成为全国性的事业。我国有两亿多未成年人在接受基础教育,对他们采用怎样的教育方式、培养成什么规格的人才,将直接关系到未来的国民素质,关系到国家的兴衰存亡。对基础教育改革的深化研究,是十分紧迫的重大问题。

本章将对基础教育改革的内涵界定、基础教育改革的发展历程、基础教育改革的形势与任务依次展开分析,从总体上对基础教育改革进行概述。

第一节 基础教育改革的内涵与本质

"基础教育改革"作为一个时代的概念,已经广泛为人们所知,并且在各种语境中得到普遍的运用。政府官员及教育行政管理人员、中小学校的校长及教师、一般的公众等,没有不使用这个概念并且对此进行各种不同的议论和评价。然而,究竟什么是基础教育改革?与教育及社会其他方面的改革相比,它具有哪些特点?基础教育改革对于基础教育及其发展,有着怎样的作用和地位?对这些问题未必就能够说得清楚,因此,系统地思考和阐述"基础教育改革",首先要在概念和观念层次厘清上述问题。

一、基础教育改革的内涵

理解"基础教育改革"的内涵,需要阐明"基础教育"和"改革"这两个概念的涵义。不仅要在语义上明确概念的应有之义,而且还需要将概念的语义放在特定的教育及社会背景下,亦即放在概念的语境下来明确概念的意图。为此,我们将从概念的语境和语义两个方面,来理解"基础教育改革"之意蕴。

(一)基础教育

"基础教育"作为教育理论与实践的基本概念,什么时间开始被提出和广泛地应用,不得其详。从日常的用法上看,很长一段时间,人们将教育类型主要划分为"学前教育"、"初等教育"、"中等教育"、"高等教育",未见有"基础教育"之说。可以肯定的是,至少是在 20 世纪 80 年代,"基础教育"一词才开始成为我国的一个普遍化的社会用语。然而,即使作为一概念,其语义亦是随着历史语境的变迁而变化的。可以这样说,不同的历史时期,人们对"基础教育"概念的理解是有着很大的不同的。

《世界全民教育宣言》认为,基础教育本身不仅仅是目的。它是终身学习和以人的发展为中心的基础,各国可以在这一基础上系统地建立其他层次和种类的教育和培训。由此来看,基础教育之"基础",乃是相对于更高深的教育或人的更进步的发展而言的。查尔斯·赫梅尔在《今日的教育为了明日的世界》中明确指出了"基础教育"之"基础"的应有之义,即基础教育是向每个人提供的并为一切人所共有的最低限度的知识、观点、社会准则和经验。它的目的是使每个人能够发挥自己的潜力、创造性和批判精神,以实现自己的抱负和幸福,并成为一个有益的公民和生产者,对所属的社会发展贡献力量。……基础教育应能使青年:(1)通过他们的工作有效地参与本国的经济发展;(2)作为公民,通过他们对社会的服务,在政治、文化和社会方面对民族团结作出贡献;(3)发展他们自己的人格。①

尽管人们对基础教育之"基础"作出了某种理解,但是它的意涵还是有着与语境相伴生的特征,即由于世界各国教育发展水平不同,其"建立其他层次和种类的教育和培训"所需要具备的"基础"亦不相同,因而相应的,基础教育之"基础"的内在规定以及由此而决定的外在要求也就大不一样。

从我国基础教育改革的发展历史来看,"基础教育"的意涵也是随着语境的变化而变化的。顾明远主编《教育大辞典》对"基础教育"(Basic Education)的解释是:亦称"国民基础教育",是对国民实施基本的普通文化知识的教育,也是提高公民的基本素质的教育,或者指为继续升学或就业培训打好基础的教育。一般指

---

① 查尔斯·赫梅尔.今日的教育为了明日的世界[M].王静,赵穗生,译.北京:中国对外翻译出版公司,1983:130.

小学教育,有的包括初中教育。学习年限为 5 年、6 年至 9 年。1985 年,《中共中央关于教育体制改革的决定》指出,"把发展基础教育的责任交给地方,有步骤地实行九年制义务教育。"并指出,在实行九年义务教育的同时,还要努力发展幼儿教育和特殊教育。从政策的语境看,基础教育的主体是九年制义务教育,但也不仅仅是。幼儿教育和特殊教育也属于基础教育的范畴。与基础教育相对的,则是职业教育和高等教育。1986 年的《中华人民共和国义务教育法》第一条指出:"为了发展基础教育,促进社会主义物质文明和精神文明建设,根据宪法和我国实际情况,制定本法。"义务教育法的立法目的同样表明,九年义务教育——小学和初级中学,是基础教育的主要构成。然而,到了 1993 年,"基础教育"概念的意涵则开始发生变化。《中国教育改革与发展纲要》指出,"基础教育是提高民族素质的奠基工程,必须大力加强。""发展基础教育,必须继续改善办学条件,逐步实现标准化。中小学要由'应试教育'转向全面提高国民素质的轨道,面向全体学生,全面提高学生的思想道德、文化科学、劳动技能和身体心理素质,促进学生生动活泼地发展,办出各自的特色。普通高中的办学体制和办学模式要多样化。"《中国教育改革与发展纲要》的阐述意味着,基础教育概念的外延开始从幼儿园、小学、初中、特殊教育等扩展到普通高级中等教育。因此可以这样说,由于教育的改革与发展,基础教育的外延在不长的时间内就得到了扩张。它不仅表明社会关于基础教育的主流观念,而且还落实在实际的教育改革与教育行动之中。从党和国家有关基础教育政策的规定来看,基础教育是提高民族素质的奠基工程,是针对全体国民并提高其素质的教育。它应当包括小学教育、初中教育和普通高中教育,即中小学教育。

不仅国家政策的表述为我们理解"基础教育"的应有之义提供了指南,而且学者们对于这个概念的思考,亦表明了该概念的可能范围。例如,郭福昌等认为,"基础教育(包括九年制义务教育及普通高中教育)是提高全民族素质的奠基工程,在整个教育中处于重点地位。""新时期的基础教育是迎接 21 世纪挑战的'基础工程'。""基础教育已经成为全民的、全面的终身教育的最初阶段。它不仅以其基础性关系到每个社会成员的发展,更以其全民性和全面性影响着整个社会物质文明和精神文明的发展。""学前教育是基础教育的外延","普通中、小学教育是基础教育的主体部分"。[①]从目前的研究情况来看,这种解释符合党和国家的教育政策精神与教育实践的行动导向,体现出我国教育实践的基本倾向。它不仅准确地阐述了基础教育的内涵(奠基工程)与特征(基础性、全面性、全民性),更详细地描述了基础教育理当包含的外延(学前教育、普通中小学教育)。

---

① 郭福昌,吴德刚.教育改革发展论[M].石家庄:河北教育出版社,1996:65～66.

实际上，考虑到世界各国教育发展的不平衡性，联合国教科文组织在提到"基础教育"这个概念时，主要是从最大可能的意义上来使用这个概念的。因此，有学者指出，联合国教科文组织的有关文献在谈到基础教育时主要是就世界范围来说的，它包括初等教育、扫盲及成人接受的初等的继续教育等。这里所说的基础教育是就我国而言的，它包括中小学的教育，尤其是指九年义务教育①。显然，这是学者的又一种见解。但是，如果不考虑基础教育所必须要涉及到的外延，则人们一般对基础教育概念的涵义之理解，也并非有很大的差异。通常，人们倾向于这样来界定"基础教育"，即"基础教育，包括初等教育和中等教育中的一部分，是使受教育者打下文化知识基础和作好初步生活准备的教育。基础教育学校具有双重的培养目标，一方面要为高一级学校输送合格人才，另一方面要为社会培养劳动后备力量。"②

从以上所引述的不同观点来看，在当代中国，人们对"基础教育"并没有作出严格的界定，而只是在约定俗成或政策语境的背景下来使用这一概念的，尽管人们在这种约定俗成的用法之外又加入了自己的理解与看法。一些论者是在广义上使用"基础教育"这一概念的，即作为终身教育的最初阶段，凡为社会每个成员提供的并为一切人所共有的最低的知识、观点、社会准则和经验的教育，都为基础教育，包括学前教育、初等教育、扫除文盲教育及成人接受的初等的继续教育，初级中等教育及普通高中教育等等。

从内涵上看，基础教育则是提高全民族素质的奠基工程，是全民的、全面的终身教育的最初阶段。它不仅以其基础性关系到每个社会成员的发展，更以其全民性和全面性影响着整个社会物质文明和精神文明的发展。它主要包括九年制义务教育及普通高中教育，其核心是九年制教育，其中，学前教育是基础教育的延伸，普通中小学教育是基础教育的主体部分。可以看出，基础教育是对全体国民实施的教育，是每一个国民都应该接受的、最低限度的教育，是提升个体基本素质的教育。它不同于职业教育和高等教育，它是以提高国民素质为目标而进行的不定向的、非专门的基础科学文化知识的教育，是整个国民教育的基础环节。

（二）教育改革

在阐述基础教育改革内涵之前，还需要对"教育改革"的概念作一辨明。关键之处在于我们应该如何来理解"改革"的意涵。有关对教育改革之理解，总涉及这样几个方面的问题，即谁进行改革？为什么要进行改革？改革什么？如何进行改革？所有有关教育改革之理解上的分歧，都是与人们对上述问题之不同的回答有关。

---

① 徐玉珍.可持续发展与基础教育的革新[J].教育研究,1999,(10).

② 金一鸣.中国特色社会主义教育研究[M].济南:山东教育出版社,1998:147.

　　自教育改革成为我们这个时代的一个较为常见的社会现象之后，对教育改革的理性思考也随之而出现。20世纪80年代以来，教育理论工作者开始从不同的立场和角度出发，来探讨教育改革问题，并且出版了一系列的专著。通过已经出版的研究文献来看，对教育改革的理解之分歧还是非常明显的。

　　王宗敏和张武升在所著《教育改革论》中认为，教育改革"是对落后的教育状况或教育思想乃至教育理论进行有计划有目的的变革，使其获得预期的进步与发展的过程。"[①]这个定义着眼于过去与现实的比较，指出了教育改革的前提与组织特征。此种教育改革观预设了落后与先进、保守与进步之对立，以一种历史主义的眼光来看待当下的教育现实，并指出这种当下的教育现实与教育未来发展之间的张力。而改革作为一种策略或手段，正在于促进教育从当下不太令人满意的状态走向未来完满的状态，从而促进教育的进步与发展。教育现实的不合理性乃是教育改革的前提，也是教育改革的对象；"有计划有目的"则表明了教育改革的组织特征。然而，这种教育改革观在其看来清晰的表面隐含着诸多含糊不清之处，如"落后的"、"进步与发展"等概念，由于包含着太多的价值取向而造成语义上的含糊。以一种怎样的标准来看，某种教育状况或教育思想才是落后的呢？此外，"改革教育思想"之类说法亦存在着有待确证的问题，同时也预设了许多未及说明的前提。

　　袁振国在所著《教育改革论》中认为，"教育改革可以理解为按照某种预期的目标以改进实践的有意识的努力，它包括制订同旧目标无关的新目标、新政策，或赋予过去的教育以新的职能。教育改革的实质是对未来的反应。"[②]按照这种解释，教育改革就是有意识地改进教育实践的努力以适应未来的发展。当下与未来的紧张，仍然是教育改革所不可逃脱的符咒；新与旧的对比总是要出现在人们对教育改革的理解之中。"旧的"是不好的，就如同"新的"是好的一样。教育中旧的东西不会自动地从教育历史舞台中退出，它需要人们自觉的努力和理性的建构。人们的理性，并非是单个人的理性，而是具有总体特征的类主体的理性，能够解决人们在主观上看到的所有的教育问题。在这种教育改革观中，教育改革的主体看起来是退隐的，然而实际上它又是以一种非常彰显的方式而存在着。具有教育改革主体资格的，乃是那些代表着历史进步方向的一类人。他们所具有的理性足以认识何谓正确，何谓错误，何谓先进，何谓落后。

　　与上述有关教育改革以改进现实适应未来的观点不同，另有学者认为，教育改革主要是对不断变化着的社会之适应。例如，吴忠魁等认为，"相对于教育长期变化的过程而言，教育改革只是一种相对短暂的人为变化。在任何一次改革之前

　　① 王宗敏,张武升.教育改革论[M].郑州:河南教育出版社,1991:1.

　　② 袁振国.教育改革论[M].南京:江苏教育出版社,1992:24.

和之后,教育都有一个相对稳定的渐变过程。……当教育的内在规律运动受阻时,如教育不能适应社会需求时,教育改革必将发生。"①这是从教育变化的规模、程度与发生的性质来讲教育改革。教育总是在发生着渐渐的变化。只有人为引发的变化才是教育改革。引发教育改革之根本原因,在于"教育的内在规律运动受阻"。

不管学者是如何理解"教育改革"这一概念的,教育改革都总是与某种变化联系在一起。正如张人杰所说的那样,人们通常总是把教学上的革新以及教育的观念、目标、发展战略和优先抉择等方面的根本变化——简单地说在教育政策和教育规划范围内诸要素的变化——看成教育改革。②教育之变化总是在发生,但并非正在发生变化的教育就是教育改革。因此,教育之变化的目标性和计划性就成为教育改革的非常重要的特征。概言之,教育改革就是人们"按照一定的目的要求,把教育活动中陈旧的不合理的部分改成新的、能适应一定社会政治、经济需要的一种实践活动。教育改革包括对受教育者施以有目的、有影响的德育、智育、体育活动诸方面的改革,也包括对教育思想、教育制度、教育内容和教育方法的改革,而且教育思想的改革要先行。"③

上述有关教育改革的界定分别从内容、范围、变化程度、性质等方面指出了教育改革在某一方面或若干方面的特征。较为详尽地界定教育改革之概念的,是挪威的教育改革研究专家波尔·达林。在其所著《教育改革的限度》中,波尔·达林指出,"当我们使用改革这一词时,我们是指有意识地改革现实以达到理想目标的活动。然而,这并不排斥发展那些与旧的目标无关的新的目标、政策和功能。但大部分改革研究都醉心于那些用新的方法、组织安排和人事政策改革教育现实的细小调整。这些改革不涉及对目标的重新解释,而只牵扯到旧目标的操作实践的重新界说。"④归纳上述有关教育改革之特征的不同描述可以发现,一项教育实践之被称为"教育改革",至少满足以下几个方面的条件:

* 教育现实的不合理性是教育改革的前提与出发点;
* 目的性、计划性是教育改革的组织特征;
* 教育改革总是一种基本制度架构内的改变与变化;
* 适应社会、适应未来是教育改革的主要目的;
* 教育改革可能涉及到教育的各个方面。

(三)基础教育改革

根据以上我们对"基础教育"和"教育改革"两个概念内涵的分析,我们可以

---

① 吴忠魁.教育变革的理论模式[M].成都:四川教育出版社,1988:9.
② 张人杰.现代教育改革论[J].外国教育资料,1985,(5).
③ 张焕庭.教育辞典[M].南京:江苏教育出版社,1989:77.
④ 波尔·达林.教育改革的限度[M].刘承辉,译.重庆:重庆出版社,1991:25.

对"基础教育改革"作如是定义:基础教育改革是一定社会组织或国家(在其行政职能行使的意义上即指各级教育行政机关,学校及其他教育教育机构)在保证基本教育制度不变的前提下,有目的有计划地对基础教育现实中不合理的东西加以变革,以使基础教育适应整个教育与社会发展的社会实践活动。对此概念可从以下几个方面来理解。

1. 基础教育改革的目的是更好地为现存社会制度服务

基础教育改革与教育革命不一样。教育革命是从根本上否定既存的基本教育制度,教育改革则是在基本教育制度的框架内作非根本性的改变。因此任何基础教育改革都会受到社会与教育制度的约束。

2. 实施基础教育改革的主体是一定的社会组织

由于教育在国家和社会发展中的作用越来越突出,基础教育改革通常是由国家来组织推行。这使得基础教育改革具有很强的国家性、目的性与计划性。这与 20 世纪初由个人根据先进的教育理论与心理学理论所进行的教育改革有着很大的区别。

3. 教育是一项系统工程

这使得基础教育改革必然与其他类型的教育改革联系在一起,与职业教育高等教育的改革联系在一起。因此,推行基础教育改革,需要从教育系统的结构与整个功能出发,使基础教育改革适应整个教育改革与发展的需要。

4. 基础教育改革指向现实的不合理性

基础教育现实的不合理性是基础教育改革的前提、出发点,也是基础教育改革的现实条件。因此,基础教育改革既具有理想性,也具有现实性。

二、基础教育改革的本质

基础教育改革的本质问题,是一个有关何谓真正的基础教育改革之本体论的问题。它所追问的问题是:基础教育改革是什么?如果说,对基础教育改革之概念意涵的把握,乃是从语义和语境的角度来探问"何谓基础教育改革"的问题,那么追问"基础教育改革是什么"则是从本体论的角度来追寻基础教育改革的理念和本质所在。

现有的有关基础教育改革的研究文献告诉我们,人们并没有对有关基础教育改革之本质形成基本的共识。从探究基础教育改革之本质的理论视角来看,大体可以归纳以下五种不同的观点。

(一)基础教育改革本质的系统论观点

基础教育改革之本质的系统理论主要是由一般系统分析理论发展而来。其主要代表人物是前联合国教科文组织教育计划研究所主任库姆斯。这种观点认为,任何一个社会系统的组织功能取决于构成系统的要素及其要素之间的结构,而其表征则为环境对于系统的投入与系统的产出之间的关系。教育系统的多种因素,经由教育系统的作用后,产生了多种输出,从而反馈到社会系统之中,产生各种社会效益。当教育系统的组织功能不能充分发挥时,就需要对教育系统进行改革。从系统的观点出发,一个系统的改革,不是个别部分或因素的补充或修正,而是整个系统的结构与功能的调节与更新。因此,即使是个别部分或因素的变动,也要从整体结构及其功能出发。任何类型的基础教育改革都是全面的系统的。根据系统的观点,库姆斯认为,着眼于改变人的信念的基础教育改革,要"有一个开放的思维系统,而不是大多数改革者所习惯采用的封闭系统"。①

(二)基础教育改革本质的合理决策论观点

合理决策论认为,人是一个理性的动物,其行为和活动是有逻辑顺序和规律的。对于具体的教育改革决策活动来说,如果它遵循了人的行为与活动的规律,那么它就是合理的、正确的。而教育现状之所以存在危机,需要予以改革,恰恰在于决策活动不符合人的行为与活动规律。由于这样的一个基本假定,与系统论考虑系统内部各种关系与联系不一样,合理决策论在实施基础教育改革时,着眼于理性的慎思,强调改革决策的客观、合理和科学。其基础教育改革的模式可概括为以下几个阶段:现实危机阶段,即发现教育现状存在着严重的问题,感到迫切需要改革,因而进行改革的准备工作;决定阶段,涉及宣传改革的意义,明确树立具体教育改革的目标、方法技术和改革框架,验证改革可行性的范围或限度;实施阶段,改革者把教育改革置于社会大系统中考虑,并将改革的决定化为可操作的程序模式;反馈调节阶段,把方案执行的结果及时反馈到决策机构,便于控制与调节。

(三)基础教育改革本质的渐变论观点

这种理论由社会达尔文主义发展而来。其最早的代表人物是英国的教育家斯宾塞,后来逐渐成为英美一些教育家和教育改革研究者所主张。例如杜威就认为社会变革与教育变革是逐渐变化的,不是革命式的突变。该理论的基本内容是:教育如同生物一样是一个有机体,是不断进化的、演变的;教育为了处理与外部因素的关系,求得自身的发展,必须使内部各有机部分及其功能发生不断的变化和调节。这样就发生了一系列的改革;教育改革的过程是渐变的,而不是突变的;教育改革包括教育竞争,允许不同教育制度、模式、方式方法之间的竞争,使优胜汰劣;教育改革与竞争的目的在于完善教育的结构与功能。

(四)基础教育改革本质的突变论观点

该观点与渐变论相反,是从社会革命理论发展而来。主要为冲突论派教育社

---

① A·W·库姆斯.教育改革的新假设[M]// 瞿葆奎.国际教育展望.北京:人民教育出版社,1993:275.

会学者所坚持,代表人物有韦布兰(T·Veblen)和熊彼德(J·Schumpeter)。其主要观点是:教育改革源于不同利益团体之间的冲突;教育改革是一场深刻的革命,是一个突变的过程,因此必然伴随结构的破坏与更新;教育改革作为一个突变的过程有周期性,在周期内,它起始于教育的危机。经历了一个内隐的酝酿过程,最后以革命的方式爆发出来。有研究者认为,20世纪美国的两次大规模的教育改革都是革命性的。从第一次教育改革到第二次教育之间经历了一种潜在的危机酝酿过程,这个过程最终是以突发性方式为世人所认识到的。突变论强调教育改革的革命性,但这种"革命性"并非政治意义上的社会革命。它仅指教育改革的深刻程度以及创新程度而言,并不意味着教育的社会性质的改变。

(五)基础教育改革本质的完善论或除弊论观点

自1985年教育体制改革以来,有关基础教育改革之本质的问题,即开始进入中国学者的理论视域之中。一个基本的取向就是,将教育改革与教育发展紧密地联系在一起,通过教育改革来促进教育发展。在这样的取向中,隐含着基础教育有待进一步发展完善或基础教育还存在一定弊端的思想。中共中央《关于加强教育体制改革的决定》中指出,要从根本上改变这种状况,必须从教育体制入手,有系统地进行改革。经过改革,要开创基础教育工作的新局面,使基础教育能够主动适应经济和社会发展的需要。由此,基础教育改革在本质上是社会主义教育制度的不断完善的过程,或者是去除基础教育之弊端,即基础教育改革在本质上是对落后的教育状况或教育思想乃至教育理论进行有计划有目的的变革,使其获得预期的进步与发展的过程。

三、基础教育改革的特征

(一)基础教育改革特征的类型分析

基础教育改革本质的多重性理解,表明了基础教育改革现象的复杂性以及人们对于基础教育改革认识的差异性,由此而产生了人们对于作为人类社会实践活动之一的基础教育改革观念上的分歧。但是我们仍然可以对世界上所发生的各种改革进行适当的分类,并从不同类型的基础教育改革中概括出它在实践过程中所呈现出来的特征。

1. 波尔·达林的"改革类型学"

波尔·达林使用"改革的类型学"范畴来对各种教育改革进行分类,并将整个教育改革划分为四个领域。①

领域1:目标和功能。改革主要是改善学校复杂的社会经济目标和功能。

---

① 波尔·达林.教育改革的限度.刘承辉,译.重庆:重庆出版社,1991:26.

领域2:组织与管理。改革主要是改善教育领导(包括管理、财政、决策和立法)。

领域3:角色和角色关系。改革主要是改善角色任务和角色关系。这明显地与领域2有联系,但它的目标不在于改进技术和程序,而在于改进个人担负的职能以及个人之间和群体之间的相互关系。

领域4:课程。改革主要是改进课程,包括它的目的、内容、方法、评价、设备和教学内部组织。

2. 兰德组织的标准描述

兰德组织则根据他们所确定的几个基本标准来描述各种教育改革现象。这些基本标准包括:

中心性。指改革在多大程度上触及到那些作为组织内核或中心的目标、标准和行为模式。

复杂性。指改革提出的措施的复杂程度、影响深远程度如何,以及改革要在什么程度上改变组织内群体的行为和态度。

改革的质和量。这一方面与上面两点不同,特指对个人而不是对组织内群体或单位提出的参与要求。改革对个体推行者的困难程度是改革性质的重要方面。

和谐。指一项改革的目标、价值观和实际作法与采用该项改革的组织的目标、价值观和实际作法的契合程度。

可见性。这一概念指改革在多大程度上为组织内外的非参与者所监督或控制,即改革的步骤及其成败在多大程度上是公开的。

3. 基础教育改革的内容分析

此外,还可从改革所涉及到的特定方面来描述基础教育改革:

技术变革。主要涉及教育教学方法、手段、组织形式等方面的变化。基础教育改革的技术变革多侧重于基础教育中的技术层面,而较少关注基础教育的道德的、政治的和价值层面的问题。

行为变革。大多数改革要求个人行为发生变化。例如变"应试教育"为"素质教育",使用现代化教育手段等,都需要教师和学生在态度和行为上发生重大的变革,而做到这一点并不容易。

组织变革。它涉及群体标准和组织结构的改革,包括决策结构和职能结构的改革。有时组织变革包括领导行为方式的改革,以及解决冲突的模式和组织中整个"气氛"的变化。

社会变革。指权力、资源和机会在社会内部的重新分配。改革高等教育入学考试制度,扩大高等学校规模,就是一项掺杂着极大社会变革成份的教育改革运动。社会变革是很少仅靠教育变革实现的。

(二)基础教育改革的基本特征

对基础教育改革的现象进行分类,其目的乃在于便于人们把握基础教育改革的基本特征。关于基础教育改革的基本特征,我们可以作出如下的描述。

1.基础教育改革是一个不断发生的过程

这是基础教育改革的过程性特征。无论是适应性的基础教育改革,还是革命性的基础教育改革,都需要时间,并且包括许多阶段,同时它还涉及到个人、组织和各子系统。这一过程在一定程度上超出了系统内部的教育工作者和学校的控制能力而由他们之外的各种力量决定。改革成败与否只是在很小的程度上依赖于教育内部对改革过程的系统安排。但是如果教育系统内部能够彻底理解改革管理过程自身的复杂性和动力,那么这种理解将有助于改善这一过程。

2.基础教育改革是一种系统反应

这是基础教育改革的系统性特征。社会系统的任何改革都像一种链锁反应。个体、组织和利益集团通过受外部力量的控制的正规或非正规纽带联系在一起。基础教育改革的成败在很大程度上取决于这些因素之间的相互关系及力量,以及改革过程怎样处理环境的整体性和动态性。对从事改革的个人和学校来说,由谁并为谁作决定,花费什么样的代价之类的问题,在决定改革的动力及相互关系上甚为关键。

3.基础教育改革是一种多方面的现象

这是基础教育改革的多样性特征。只有通过多种不同的观点,包括不同学科的观点,才能充分认识教育改革。许多学科的不同理论和前提,对理解改革过程的许多方面是很重要的。改革既是政治的,又是技术的;既是组织的,又是个人的,只有把改革的特征和背景都考虑在内的过程分析,才能真正理解改革过程的全部意义。

4.基础教育改革是一种关涉学生全面发展的活动

这是基础教育改革的教育性特征。基础教育就其内容说,是促进儿童和青少年全面发展的教育。这就要求基础教育的教学内容要能满足儿童进一步发展的需求。首先,基础教育要传授给学生基础的科学文化知识。这些知识是人类文明成果的结晶,是接受高一级的科学知识或专门知识的基础。其次,要培养学生的动手能力和实践意识。动手能力是将书本知识转化为现实的中间环节,而社会实践是受教育者学习科学文化知识,全面提高自身素质,努力成材的最终目的和归宿。只有依靠社会实践和动手能力,才能运用所学的知识,改造自然和社会,服务于社会。再次,基础教育要培养学生的社会素养和心理素质。社会素养包括思想道德品质、爱国观念和审美意识等,这些素养对于成为现代社会所需要的文明人是十分重要的。心理素质教育是为了使学生适应现代社会的激烈竞争和快速的生活节奏,通过这种教育,"切实提高学生的吃苦耐劳精神、勤奋拼搏精神、适应能力和抗挫折能力,培养学生乐观、坦然、开阔、进取的生活态度、积极地面对人生。"①只有通过这些方面,基础教育才能培养出全面发展的人,才能促进受教育个体的全面发展。

四、基础教育改革的意义

(一)基础教育的优先性地位与基础教育改革

教育,首先是基础教育,是关系国家、民族前途命运的千秋大业。作为教育事业基石的基础教育,对于提高国民素质、培养各级各类人才,对于实施科教兴国战略、加速我国现代化进程,都具有基础性、先导性和全局性的重要作用。新中国成立五十多年特别是改革开放以来,我国基础教育工作取得了巨大进步,基本普及九年义务教育和基本扫除青壮年文盲的目标初步实现。但基础教育总体水平不高,发展不平衡,问题还不少。不加强基础教育,就不可能实现中华民族的伟大复兴,更不可能把我国建成强大的现代化国家。必须把基础教育作为教育事业发展的重点,放在优先发展的战略地位。

基础教育要优先发展。这首先是因为它是人的基本权利。同时它为社区经济和社会发展传授了所需的知识和技能,而且有利于个人的自我实现。除了读、写、算,思考能力,批判能力,寻求和使用解决日常生活问题、增进健康、提高生产力和生活水平、保护环境和文化遗产所需的信息的能力,对于今天的个人发展和社会发展都是非常关键的。

确立基础教育优先发展的战略地位,要以邓小平同志"教育要面向现代化,面向世界,面向未来"和江泽民同志"三个代表"的重要思想为指导,坚持教育必须为社会主义现代化建设服务,为人民服务,必须与生产劳动和社会实践相结合,培养德智体等全面发展的社会主义事业建设者和接班人。

确保基础教育优先发展的战略地位,要保障基础教育的经费投入。现行基础教育体制的一个最大问题,是既无法保证义务教育经费的稳定来源,又为乱收费、乱摊派敞开方便之门。因此,"实行在国务院领导下,由地方政府负责、分级管理、以县为主的体制",明确中央、省、地(市)、县在基础教育管理与经费投入上应负的责任,就为基础教育投入的稳定连续的来源提供了制度保证。

确保基础教育优先发展的战略地位,还要全面贯彻党的教育方针,扎扎实实推进素质教育。要适应时代发展和现代化建设的要求,端正教育思想,转变教育观念,面向全体学生,培养他们的创新精神和实践能力,使学生具有适应终身学

---

① 王宝升.对基础教育任务和内容的再认识[J].教学与管理,2002,(3).

习的基础知识、基本技能和方法,具有健壮的体魄和良好的心理素质。

(二)重视基础教育改革是我国现代化建设的需要

重视基础教育,是落实科教兴国战略和教育优先发展战略的首要任务,是促进社会主义现代化建设的奠基工程。2001年6月由国务院召开的全国基础教育工作会议是改革开放以来第一次由国务院召开的关于基础教育工作的会议,也是新世纪之初我国教育工作的一次重要的历史性会议。会前发布的《国务院关于基础教育改革与发展的决定》(以下简称《决定》)是指导新世纪初叶基础教育工作的纲领性文件。这次会议的召开和《决定》的颁布预示着党中央、国务院对基础教育工作的高度重视。为了贯彻执行《决定》的精神,必须重视基础教育,把基础教育摆在重要的战略位置。

首先,现代化建设所需要的大量人才需要通过教育来培养,而基础教育的性质决定了基础教育在提高劳动者整体素质、促进人的全面发展方面有着不可取代的作用,只有重视基础教育,加快实施素质教育的步伐,才能为现代化建设提供人才储备和智力支持。现代生产需要大量的高素质的劳动者,劳动者素质的高低、能力的强弱很大程度上取决于他们所受教育的程度和质量。只有重视基础教育,才能提高劳动力的素质和质量,满足现代化建设在人力资源方面的需求。

其次,现代化建设所需要的科学技术要通过教育来生成。教育通过传递人类长期积累的科学技术、创造和发明新的科学技术来发挥再生产科学技术的功能,基础教育,尽管不承担科学研究和技术开发的任务,但它的任务是让最广大的适龄人群接受教育,让他们在基础教育中有所收获,这样才能保证他们后续学习的可能和现实,为他们将所学知识和科学转化为技术提供基础动力。

(三)基础教育改革是完善我国整个教育体系的需要。

科教兴国,基础教育是奠基工程。改革开放以来,我国基础教育改革与发展取得了巨大成就。但是,面对新的形势,我国基础教育在体制、结构以及教育观念、教育教学内容与方法等诸多方面,还不能适应时代的需要,基础教育的战略地位尚未真正确立,一些地方对基础教育重视不够,必须加快基础教育的改革和发展。一个国家的资金和技术可以引进,但国民素质是无法引进的。作为一个发展中的人口大国,基础教育搞上去了,就可以把沉重的人口负担转化为巨大的人力资源优势,这是任何国家也比不了的。因此,必须大力加强基础教育工作,把我国劳动者的整体素质提高到适应社会主义现代化建设要求的水平上来,提高到适应未来激烈的国际竞争的水平上来。切实重视基础教育,加快基础教育的改革与发展,不仅是教育工作的当务之急,而且是推进我国现代化建设的一项紧迫而艰巨的任务。

当前我国基础教育最突出的问题是片面追求升学率，单纯搞以升学为目的的"应试教育"，瞄准考试科目进行封闭式、强化式教学，忽视学生个性的发展，忽视素质教育。这样培养出来的人才脱离社会、脱离实践，既不适合经济建设和社会发展的需要，也不利于人本身的发展。"深化教育教学改革，扎实推进素质教育"，这是《决定》对基础教育的改革与发展提出的明确要求。实施素质教育，必须全面贯彻党的教育方针，认真落实《中共中央国务院关于深化教育改革全面推进素质教育的决定》，"端正教育思想，转变教育观念，面向全体学生，加强学生思想品德教育，重视培养学生的创新精神和实践能力，为学生全面发展和终身发展奠定基础"。①实施素质教育，还要抓紧配套制度的建设，如改革考试评价和招生选拔制度，探索科学的评价方法；改革中小学教材的出版发行制度，试行出版发行公开竞标的方法；改革教育选拔和任用制度，深化人事制度改革，建立高素质的中小学教师队伍。

基础教育是一项系统工程，是全社会的共同事业，国家机关、企事业单位、社会团体等要发挥各自优势，共同努力，以强烈的社会责任感和紧迫的时代意识，从各方面深化基础教育改革，形成全社会关心、支持基础教育的良好氛围。

第二节　基础教育改革的假设与追求

如果我们把改革看作是人们在组织层面上有意识地改变现状的实践活动，那么这种在组织层面上有意识地改变现状的实践活动，究竟意味着什么？它包含着人们对于现实的一种怎样的看法或认识？是什么在引导着人们作出有意识的改变现实的活动？基础教育改革的理论研究，有必要对这些问题作一些探讨和思考，以厘清人们并没有意识到但却实实在在地发挥着引导人们行动之作用的假设。

一、基础教育改革的基本假设

翻开当代中国各种文本的教育文献可以发现，不断出现在我们眼前，并进入我们意识深处的范畴，就是教育改革。这种同一概念在不同文献中反复频繁的出现，预示着人们对现实教育活动的不满以及对待美好未来的渴望，反映了人们的一种祈盼中国教育现代化尽早实现的急切心情。然而，当参与教育活动的和并非参与教育活动的人们都在不断地叙述着"教育改革"或"基础教育改革"时，这种叙述本身意味着什么呢？当不同活动领域的人们在谈论或议论着基础教育改革

---

① 国务院关于基础教育改革与发展的决定[J].安徽教育，2001，(7-8).

时,他们对于教育改革发生发展的规律又知之多少呢?

基础教育改革之发生,当然意味着人们对于现实的教育活动之不满意以及对于美好的教育之追求。然而,如果我们把现实的教育活动看作是人们活动之结果,那么人们何以对自己的活动结果产生很大的不满意,以至于一定要采取某种行动以期改变这种状况?主体的非同一性并不能够很好地解释这种现象。所谓主体的非同一性,是指基础教育之实践的主体与基础教育之改革实践的主体之间存在着差异,或者说后一代的教育实践主体与先一代的教育实践主体之存在着差异。不断地进行基础教育改革,意味着后一代对先代的教育努力与教育实践之否定。但是,恰恰是在这样的意义上,我们能够看到基础教育改革的持有的主要假设。

(一)存在着理念的教育或完美的教育

无论人们对于教育可能会持有怎样的见解与看法,一种本体论的教育观总是若隐若现地呈现出来。即使是那些反本质主义的或生成主义倾向的研究者,在试图对基础教育改革作出某种阐释时,都会在更深的意识层面包含着对本真教育的设想。基于此,基础教育就可以区分为现实的和理念的。前者是我们每一个人都切身体验并参与其过程的,后者则是存在于观念之中或存在于人们的言说之中。

(二)现实的教育是不能令人满意的

从哲学的意义上说,是人们对于世界的假设与看法决定着人们的活动与行为方式。当我们从最简单的意义上说,基础教育改革即意味着人们对于自己所处的教育现实不满时,这种概念上的界定包含着人们的这样一个观念,即当前的教育现实对于那些观察它、影响它的人们来讲是不好的,或者至少是不能令人满意的。如果每个人都非常满足于现实,那么在这个世界恐怕就没有人会想着去改变它。那么人们对于当前的教育现实不满意味着什么呢?

人与动物的最大区别在于人的活动与行为是一种有意识有目的的对象性活动。人的活动总是指向一定的对象(即客体),因此人的活动不可避免地要受到活动对象的约束,即要遵循事物发展的客观规律;然而人又总是从自己的主观愿望与需要出发来改造对象、开展实践活动的。当人以自己的尺度来要求客观对象时,那么这种要求就会成为人的一种对于对象的预期的期望,即活动的预期结果——活动目的或目标。为了达到预期的结果或期望,人们确定自己的行为方式和活动方式,并实际地展示这些行为方式和活动方式。时间在流逝,事物在发展。人的需求在其价值观念的引导下,最终凝聚在对象上,人以其实际的行为方式和活动方式,实现愿望、需求与价值的对象化。

无论是系统组织功能的不健全、教育改革决策的不合理、教育系统适应社会环境变化之需要,还是教育系统内部的外部的利益团体的冲突,也无论是要推动教育的发展、完善社会主义教育制度,其核心的观念就是认为,当下的教育现实不能令人满意,教育现实存在着不合理性。这是人们关于教育改革的一个最基本的假设。如果教育现实令人满意,那么无论从什么样的角度来看,教育改革都没有发生的必要。从另外一个角度来看,所谓教育改革就是以人们认为的较为完善的教育方式取代现行的教育。而上述各种关于教育改革的观点其实质都是从不同的角度来描述这种教育现实的不合理性。

(三)理性能够引导人们走向更加完善的基础教育

当现实与理念存在着巨大的差异时,这种差异并不能够成为人们为此而悲观的基础。相反,对于理性的信奉,以及对于自我改善能力的尊崇,使得人们相信,通过人们的理性的实践活动,基础教育之不能令人满意的现实是可以得到改变的,是可以不断地走向理念的基础教育的。正是在这样的观念支配下,基础教育在政府或学校的严密组织下,进行着一场又一场的改革运动。基础教育改革研究所关注的,正是这个维度的相关问题。具体而言,作为一项理性的实践活动,对于基础教育改革之问题的思考,必然要涉及以下两个方面的大问题。

一是涉及如何进行教育改革的问题。这里涉及的内容有:为什么要进行基础教育改革的问题,即教育改革的动因问题;就教育改革是对人们的教育交往方式的改变,从而从根本上说是对人们的利益关系的改变而言,基础教育改革不可避免地会遭遇到一些力量的反对或抗拒,因此,着手进行基础教育改革,就必须考虑教育改革的阻抗问题;在进行实际的教育改革时,人们还要考虑一些具体的策略,这必然有一个基础教育改革的策略问题;就世界各国教育改革的指导思想及其具体操作程序来看,任何基础教育改革总有一定的模式与程序。上述四个方面的问题将构成我们研究的第一部分的内容,属于基础教育改革的基本理论研究。

二是涉及改革什么的问题。基础教育改革所涉及的具体内容究竟有哪些?归类的标准不一,答案也可能有很大的差异。但就世界各国基础教育改革的实际情况来看,基础教育改革总涉及以下几方面的内容:基础教育的管理体制问题,包括基础教育的外部领导体制与中小学内部领导体制问题,所涉及的是一个国家的基础教育权力、权利、义务与责任的分配问题;基础教育教学改革,涉及如何有效而公平地开展教学以及教与学的相关问题;基础教育课程改革,涉及教什么以及相关的课程组织与设计问题;基础教育德育改革;全面推进素质教育问题等等。

二、基础教育改革的价值追求

基础教育改革的基本假设乃是人们针对基础教育中不合理的东西而试图加

以改变它,使其变得更合理。换言之,基础教育改革的实质在于追求基础教育实践的合理性。那么基础教育的合理性又意味着什么呢?

(一)基础教育合理性的一般要义

合理性是一个意义十分宽泛、难以明确定义的概念。从其内涵来看具有极大的相对性和不确定性,人们对其可以从不同的角度予以理解和界定,而从其外延来说又具有极大的包容性和涵盖度,几乎无一领域的问题研究和探讨能够将其排除在外。在中文中,人们对于"合理性"主要有两种理解方式。一是"合乎理性",这时如何理解和界说理性就至关重要了,不同的理性观相应地产生不同的合理性观;二是"合理的特性",这里关键在于追问什么是合理的,它强调人们对事物存在或人的活动及其结果是否"应当"、"正当"、"正义"、"可取"等的认识评价。从合理性这一概念的内在逻辑发展来看,传统理性主义对合理性的理解和应用主要是在第一种方式上展开的。它主要是根据对理性的理解来认识和评价事物的合理性;而现代的合理性研究则更多地强调或关注第二种意义上的理解和应用,在各个领域中广泛追问其"正当、应当、合理"的具体内涵和实现途径。从第二种意义上来理解合理性,那么合理性就是一个评价概念,合理性问题也就是一个评价问题,是与对"什么是合理的、什么是正当的、什么是应当的"追问及评价分不开。

但是问题立刻就会变得复杂起来。因为评价问题涉及到价值标准问题,因而不可避免地涉及到价值选择准则问题。这个价值选择准则是什么呢?

马克思说:"诚然,动物也生产。它也为自己营造巢穴或住所,如蜜蜂、海狸、蚂蚁等。但是动物只生产它它自己或它的幼仔所直接需要的东西;动物的生产是片面的,而人的生产是全面的;动物只是在直接的肉体需要的支配下生产,而人甚至不受肉体需要的支配也进行生产,并且只有不受这种需要的支配时才进行真正的生产;动物只生产自身,而人再生产整个自然界;动物的产品直接同它的肉体相联系,而人则自由地对待自己的产品。动物只是按照它所属的那个种的尺度和需要来建造,而人却懂得按照任何一个种的尺度来进行生产,并且懂得怎样处处都把内在的尺度运用到对象上去;因此,人也按照美的规律来建造。"①马克思在这里的意思是说,动物的生产和建造是通过自然选择形成的,而人则是自觉地选择,它既按外在客观事物的尺度,又按内在需要的尺度进行选择。因此,人们在进行实践活动时,必须把这两个尺度联系起来统一起来。人类实践活动的特殊性,在于人类是依据"两种尺度"来进行自己的生命活动的。

从马克思主义哲学的立场出发,合理性就是人类活动的合目的性与合规律

---

① 马克思恩格斯全集:第42卷[M].北京:人民出版社,1979:96~97.

性的统一。作为实践主体的人,自己给自己构成人所要求的世界图景,并以自己的实践活动使世界变成自己理想的世界。但同时,实践作为人的客观物质性活动,又必须面对客观世界,以客观世界为转移,因为人们必须通过自己的行动,亦即采用一定的方式与手段才能够实现自己的目的。因此,一方面,实践主体要按照自己的欲望、目的、要求去改变世界;另一方面,实践主体的目的性要求又必须积淀着关于世界的规律性认识,这种目的性要求才能得以实现。

(二)基础教育合理性的具体内涵

1.基础教育改革的合目的性追求

基础教育改革合目的性追求,即是基础教育改革要合乎马克思主义关于人的全面发展的理论与理想,其最终目的是达到人的自由而全面的发展,使人获得自由与解放。但是教育目的又是随着时代的变迁而变化的。不同的时代,不同的社会环境,社会对于培养什么样的人会有不同的要求。中华人民共和国成立至今,我国教育目的的变化可以分为三个阶段,即建国后至“文革”前、“文革”时期和十一届三中全会至今。

十一届三中全会以前,在计划经济体制的影响下,培养人才强调政治标准,忽略了人才的其他方面的要求,强调共性,而忽视了个性。随着经济体制改革的深入,在基础教育改革的问题,首先对教育目的做了较大的调整。

1981年6月中共中央十一届三中全会通过的《关于建国以来党的若干历史问题的决议》提出,教育工作要“坚持德智体全面发展,又红又专,知识分子与工人农民相结合,脑力劳动与体力劳动相结合的方针。”

1985年5月,《中共中央关于教育体制改革的决定》明确提出了教育改革合目的的要求,“在整个教育体制发展的过程中,必须牢牢记住改革的根本目的是提高民族素质,多出人才,出好人才。衡量任何学校工作的根本标准不是经济收益的多少,而是培养人才的数量和质量。紧紧掌握这一条,改革就不会迷失方向。”“提高民族素质,多出人才,出好人才”具体要求就是:“教育必须为社会主义建设服务,社会主义建设必须依靠教育。社会主义现代化建设的宏伟任务,要求我们不但必须放手使用和努力提高现有的人才,而且必须极大地提高全党对教育工作的认识、面向现代化,面向世界,面向未来,为90年代以至下世纪初叶我国经济和社会的发展,大规模地准备新的能够坚持社会主义方向的各级各类合格人才。……所有这些人才,都应该有理想、有道德、有文化、有纪律,热爱社会主义祖国和社会主义事业,具有为国家富强和人民富裕而艰苦奋斗的献身精神,都应该不断追求新知,具有实事求是、独立思考、勇于创造的科学精神。”

1993年2月,中共中央、国务院颁发的《中国教育改革和发展纲要》进一步强调教育的根本目的,是“提高民族素质,多出人才,出好人才”,“教育必须为社会主义现代化建设服务,必须与生产劳动相结合,培养德、智、体全面发展的建设者和接班人"

以上几种关于我国改革开放以来的教育目的的提法,集中体现了这样一种基本精神,即我国教育的根本目的是提高民族素质,为社会主义现代化建设培养各级各类合格人才。这一根本目的,既体现了我国现阶段的时代特征,也反映了我国社会主义现代化建设对人才的要求。上世纪 80 年代初期以来,我国各级各类学校培养目标的制定与变革,正是以这一教育的根本目的为依据的。

随着教育目的的调整,各级各类学校的培养目标也在发生着相应的变革。这是基础教育改革合目的性要求在学校培养目标上的反映。基础教育,其根本任务与培养目标在于使青少年的身心各方面都得到发展,为成为一个合格的公民奠定基础。从我国历年来尤其是上世纪 80 年代以来制定颁布的有关中小学教育文件法令来看,我国对中小学的任务与培养目标也确实是这样规定的。但是从实践上看,我国的绝大多数中小学并未把提高民族素质,培养有理想、有道德、有文化、有纪律的社会主义公民作为培养目标,而是把培养高一级学校的新生作为自己的任务与目标。其结果是"片面追求升学率"现象的发生以及"应试教育"模式的形成。近年来,我国教育理论界和部分中小学对如何由"应试教育"向"素质教育"转变的讨论与实践,正预示了我国中小学培养目标变革的趋势。

2. 基础教育改革合规律性取向

基础教育改革合规律性取向,就是要求基础教育改革的计划、组织与实施要符合基础教育发展的规律,依照教育事业发展的规律而非人类其他活动领域的规律来着手改革现行教育体制与模式中不合理的东西,促使教育改革与发展高效率的进行。基础教育改革合规律性的要求反映了人们在选择实现教育目的手段方面的理性要求。

我国上世纪 80 年代以来三次有影响的关于基础教育改革的文件都非常注重教育改革要按规律进行的思想。如,1985 年 5 月《中共中央关于教育体制改革的决定》中指出,"在教育体制改革中,必须尊重教育工作的规律与特点,坚持实事求是,一切从实际出发。"1993 年《中国教育改革与发展纲要》指出,"加强教育改革与发展的理论研究和试验。各级政府和教育行政部门要把教育科学研究和教育管理信息工作摆到十分重要的地位。……要积极开展教育决策咨询研究,密切教育科研现教育决策、教育实践的联系,发挥教育科研对教育改革和发展的促进作用。鼓励和支持学校教师和教育研究工作者积极进行教育改革试验。"1999 年《中共中央国务院关于深化教育改革全面推进素质教育的决定》指出,"各级党委和政府及其有关部门要通力协作,为实施素质教育创造良好的政策环境,注意研究新情况和新问题,鼓励大胆实践,尊重群众的首创精神。重视和加强教育科学研究,提高政府决策和管理的科学性。"

基础教育改革的合规律性意味着改革活动本身要具有科学性。首先是基础教育改革的决策要科学,表现为对基础教育改革各种条件的充分估计,基础教育改革结果预测的准确性,以及基础教育改革领导与管理的科学性等方面。其次是方案设计本身要科学性,表现在教育改革各项因素的调配一致,功能的协调一致,经过严格的科学论证,以及设计方案的语言或文字表述的规范、准确等方面。再次是基础教育改革实施过程与评价要科学等,表现在实施过程中的有序性、逻辑性、灵活性、创造性等方面;评价的科学性表现在评价资料的准确性、客观性,评价结果的正确性、有效性等方面。

基础教育改革的合规律性还意味着基础教育改革要符合教育基础改革的规律。任何事物的发生发展都有其发生发展的规律。基础教育改革作为人类的一项实践活动同样具有可寻绎的、在这一事物过程中各种因素之间的联系或关系,即规律。基础教育改革的规律即是教育改革过程中内部和外部的各种因素之间内在的必然的联系或者说本质的联系。它是客观存在的,不是主观的,无中生有的。从认识论的角度来看,基础教育改革的规律是比较复杂的,我们对于基础教育改革的规律性认识还处在一个起始阶段,人们对于基础教育改革的规律认识得还不很清楚。同时,基础教育改革实践也是在不断变化发展的,基础教育改革规律的表现形式也随之不断变化。这些对于认识教育改革的规律增加了一定困难。但不管对于基础教育改革之规律的认识有着怎样的困难,改革本身是必须要符合其内在的规律性发展趋势的。

从马克思主义哲学关于客观事物的规律及教育活动的规律认识中,可以演绎出基础教育改革合规律性的一般性要求。

(1)基础教育改革必须适应和促进社会变革。"适应"就是基础教育改革必须与社会变革的一般趋势相一致,并受社会的政治、经济、科技、文化变革的制约,遵循它们的要求。"促进"就是基础教育改革反作用于社会变革,推动它的发展,或者构成社会变革的基础,或者构成社会变革的依靠力量。

(2)基础教育改革必须适应和促进人的发展。教育是培养人的活动,基础教育改革必然是培养人的活动的改革,因而关系到人的发展。它包括遵循人的发展的规律,尊重人的个性特点、兴趣、爱好等,并受这些因素制约。但是教育改革不是被动、消极地适应,还能积极能动地促进人的发展。

(3)基础教育改革内部各种因素间的相互联系和制约。一种因素的改革必然会涉及相关因素的变革。这是由教育改革的本质特点所决定的。这一规律要求教育改革必须从整体出发,进行因素的优化组合和功能的配套一致。

3.基础教育改革合目的性与合规律性的统一

基础教育改革要根除教育现状的不合理性,从而达到基础教育现实的合理性,就需要在进行改革的决策、计划与实施过程中,坚持合目的性与合规律性的统一,防止将两者割裂开来,只考虑合目的性不考虑合规律性,或者只考虑合规律性而不考虑合目的性。在我国的现阶段,坚持基础教育改革的合目的性意味着,基础教育改革要坚持以经济改革和建设为中心,既改革、开放,又要坚决保证改革的社会主义方向;坚持教育改革面向现代化,面向世界,面向未来,使教育改革的目标具有时代的高度;坚持以培养"四有"人才和社会主义事业的建设者和接班人为目标;坚持教育改革与社会主义精神文明建设相结合,把德育放在重要位置。在这样的前提下,要求基础教育改革要迎接新科学技术革命和知识经济社会的挑战,尊重教育工作的规律和特点,坚持实事求是,一切从实际出发,加强课程教材的建设与改革,改进学校的德育工作,深化教学改革,改革学校内部管理体制,提高教育教学质量,提高办学水平和效益。

第三节　基础教育改革的历程与回顾

回顾上世纪 70 年代后期我国基础教育改革的发生历程,将使得我们能够从全景来透视和描述基础教育改革的发生轨迹,加深对基础教育改革之发生的理性认识。从性质上说,基础教育改革不仅是与教育有关的活动,也是与政治密切相关的活动。而不管是哪种类型的人类活动,它都需要智慧和慎虑。历史可以给人以智慧和慎虑。不过,历史的给予需要现实中的人们记忆过去,回顾历史。透过基础教育改革的发生史,我们将不仅看到各种流转、变迁与转瞬即逝,而且还能够在这些暂时性的表象背后发现某些永恒不变的存在。

一、基础教育改革起步阶段

由于文化大革命时期及 70 年代前期基础教育发展所出现的一系列违背教育发展规律的失误决定,我国教育的发展偏离了正常轨道,基础教育普遍存在着教育质量不高、师资水平差、教育经费严重短缺、办学困难等严重问题。为了引导教育走上正常发展的轨道,80 年代初,邓小平提出了"教育要面向现代化,面向世界,面向未来"的战略指导方针,其核心是教育的现代化。政府教育部门也抓紧力度,在普及小学教育、建立有关的规章制度、改革学制、制定教学计划和大纲、编写教材、提高教学质量、建立重点中小学等方面作了大量的工作,这样就开始了教育改革的拨乱反正时期。

1978 年 1 月,根据教育部的规定,全国统一了秋季始业制度。同时制定了中小学教学计划和大纲,规定了学制和中小学生入学年龄。在此后的几年时间里,对中小学的学制又作了进一步的调整,农村地区小学学制五年制、六年制并存,逐步全部过渡到小学至中学学制为十二年制。由于中国幅员广大,人口众多,各地政治、经济发展水平不同,城乡差别大,允许各地从实际出发,在确定了基本学制的情况下,多种学制并存。目前,小学至初中的学制在年限上主要有"五四制"、"六三制"、"九年一贯制"等集中形式。

1978年秋季,中小学开始使用全国通用教材,这套教材是教育部组织各学科专家、学者和教学经验丰富的教师,根据新的教学计划和大纲的精神编写的。新的教学计划的执行,新的教学大纲和教科书的使用,对于迅速改变普通教育的混乱局面,提高教育质量,起了积极的促进作用。

为了稳定教育秩序,教育部颁发了一系列有关制定和修订教学计划、教学大纲的文件,要求在中小学教育中全面贯彻教育方针。既要重视智育,又要注意加强学生的思想品德教育、体育和卫生保健工作;既要提教育质量,又要注意防止和克服负担过重的现象。同时要求采取措施扎扎实实地打好文化基础,特别是语文、数学、外语基础,并适当地增加史、地、生、音乐和美术等学科的课时。强调要使学生掌握必须的普通文化科学基础知识和基本技能,初步了解这些知识的应用,培养能力,发展智力。提出要重视课堂教学,改进教学方法。加强实验教学,积极开展课外学科活动和其他活动。还特别强调,教学既要有统一要求,又要因材施教,注意适应和发展学生的志趣和特长。要求在中小学开展劳动技术课,进行劳动技术教育,培养学生的劳动观点、劳动习惯,掌握一定的劳动技能。还要使学生初步掌握美育的基本知识、技能和初步的审美能力。

着手调整中等教育结构。"文化大革命"中,普通中学大量发展,中等专业学校、职业学校大量减少,造成中等教育结构的单一化,不能适应社会经济发展的需要。1978年全国教育工作会议上提出改革中等教育结构的要求,之后国务院又批转了教育部和国家劳动总局《关于中等教育结构改革的意见》。1983年5月,各地对普通中学的结构作了调整和整顿。压缩了普通高中,加强了初中,调整了学校布局。

1980年12月,中共中央、国务院做出的《关于普及小学教育若干问题的决定》,使小学教育事业得到迅速恢复和发展。80年代初,在全国多数农村地区已经基本形成了普及小学教育网。

据1984年的统计,全国小学已摆脱了70年代末的"学龄儿童入学率为90%,巩固率为60%,合格率为30%"的状况,到1984年,全国学龄儿童入学率为95%,在校学生的年巩固率为96%;小学毕业生学业合格率,城市在90%左右,农村在60%-80%。到1984年秋,全国已有393个县经省级政府验收,达到普及初等教育的标准要求。全国小学毕业生升入初中的升学率为66.2%,在校生年巩固率为93.2%。初中毕业生升入高中的升学率为41.3%,在校生年巩固率为98%。全国高中阶段在校生中,各类专业职业技术教育在校生所占的比例,由1978年的7.6%上升到32.3%。中等教育结构单一化的状况已经有了初步改变。

二、基础教育改革拓展阶段

经过改革开放初期的系列尝试与教育上的大力度的改革,基础教育的发展走上了健康发展的道路。为了使教育的发展更富有生命力,使教育发展释放出更大的活力。1985年,中央制定了《中共中央关于教育体制改革的决定》作为教育改革的纲领性文件。1986年,国家发颁《义务教育法》。

1985年颁布的《中共中央关于教育体制改革的决定》(以下简称《决定》)是一个与经济体制改革决定和科技体制改革决定配套的纲领性文件,是为了使教育改革赶上经济、政治体制改革的步伐,使教育不会成为社会发展的羁绊。

《决定》提出,要把"发展基础教育的责任交给地方,有步骤地实行九年义务教育"。义务教育,即依法律规定适龄儿童和青少年都必须接受,国家、社会、家庭必须予以保证的国民教育。实行九年义务教育是关系到民族素质提高和国家兴旺发达的一件大事。号召全党、全社会和全国各族人民,用最大的努力,积极地、有步骤地予以实施。《决定》基于我国幅员广大,经济文化发展很不平衡,对实施九年义务教育提出了因地制宜、实事求是的规划。《决定》将全国划分为三类地区,一类地区包括约占全国人口四分之一的城市、沿海各省中的经济发达地区和内地少数发达地区。要求这类地区在1990年完成普及初中的任务。二类地区是约占全国人口一半的中等发达程度的镇和农村。要求在1995年左右完成普及初中阶段的普通教育或职业技术教育。三类地区是约占全国人口四分之一的经济落后地区。对这类地区普及九年义务教育的期限,《决定》没有作明确规定,只是要求这类地区要随着经济的发展,采取各种形式积极进行不同程度的普及基础教育的工作。

《决定》明确中央管大政方针、宏观规划,发展基础教育的责任在地方,管理权在地方。这一做法,调动了地方各级政府、社会力量办学的积极性。尤其在农村,由于省、地(市)加强了对基础教育的领导,依靠县、乡政府和广大人民办教育,使基础教育事业健康、稳步、协调发展。为了加强对教育事业的管理,从1986年开始,教育督导机构和督导队伍逐步建立,督导评估工作逐步展开,教育督导工作逐步进入了教育行政管理序列。

在《决定》的推动下,1986年4月第六届全国人民代表大会第四次会议通过《中华人民共和国义务教育法》,1992年,经国务院批准发布《中华人民共和国义务教育法实施细则》,使初等教育的普及取得了突破性的进展。义务教育法的颁布和实施,使我国普及教育走上了依法治教的轨道,按地区、分阶段、有步骤地实施。据 1990 年统计,全国城乡初等教育阶段,学龄儿童入学率为 97.94%。全国已有 1459 个县,经省一级政府检查,基本普及了初等教育,占全国总县数的 76%。小学校数为 76.6 万所(教学点 14.9 万个),在校学生 12241.4 万人;普通初级中学 7.2 万所,在校学生 3868.7 万人;农村职业初中 1509 所,在校学生 47.6 万人;小学毕业升入初级中等学校的人数占 74.6%,多数大中城市已经普及了初级中等教育。

三、基础教育改革深化阶段

1992 年,邓小平同志视察南方重要讲话的发表和中国共产党第十四次代表大会的召开,标志着中国改革开放进入了一个新的阶段。按照十四大提出的建立社会主义市场经济体制的要求,各方面都加快了改革的步伐。教育改革和发展也出现了新的形势。这一年是我国教育改革和发展史上具有重要意义的一年。无论是思想认识还是实际工作,都有新的进展、新的突破。90 年代的我国教育,处于重要的转折时期。在经历 80 年代初期、中期的恢复和发展后,又经历了治理整顿时期的调整、巩固、充实和提高,进入了加快发展时期。此时教育事业的发展,不是简单重复 80 年代初中期的快速发展,而是要走新路子。不仅教育事业的规模要扩大,在结构、质量、效益和办学的多样化上也要迈上新台阶。在教育改革上,过去是在与高度集中的计划经济体制相适应的教育体制的大框架内进行改革,现在面对着的是逐步建立的社会主义市场经济体制,以及与之相配套的政治、经济、科技体制。形势要求教育体制要进行根本性的改革。教育的管理工作,面临着由着重过程管理转向着重目标管理;由主要依靠行政手段转向重点运用立法、拨款、信息和政策指导等手段进行管理;教育行政部门由对学校内部事务干预过多的状况,转向主要拟订法规、规划、政策和为基层服务的宏观管理。在学校自身的运转上,由过去主要根据上级的指令、指示办学,转向在国家大政方针指导下,学校依法面向社会自主办学。就改革的深度和广度来说,是前所未有的。在这种新形势的要求下,经过四年的酝酿,中共中央、国务院发布了《中国教育改革和发展纲要》(以下简称《纲要》)。纲要的制定就是为了实现党的十四大所确定的"把教育摆在优先发展的战略地位,努力提高全民族的思想道德和科学文化水平"的战略任务,指导 90 年代乃至下世纪初教育的改革和发展,使教育更好地为社会主义现代化服务。

《纲要》在科学地分析了我国教育面临的形势与任务之后,为及早筹划我国教育事业的大计,迎接 21 世纪的挑战,高瞻远瞩地确定了 90 年代至下世纪初我国教育发展的目标、方针和战略,提出我国教育发展的总目标是:到本世纪末,全民受教育水平有明显提高;城乡劳动者的职前、职后教育有较大发展;各类专门人才的拥有量基本满足现代化建设的需要;形成具有中国特色、面向 21 世纪的社会主义教育体系的基本框架。再经过几十年的努力,建立起比较成熟和完善的社会主义教育体系,实现教育的现代化。

《纲要》确立 90 年代的教育发展的具体目标是:在全国基本普及九年义务教育,基本扫除青壮年文盲,简称为"两基";大力发展职业技术教育和成人教育等。随着经济体制、政治体制和科技体制改革的深化,在 90 年代,教育体制的改革要采取综合配套、分步推进的方针,改革政府包揽办学的格局,逐步建立以政府办学为主体,社会各界共同办学的体制;深化中等及中等以下教育体制改革,继续完善分级办学分级管理的体制;逐步建立政府宏观管理,学校面向社会自主办学的体制。并就教育经费、师资队伍建设等重大问题,拟订了若干重要政策。《纲要》描绘了 90 年代我国教育改革与发展的蓝图,是指导 90 年代乃至下世纪初我国教育工作的纲领性文件。《纲要》从国情出发,提出我国教育事业的发展,在结构选择上,以九年义务教育为基础,大力加强基础教育,积极发展职业技术教育、成人教育等,把提高劳动者素质和培养初、中级人才摆到突出位置。这是优化教育内部结构,坚持各级各类教育协调发展的重大决策。《纲要》提出,提高教育质量、注重办学效益是 90 年代我国教育发展的重要内容和基本要求。我国教育发展的重要指导思想是从国情出发。教育事业在地区发展格局上,从各地经济、文化发展不平衡的实际出发,因地制宜、分类指导。鼓励经济、文化发达地区率先达到中等发达国家 80 年代末的教育发展水平,积极支持贫困地区和民族地区发展教育。《纲要》不仅提出了我国教育事业发展的目标和任务,而且提出了进一步采取重大的战略措施和建立健全教育事业发展的保障机制。

1994 年,党中央、国务院召开全国教育工作会议,全面部署和动员实施《纲要》。这次会议是在新的历史时期动员全党全社会进一步从思想和行动上落实教育优先发展战略地位,促进教育改革和发展的重要会议。会议的重点是:动员全党和全国人民,在本世纪内完成基本普及九年义务教育、基本扫除青壮年文盲这一历史任务。要求从提高国民素质的高度来看待这一问题,注意因地制宜,分类指导,采取措施,认真解决好广大农村,特别是占人口 20%的边远和贫困地区普及九年义务教育的问题。突出强调从国情出发,进一步调整宏观教育结构,按照小学后、初中后、高中后"三级分流"的办学方针,大力发展职业教育,培养适应社会主义现代化建设需要的多方面人才。进一步改进各级各类学校的德育工作和党的建设。各级政府和社会各方面努力增加教育投入,为发展教育事业、解决教育面临的突出问题和困难,多办实事。加强教师队伍建设,加强国际教育交流。

四、基础教育改革多样发展阶段

1999 年 1 月 13 日,国务院向各省、自治区、直辖市人民政府、国务院各部委和各直属机构构发布了《国务院批转教育部〈面向 21 世纪教育振兴行动计划〉的通知》,要求各级人民政府和各有关部门认真实施《面向 21 世纪教育振兴行动计划》,把生机勃勃的中国带入 21 世纪。

《面向 21 世纪教育振兴行动计划》是在贯彻落实《教育法》及《中国教育改革和发展纲要》基础上提出的跨世纪教育改革和发展的实施蓝图,是我国教育事业改革和发展的又一里程碑文件。制定《面向 21 世纪教育振兴行动计划》的目的在于,全面推进教育的改革和发展,振兴我国教育事业,为提高全民族的素质特别是创新能力,落实科教兴国战略,实现社会主义现代化的伟大目标,做出新的更大贡献。

到 2000 年,全国基本普及九年义务教育,基本扫除青壮年文盲,大力推进素质教育;完善职业教育培训;建立起教育新体制的基本框架,主动适应经济社会发展。

到 2010 年,在全面实现"两基"目标的基础上,城市和经济发达地区有步骤地普及高中阶段教育,全国人口受教育年限达到发展中国家先进水平等。

《面向 21 世纪教育振兴行动计划》的成功实施,对于实施科教兴国战略和教育事业的发展发挥了十分重要的作用,为跨世纪现代化建设打下了良好基础。实践证明,行动计划的做法非常切合我国教育工作的实际,重在具体行动和专项措施,有很强的可操作性。

教育部为了贯彻党的十六大、十六届三中全会精神,适应我国经济社会发展和教育改革与发展的新形势,在"三个代表"重要思想指导下,经过深入思考和广泛调研,本着谋划发展、规划未来的原则,研究制定了《2003～2007 教育振兴行动计划》(以下简称"新一轮行动计划"),对今后五年教育改革与发展的基本蓝图进行了总体规划。这项计划,经国家科技教育领导小组 2003 年 12 月 30 日召开的第二次全体会议审议后,2004 年 3 月 3 日经国务院批转实施, 这是我国新世纪教育振兴的大计。

温家宝总理在十届全国人大二次会议所作的《政府工作报告》中明确提出:"要继续实施科教兴国战略。要切实把教育放在优先发展的地位,用更大的精力、更多的财力加快教育事业发展。实施新一轮《教育振兴行动计划》,重点加强义务教育特别是农村教育。"这充分反映了新一届政府实施科教兴国和人才强国战略的坚定信心。同时, 新一轮行动计划也将成为今后五年我国教育工作具有总体性、指导性和可操作性的计划,是全面建设小康社会、实施人才强国战略的基础工程;是完善社会主义市场经济体制过程中不断推进教育体制改革的施工蓝图; 是在实施《面向 21 世纪教育振兴行动计划》基础上实现教育新跨越的行动方略。

新一轮行动计划分为十四部分,共五十条。主要内容包括"战略重点"、"重大 工程"和"重要举措"。新一轮行动计划将要实施的重大工程与战略重点相配套, 全面覆盖了 2007 年前教育系统必须做的主要工作。同时,为了确保战略重点和 重大工程的实施,新一轮行动计划着力深化教育改革、进行制度创新。

第二章 基础教育改革动因研究

基础教育改革动因问题是一个涉及"为什么基础教育改革会发生"的问题。研究这个问题的理论意义在于,通过基础教育系统内外环境的分析,找出基础教育改革发生的背景因素,从而能够更好地解释 20 世纪 50 年代以来频繁发生的基础教育改革现象,从中揭示基础教育发展之规律;其实践价值则在于,当教育系统或学校具备了理论所描述的改革条件时, 教育系统或学校应当能够自觉地进行系统内部的变革,以适应正在发生的环境变化。本章将着重探讨三个方面的问题。一是阐述有关基础教育改革动因的解释性理论,二是探讨基础教育改革发生的内部动因,三是探讨基础教育改革的外部动因。

第一节 基础教育改革的动因理论

基础教育改革的动因,即推动基础教育改革的动力与原因。对于基础教育改革发生之动因的系统解释,形成了相关的动因理论。目前,较有说服力的动因理论,一个是从哲学的角度来展开,另一个是从系统论的角度来展开。不同学科视角的理论阐释,为我们更好地理解基础教育改革之动因问题,同时为我们更好地做好基础教育改革之实践工作,提供了理论基础。

一、哲学理论视域下的基础教育改革动因

要对基础教育改革的动因进行解释会遇到一系列的问题与困难。其一是对于与人有关的事情作出因果解释难以证明。这是因为,影响人事的因素太多,以致我们只能这样来表述因果关系,即某些因素可能是影响事情结果的主要因素。这样一来,社会科学的命题陈述就不是关于事物之间的因果关系的陈述,而是关于事物之间的相关关系或可能性关系的陈述。它以"通常"、"常常"、"极有可能"等语词来表明事物之间的盖然关系与联系。经典的动力学理论,从时间的可逆性和现实世界的简单性原则出发,所提出的乃是严格的机械的决定论,是一种必然的因果关系。这种严格的决定论认为,任何一个系统,只要知道了它的初始状态,就可以根据普适的动力学定律, 推演出它随着时间的变化所经历的一系列的状

态。随着自然科学的发展,人们已经意识到,对于简单的系统,似乎可能做到这一点,但是对于稍微复杂的一点系统,则做不到这一点。例如询问气象台一个月后是否会下雨,尽管已经有了每秒运行上亿次的计算机,但是我们至今仍不能对一个月后的天气状况作出准确的预报。因此,依据这样的结论,对于一个稍微复杂的系统,无论我们对于系统的初始状态有着怎样精确的了解和认识,也无法预言系统在一个长时间以后的状态。这意味着,不仅社会世界,即使是在物理世界,统计性与概率都是系统的基本特性。

在基础教育改革作动因研究中,我们同样不能够对基础教育改革之发生进行确定的因果解释,而只是考虑社会变革的各种因素,以及人们在特定的社会历史背景下的价值抉择与追求、主观要求等两个方面来试图阐明基础教育改革发生的可能性。任何一个社会事件的发生,并不完全是前面所发生事件的结果,人们的目的和意图(即未来发生的事情)也同样对事物的发生与发展起着重要的影响作用。这就是促使人们的某种行为发生的动机作用。因此,对于基础教育改革的动因之把握,我们不能从科学的角度对此而加以解释,而只能从哲学的角度,从社会总体的意义上,对此作出概括性的抽象与分析。

考察 20 世纪以来的基础教育改革史可以发现,近一百年来特别是 20 世纪 50 年代以来的基础教育改革,通常是由国家或政府主导或支持的。基础教育改革的发生总是与国家领导人的讲话、政府的基础教育政策文件或法律法规等紧密地联系在一起。这种联系一方面昭示着基础教育改革的政府主导性特征,另一方面也使得人们对于基础教育改革的动因产生一种似是而非的认识,即由于领导人的讲话、政府文件等似乎都是主观的,因而基础教育改革不可避免地与人们对于基础教育的理念和价值取向相关联,是某种教育理念或教育价值取向在引导基础教育改革。然而透过现象则会发现,各种具有浓厚主观色彩的基础教育改革之背后,隐含着多种客观性的因素。例如,人们对于基础教育之主观的认识和特定的教育价值取向又是如何发生的呢?它是人们纯粹的理智想象和建构的结果,还是外在的客观事物在人们的头脑中的主观反映?从马克思主义辩证唯物主义的角度看问题,则无疑人们对于基础教育之观念和价值取向乃是主观见之于客观的东西,因而是基础教育存在之反映。因此可以说基础教育改革所呈现出来的某种主观性特征,并不是人们凭空想象出来的,而是教育发展的客观需要的反映。

从哲学的学科角度来看,导致基础教育改革发生的根本性动因,乃是社会的结构性变化所带来的对于生活于其中的社会成员新要求所致。马克思指出:"劳动过程结束时得到的结果,在这个过程开始时就已经在劳动者的表象中存在着,即已经观念地存在着。他不仅使自然物发生形式变化,同时他还在自然物中实现自己的目的,这个目的是他所知道的,是作为规律决定着他的动作的方式和方法的,他必须使他的意志服从这个目的。"①马克思的论述告诉我们,人们的有意识有目的实践活动,包括基础教育活动,是受到他自己内在的意识与目的支配与激发的。它们是人们的各种社会活动的原动力。马克思又指出,"但这是所说的个人不是他们自己或别人想像中的那种人,而是现实中的个人,也就是说,这些个人是从事活动的,进行物质生产的,因而是在一定的物质的、不受他们任意支配的界限、前提和条件下能动地表现自己的。"②这意味着,人们的活动又总是受到一定的社会物质生产条件的制约,因而是受到一定外在的客观因素的影响与制约的。

马克思的论述为我们解释基础教育改革的动因提供了一个理论的支点。从马克思的论述中我们可以看到, 至少存在着两个因素而使得人们努力去改变他周围的环境或者改变他自身。一个是人的目的性王国。人的目的性王国以观念的方式而存在着。它所表明的是人对于完满世界的期望以及对于自身完满的追求。人的观念世界的完满性,驱动着人们去采取行动。然而,单纯的观念世界的完满性还不足以构成人们采取行动改变世界或者改变自身的充分必要条件。因为倘若每一个人都已经处于完满的世界中并且在此完满的世界中个体自身亦以理念上完善的方式而存在着,那么个人就没有必要去采取否定自我的行动,个体所采取的任何行动,都意味着对当下自我的否定,以及对于未来自我的肯定。因此,促使人们采取行动的第二个条件,则是现实世界及其自身的不完满性。正如马克思所言,人虽然是观念的行动者,但这种观念的行动者却不得不受到给定的社会条件的制约与限制。这种制约与限制一方面设定人对完满性世界及完满性自我的构想,另一方面也为人类构想完满性世界及自我提供了动力与期望。正是因为不完满,所以人才需要通过其自我超越来努力接近完满。

个体对完满性的追求是如此,基础教育也是如此。基础教育也可以看作是一个有机的整体。基础教育的不完满性以及人在观念上对基础教育完满性的追求,预示着人们对超越基础教育不完满性的内在动力。而作为完善基础教育之实践的改革,正是这种追求的外在表现。因此,基础教育改革本质上可以理解为人类社会对不完满的基础教育之自我超越。但是,如此来理解基础教育改革的动力,必然会遇到这样一个问题,即如何解释20世纪之前的基础教育所呈现出来的稳定性特征。换言之,问题可以转换为:为什么20世纪之前的基础教育,没有发生如20世纪以来频繁发生的改革现象呢?

如上分析,基础教育改革之发生,需要两个根本性的条件,即人对完满性教

---

① 马克思恩格斯全集:第 23 卷[M].北京:人民出版社,1979:202.

② 马克思恩格斯全集:第 3 卷[M].北京:人民出版社,1979:29.

育之构想的主观性条件和教育现实之不完满的客观性条件。然而,这两个条件又并非是毫无关联、各自独立而存在的,而是彼此紧密地相互影响、相互作用。客观的社会存在制约并决定着人们对教育之完满性的建构,同时这种设定的完满性又会直接影响到人们的教育行动。因此,根据马克思的论述,人们对世界和自我的完满性构想总是在"一定的物质的、不受他们任意支配的界限、前提和条件下"进行的。这种给定的社会生活条件之特质,将决定着"完满性"之构想。当一个社会处于较为稳定的、不变的状态之下时,社会因稳定与不变而表现出来的要求,就会自觉不自觉地反映在人们有关教育的主观期待之中。

历史地看,社会总是处于不断地变化之中,或者说处于"进步"之中。但是,社会的进步与变化,存在着速率上的差异。人类社会的进步与发展,在很长的历史时期都处在一个较缓慢的变化之中,特别是在 20 世纪之前。人类社会自然科学所取得的伟大成就,以及对于新大陆的发现,使得社会发展与变化的速度越来越快。这在进入 20 世纪表现得尤为明显。恰恰是这种变化了的社会环境,这种给定的社会生活,不仅在影响着人们对于完满性的基础教育理念的构想,而且也影响到人们对于现实的基础教育的判断。

基础教育所处外在环境的变化,包括它所必须要适应的社会环境和总体的教育环境之变化,改变了教育观念和教育价值取向得以发生的客观条件,由此而促使人们的教育观念,特别是人才培养的观念发生根本性的转变。当教育观念之转变成为社会总体的行动时,这种观念的转变必然要在社会总体的教育实践和个体的教育实践之中表现出来。由此,基础教育改革就发生了。在这里,我们可以看到这样一种既是逻辑的同时也是实践的关联性,即变化了的客观存在促使人们的教育观念发生变化,变化了的教育观念引导人们重新思考教育的理念,而新的教育理念进一步地引导人们对教育实践作出调整。

从哲学的视角看基础教育改革发生的动因,则有三个重要的范畴相互关联着,并最终引发改革的发生,这三个范畴就是:教育存在、教育观念、教育理念。有必要作补充说明的是教育观念与教育理念之间的关系。二者的共同之处在于它们都具有主观性,是人们思维建构的产物。不同之处在于,教育观念是人们对于现实的教育之看法和认识,是客观的教育现实在人们的头脑中的主观反映,与人们的教育经验紧密地联系在一起;而教育理念则是人们单纯的理智建构的产物,是完美的、本真的教育表现。如果说教育观念是客观见之于主观,那么教育理念则具有使主观化为客观的功能。

二、系统理论视域下的基础教育改革动因

开放系统理论将基础教育看作是一个独立的子系统。这种独立性表现在二

个方面。一是相对于教育系统而言,基础教育乃是其子系统;二是相对于社会系统而言,基础教育亦是一个独立的子系统。从开放系统理论来看,基础教育改革之发生,与基础教育所处环境密切相关。因此,准确地把握基础教育改革之动因,就需要把握系统、环境、自组织能力等概念。

系统是相互关联并组成一个整体的一组事物。任何系统都是由四个方面组成。第一是客体,客体即是系统的部分、要素和变量。第二是系统的属性,即系统和其客体的特质或特性。第三,构成系统之要素在系统内部之间的关系。第四,系统所由存在的环境。如果我们把包含在给定边界所有因素的集合称作系统,那么,该边界以外的部分就被叫做系统的环境。根据系统与环境之间有无物质与能量的交换,人们将系统分为孤立系统、封闭系统(和环境不发生相互作用)和开放系统(从其所处环境中接收物质和能量,又把物质和能量传向环境)。而系统在任一时刻存在于某种条件之下就叫做该时刻的状态。系统可以分为自然系统和社会系统。在相对的意义上,社会系统既以自然系统为环境,同时又是互为环境的,因而是相互作用与相互影响的。任一社会系统的变化与改变有时能导致其他社会系统的变化与改变。

在现代社会里,任何一个社会系统就是开放系统。社会系统的开放性表现为社会系统与其社会环境的交流,以及社会系统与自然环境的交流两个方面,而后者则是前者得以表现的基础。正是社会系统与自然环境的交流在促进着社会系统与社会环境的交流。通过与外界进行大量的物质、能量和信息的交换,系统可以形成一种稳定的有序结构。这种稳定有序的结构既是系统自生存之所需要,也是社会进步之目的。而从社会发展的历史来看,任一社会系统都具有一种自我形成与自我完善有序状态的能力,这就是社会系统的自组织能力。

前面已说过,社会系统要形成一种稳定而有序的状态,其前提条件是系统必须是开放的,亦即系统需要不断地与环境进行物质、能量和信息的交换。当环境发生特定的变化时,这种变化意味着系统与环境之间进行能量与特质的方式的改变。结果是,环境的变化造成一种对于系统的压力。环境变化影响的另一面则是无形的,即它不可避免地会对系统组织产生一种微妙的但却实实在在的影响。这种影响会导致组织系统内产生一种无可回避的冲突,即系统的紧张关系。环境的压力与社会系统内部的冲突与紧张所表明的正是系统的一种无序结构和状态。为了解除这种外在环境的压力与内部群体成员之间的紧张与冲突,社会系统就需要对这些压力与紧张进行逐步调适。

因此在系统论看来,基础教育改革就是基础教育系统组织对于外在环境压力和内部紧张的调适与调整。由此,基础教育改革就出于两个方面的考虑:一是基础教育组织系统对于社会环境和教育环境的适应;另一就是基础教育组织系统对于内部紧张的调整。无论是着眼于外部环境压力的调适，还是立足于内部紧张冲突的缓解，最终的目的都在于使基础教育系统本身能够得到更好的发展，最大限度地提高国民素质。因此，根据开放系统理论，任何基础教育改革的发生，都受到基础教育系统内外各种力量与因素之间的复杂的相互作用。

从影响基础教育改革发生因素的来源看，可以将基础教育改革的动因分为内生动因与外生动因。基础教育改革的动因研究，既要从基础教育系统内部探明改革的各种动因，说明这些内生动因是如何作用于教育系统发生变革的；又要从基础教育系统外部确认引起改革的各种外生动因，研究基础教育与外部关系因应调适的过程。同时在认识基础教育改革的动因时，我们需要考虑可能影响改革的某些基本因素，然后才有可能分析这些因素之间的相互关系，从中确定教育改革的动因。

第二节　基础教育改革的内部动因

基础教育系统内部的紧张与冲突会直接影响到系统功能的发挥，从而最终影响到教育教学质量。内部的紧张和冲突可能会有不同的表现形式，然而，不管系统内部的紧张与冲突的表现形式有着怎样的差异，都表明紧张与冲突的存在，因而都表明了解决问题之焦点的存在。尽管并非所有的紧张与冲突都会引发基础教育改革，但是当紧张与冲突不断累积，以至于形成结构性问题时，基础教育就只有通过改革才能够解决问题。我们将基础教育系统内部的紧张与冲突放在优先的地位，是因为即便就对外部环境的调适而言，它也会以内部的紧张与冲突的形式而表现出来，尽管从逻辑上讲，外部环境的变化乃具有根本性的作用。

一、基础教育系统内部的紧张关系与改革

我们当然可以把基础教育系统内部的紧张关系看作是社会之冲突在教育中的表现。这样看问题的好处在于，我们可以因此而推卸自己作为基础教育工作者的应尽责任。然而，作为一个独立的系统存在，既然系统内部出现了紧张与冲突，那么每一个置身其中的人都必须担负起自己的责任来解决之。因此，我们必须把基础教育系统内部的冲突看作是构成自身的诸要素之不协调与不和谐，是自身内部本有的冲突。

从哲学的角度看，人类历史运动或冲突可能是观念或精神力量间的运动或冲突。因此，理解这些运动或冲突，就是理解包含在它们中的生活观念或态度，其中最主要的是理解那相互竞争的生活观念或态度。但是实际上，人类社会的

冲突,既不完全是精神力量间的冲突,也不完全是生活观念或态度的冲突。也许精神力量的冲突和生活观念的或态度的冲突乃是最为根本的冲突。然而不管是何种冲突,对于有组织的社会系统之目标实现来说,冲突的出现都只会是消极的因素,而需要采取有关的措施加以消除。波士顿赛尔提克篮球队的球员曾经说,"就象其他专业领域一样,我们也是由一群专家组成的团体,我们的表现依靠个人的卓越以及团体的良好合作。我们有了解彼此有相互补足的必要,并努力设法使我们更有效地结合。"这段话告诉我们的是,使他们打起球来与众不同的,不是友谊,而是一种团体关系。这种和谐的团体关系,我们可以称之为"整体搭配"现象,即一群人良好地发挥了整体动作的功能。作为社会子系统的教育系统,要形成一种稳定有序的结构,简要的就是这种整体搭配。而紧张所导致的冲突恰恰是整体搭配的反面。而未能整体搭配的团体,就会使得许多个人的力量被抵消浪费。

基础教育作为一项关系到社会未来且需要依靠整体合作的事业,可以从两个方面来看基础教育系统内部的关系。一个是从相对于教育环境的基础教育内部诸要素之间的关系,另一个是从构成基础教育之主体的教育机构——中小学幼儿园。与此同时,我们可以从两个极端把基础教育组织系统内部的关系区分为冲突关系与和谐关系。当基础教育组织系统内部的各要素及其组合彼此和谐有序时,基础教育并处在相对稳定的状态之下。反之,则基础教育就需要考虑改革这样的问题了。

显然,基础教育组织系统内部如果是一种和谐关系,且这种和谐关系能够很好的适应外部社会环境,那么基础教育就没有必要进行改革。这样的论断表明,内部和谐并非是不进行改革的充分必要条件,它必须附加"适应"这个条件,即基础教育能够适应社会发展的需要且内部和谐。当基础教育内部存在着紧张的冲突关系,且这种冲突关系严重地妨碍基础教育功能的输出与发挥,那么改革就是不可避免的了。是否会存在这样的情况,即基础教育内部有矛盾与冲突却又能够适应外部环境的状况?也许我们在理论上不能对此加以否定。然而从实践的角度观之,则这种情况的发生几乎是不可能的。因为从反映论的观点来看,我们可以把基础教育内部的紧张关系看作是其对外部环境不适应的外在表现,即基础教育对环境的不适应,主要表现为系统对环境功能输出的不适应,而这种功能输出的不良状况源之于基础教育内在矛盾与冲突。

二、基础教育系统内部紧张关系的具体表现

从基础教育改革的角度来思考,改革本身可以看作是系统对于内部紧张的因应。然而,"系统内部紧张关系"乃是对系统的不和谐状态的概念化描述,其中

包含着各种不同的表现形式。组织系统内部紧张关系的不同表现形式,将预示着基础教育改革在内容上的差异,从而决定着改革的方向和目标。因为不同的紧张关系,需要采取不同的策略与方法来加以解决。例如,对于整个基础教育来说,如果其课程体系难以适应培养目标的需要,也就是说在课程体系与培养目标之间存在紧张关系,那么在审视目标设定合理性的前提下,对课程体系进行改革就是明智而合理的选择。在这里,课程体系与培养目标之紧张关系的出现,或者因为培养目标发生变化,或者是培养目标被赋予新的内涵。同样,就学校内部的矛盾而言,如果紧张关系主要表现为人际冲突,从而带来组织管理效率的降低以及教育质量的下降,那么角色及角色关系的重新定位就将成为学校内部改革的首要问题。

从总体上来分析,则基础教育系统内部可能存在的紧张关系主要表现在以下四个方面。

(一)基础教育目标冲突

应当要看到,个体间的基础教育目标存在着不可避免的冲突,而且个体与社会总体的基础教育目标之间也存在着不可避免的冲突。如果个体间的基础教育目标是一致的,亦或者个体与总体的基础教育目标是一致的,那么基础教育内部可能就不会存在不和谐的问题。实际上,所有的冲突最终都可以归结为个体与共同体间的目标冲突。

个体间的目标冲突问题,可以通过人们所设计出来的各种规范加以调控。在不影响他人目标之实现的前提下,社会一般对个体目标之选择不作干预,以维护社会的和谐与安宁。但是在面对组织目标与个体目标之冲突的时候,这个问题就必须要予以解决。否则组织的效率就会非常地低下,组织目标就难以实现。由此个体的目标也将难实现。博弈论所提出的“囚徒困境”以及经济学所提出的“公地灾难”都表明,彼此之间的合作不仅可以增进所有合作者的总体利益,而且同样可以增进合作者的个体利益;反之,单纯地追求个人利益的最大化最后会带来对自我的损害。这就是说,单纯地追求个人目标之实现,是很难实现个人之目标的。任何组织都应该是一个合作的小型社会。人们之所以愿意生活并工作于这个合作的小型社会之中,是因为一个合作的社会总能够给个体带来他单独生活而不能得到的好处。由于社会组织系统是一个合作的系统,且由于个体间的社会合作,因而个体间就存在着目标一致的基础,它使生活于合作社会组织中的个体有可能过一种比他独自生存更好的生活。然而,个体的各种需要又使得他们期望在共同的好处中获得更多的一份。这样,个体间的目标冲突最后以利益分配冲突和形式而出现。

基础教育系统内部的个体或亚群体(包括正式组织与非正式组织),其目标可能与社会总体的基础教育目标一致,也可能不一致。英国的思想家以赛亚·伯林说,在目的一致的地方,惟一有可能存在的问题是手段问题①。有没有目的一致之处?这个问题姑且不论,但至少存在设定的目的一致,即从形式上看,其目的是一致的。基础教育就是这样一个目标在形式上一致的领域。杜威之反对教育有外在目的,根本原因在于,外在目的的存在必然会妨碍教育自由和教育民主。对于伯林来说,所有的政治问题和道德问题都不可以转化为技术问题。因为如果所有的政治问题和道德问题都可以转化为技术问题,那就意味着人们在生活的终极目的问题上已经达成一致意见。如果是这样,政治哲学也就失去了它存在的意义。当教育被设定是一个终极目的一致的领域时,有关教育的研究,也就是教育方法和教育手段的研究。

当社会总体设定的目标与学校实际追求的目标以及教育者和受教育者的实际目标不一致时,基础教育系统便会发生紧张或冲突。当社会总体要求基础教育以提高国民素质为目标指向,而学校教育则以升学作为目标指向时,基础教育在目标上就发生冲突了。就基础教育而言,目标的冲突主要表现是教育目标的不一致。国家所确立的教育目标,乃是立足于国家的整体利益而非某一阶级或阶层某一集团的利益。每一位教育的参与者则各有其自己的教育目标,所反映的是他们各自的教育利益。在教育实践中,如果国家的教育目标不能够实现,且在日常的教育生活中所体现的总是那些非国家的教育目标,那么国家就需要通过对教育结构的调整与改组,而努力促使个体的教育目标之实现必须以国家的教育目标之实现为条件。有的时候,看起来是基础教育目标与实现培养目标之手段的冲突,但认真地分析起来,还是基础教育的目标理念的冲突。如,课堂教学所要求的教学方式和学习方式的转变,看起来只是一个教育的手段或方式问题,实质上是基础教育培养目标之内涵增加"创新精神和实践能力"之新的元素的必然要求。不从培养目标的角度来谈有关教学方式和学习方式的转变,就无从理解新课程提倡的诸多新的教育理念。

在学校的办学过程中,也存在类似的情况。所有的教职员工都共同努力提高教育质量,这对谁都有好处,但是机会主义取向则使得人们都期望别人更努力一些,而在分配这些好处的时候,则期望自己多得一些。如果个体或亚群体各自拥有均等的影响力或拥有职权,并且同时他们或赞成或反对改革,那么改革就会成为紧张或冲突的结果。所以,基础教育改革与紧张或冲突之关系,在某种情况下可能是互为因果的关系。换言之,紧张或冲突的结果就是唤起人们对于现状的改变的意识,而改革本身也可能会引发进一步地紧张或冲突。

① 以赛亚·伯林.自由论[M].胡传胜,译.南京:译林出版社,2003:186.

而就学校组织系统来说,目标的冲突似乎要表现得更为明显。这里面不仅仅有教育目标的冲突,而且还有办学目标、管理目标的冲突。任何目标的冲突,都有可能引起学校内部的改革行为。如我们在上文所说的,当拥有权力的个体或群体渴望改变因目标冲突而带来的不安与苦痛时,那么学校内部的改革就会发生。当然学校内部改革的真正发生也还需要其他一些条件,如权力者对改革的决心和意志,改革方向与社会发展方向的符合性以及来自政府有关部门的强力支持等。换言之,主张者即使决心和意志都超出常人,但如果改革的方向不符合社会发展的方向,或者改革遇到来自政府有关部门的强力反对,改革亦不可能发生。

从根源上说,组织目标与个体目标之间冲突可能与价值观的冲突有关,也可能与理想的冲突有关。目标的内容是价值观,而其表现则往往通过理想的形式出现。说白了,这里的矛盾是"一"与"多"的矛盾。"一"是组织目标的表现,"多"则是个体目标的表现。"一"与"多"的矛盾也就是基础教育系统或学校组织系统如何以"一"来统领"多"的问题。"多"是一个客观事实。任何社会的基础教育都无法也不可能消除"多"。基础教育改革的目的并不是要消除实现存在的"多",而是通过诸多方面的变革,在承认"多"的现实性同时,要求个体不能以"多"来妨碍"一",且要求"多"与"多"之间不应该发生冲突。因为毫无疑问"多"之间的冲突同样会严重地妨碍组织目标的实现。

(二)基础教育行为失范

基础教育行为失范是指在学校组织系统内部,进而在基础教育系统内部,其个体成员的行为与国家的或学校的组织规范的要求不相符合,出现了许多各种不同形式的违反规范的行为表现。失范行为出现,使得学校的各项教育教学工作目标难以实现,进而影响到基础教育培养目标的实现。失范行为既然可能表现在教育者个体身上,也可能表现在作为教育机构的学校办学之中。但无论行为失范有着怎样的表现,它所产生的消极的、不良的影响则反映在总体教育和社会之中。

基础教育行为失范是教育者个体的行为表现或学校的办学行为表现与国家对基础教育的规范要求不一致。这种不一致或者因为规范本身的不合理,使得个体在变化了的环境下根本就难使其行为保持与规范要求的一致,或者是因为行为者的故意"越轨"。就前一种情况来说,需要对规范作出调整和变革乃是必然的,否则失范行为就可能越来越多,最后导致教育的低效甚至是负效;在这种情况下,我们可以说改革的条件出现了。就后一种情况来说,当教育者个体故意违反基础教育行为规范时,这种故意行为本身也说明了规范的某些方面存在问题。例如,任何规范体系都含有制裁部分。当行为者故意违反规范时,则恰恰说明规范体系的制裁部分已经或部分地失效，或者当制裁真正实施时可能组织的管理成本非常地高昂，以至于得不偿失。由此也说明规范调整的必要。任何的行为失范都会带来基础教育秩序的混乱。应当注意，制裁亦即行使权力并不是恢复秩序的唯一方法或策略。在许多情况下，对规范加以整体的或部分的调整，也许更为合理和科学。例如，面对中学生的早恋行为，在这样一个儿童早熟及色情泛滥的社会里，单纯地以权力的方式加以压制——无论是教育行政权力还是家庭所拥有的传统的管教儿童的权力——恐怕都难以取得实质性的效果。也许重要的是需要成年人改变对青少年异性交往的观念和态度，在中小学实施更有利他们身心健康成长的性教育。固守传统只有导致在学生的异性交往行为与学校规范之间冲突的日益加剧。

因此，基础教育系统如同其他社会组织一样，在组织内部总存在一些"越轨"的个体或小群体——学校、教师或学生。20世纪80年代在江苏省开始实施、后来推广到全国进而成为目前我国一项基本的教师人事管理制度的教师聘任制，从某种意义上说恰恰是中小学内部的小部分教师的失范行为结果。如果没有那些教育教学工作不遵守规范、工作态度和积极性都很差的教师的存在，又何必要实行教师聘任制呢？当然这个制度的实施也还有其他方面因素在其中发生作用，如国家的公务员制度的建立、教育管理体制改革等。同样，那些不服管教的、有行为问题的或有可能被淘汰的学生也能引起系统组织中紧张现象，因为他们不能朝着组织目标行动。因而学校组织要经常地付诸人力和物力来减弱或消除组织中这些紧张的现象。那些提出可供选择的方法或结构的"越轨"教师会迫使学校组织实施教育改革，因而也会引起组织内部紧张现象的出现。

在基础教育系统(包括中小学)内部，行为失范或者说行为与规范之间的冲突是多方面的。行为失范带来的结果，或者是个体与组织之间的冲突日益加剧，或者是个体间的冲突频繁发生。无论是前者还是后者，它们的出现都将使组织系统内部资源的内耗与效率降低。试想，一个家庭如果彼此的行为经常发生冲突，则不管结果如何，生活在这种家庭环境之下将会是很痛苦的。同样，如果一所学校的管理者和教职工之间经常地出现行为冲突，那么姑且不论冲突双方谁是谁非，长期下去终将使得学校人心涣散，士气低落。为此，学校管理者就需要认真地研究和思考冲突之源，有针对性地加以改革，以使学校有一个和谐的状态。

(三)基础教育理想冲突

基础教育的改革，既可能源自于基础教育目标之冲突，也可能源自于教育者个体的行为失范。此外，引发基础教育改革的，还可能是基础教育系统内部的个体与群体的行为冲突。行为冲突可以看作是个体间以及个体与组织间的各个方面冲突的外在表现。也就是说,所有的冲突,最终都有可能表现为行为的冲突。行为冲突与行为失范的区别在于,行为失范是以成文的或非成文的规范为参照对行为本身加以判断的结果;而行为冲突则是以个体间及个体与组织间彼此对各自行为表现的认可与肯定为判断标准。导致行为冲突的一个重要的原因是基础教育的理想冲突。

基础教育理想的冲突既是现实的,也是任何社会都难避免的。什么是理想?理想可以看作是社会或个体关于什么是可取生活的观念构想。"理想的本质是完善性。人们在理想中倾注了自己对完善性的寄托。人们在生活中,无论追求什么样的理想,在他们的心目中,理想就是最好的终极目标。但是,人们在理想中看到的只是自己所理解的完善性。每个人都有理想。……各人从自己的理想出发是无法理解对方的理想的。或者说,对方理想在此方的立场上乃是不完善的。"①教育总是以某种理想为其出发点,这样的理想可以称之为教育理想,即教育所欲追求的完善性。完善包括人的品格的完善和社会的完善两个方面。完善的品格意味着某种完善的生活方式,以及由完善的生活方式而编织的完善的社会。这样,教育的理想至少包括:最好的教育、最好的社会、最好的人等方面。但是,客观的事实则是,每个人都有其自己的理想,每个人的理想又都是不一样的;同时社会总体的理想与个体的理想也是不一样的,由此而发生理想的冲突。当一个社会的绝对理想为人们所抛弃时,我们便进入了一个相对主义时代。这样的一个时代最大的挑战莫过于是由价值相对主义所带来的指向教育领域的挑战。

教育总预设着我们每一个人都值得追求的理想——无论这种理想是关于社会还是关于完善的自我。这样,现代教育就处于理想的冲突之宏观的社会背景之下。在这种情况下,我们必须能够设想出一套解决方法,以使理想的冲突不至于妨碍教育至善的基本理念。有一种基本的解决策略则是:借用康德在《什么是启蒙》一文中所提出的公共理性和私人理性的概念。康德指出,"按照我的理解,理性的公共使用就是任何人作为一个学者在整个阅读世界的公众面前对理性的运用。所谓私人的运用,我指的则是一个人在委托给他的公民岗位或职务上对其理性的运用。"②就理性的私人运用而言,一个人在公民岗位或职务上必须服从他所任职的组织的要求;而理性的公共运用则表明,一个人可以就这些要求的合理性和适合性展开讨论,并有权利将自己的看法公布于众。因此,作为教育活动之参与者——学校的校长、教师或学生,当成为学校正式的成员时,必须服从国家的

---

① 谢文郁.理想与自由[M]// 王晓朝,杨熙楠.传统与后现代.桂林:广西师范大学出版,2006:187.

② 康德.什么是启蒙[M]// 施密特.启蒙运动与现代性.徐向东,卢华萍,译.上海:上海人民出版社,2005:62.

教育理想之追求；允许这些个体持有自己的教育理想，但不能够将自己的教育理想带入教育活动之中，并妨碍国家的教育理想之实现；与此同时，允许这些个体就国家的教育理想发表自己的意见和见解。照康德看来，第一种情形属于私人理性的运用，第二种情形则属于公共理性的运用。允许个人持有他自己不同于国家的教育理想，昭示着理想自由与价值观自由。但是，如果康德的策略有用的话，那么由于理性的分别运用，就不会发生理想的冲突之问题，因而也就不会存在关于教育组织系统内部的紧张关系的问题了。

实际上，站在个体的立场角度来看，我们有时候很难就理性的公共运用和私人运用分辨清楚；同时，从基础教育组织的角度来看，也常常会发生以公共的教育理想来压制个人的教育理想的之情形。因此，冲突仍然会时常发生。在这种情况下，就需要对基础教育的组织系统及其相关的运行机制加以变革，以能够保持个人的教育理想不妨碍公共的教育理想，又同时能够使个人在非公共的教育活动之外坚持其个人的教育理想。

此外，除了可能会发生的个人的教育理想与公共的教育理想之冲突外，也还可能发生学校的教育理想与公共的教育理想之冲突。这种冲突往往是以非常隐蔽的实践方式而出现，或者说至少从表面上看，从学校的各种书面文件中的若干表达来看，人们是难以看出这其中的冲突的。素质教育的理想与应试教育的理想之冲突，就属于这种情形。在所有学校公开的文件中，我们看不出它与素质教育的理念和理想有什么区别，但是在日常的教育教学实践活动中，人们能够直观地感受到的，恰恰是违背素质教育理念和理想的行动。由此，只能通过根本的改革，才能够解决这种更加隐蔽的理想之冲突。

(四)基础教育内部结构与资源冲突

教育结构的冲突同样会导致教育内部的紧张关系。教育结构是教育内部各种构成要素之间的比例关系或组合方式。可以从不同的角度来界定教育结构。例如从层次上看，教育可以有高等教育、中等教育、初等教育和学前教育之比例关系，基础教育内部则有普通高中教育、九年义务教育和学前教育之比例关系；从教育类型上看，则有基础教育、职业与成人教育和高等教育之比例关系，而在中等教育内部则有普通高中教育、职业高中教育、中专中技教育以及成人职业高中教育等比例关系；就教育机构的分布来看，还有一个教育的地区结构关系；等等。在微观上，则有课程的结构冲突问题、优质学校招收不同阶层子弟的结构比例问题、不同学业成绩的学生在不同学校的分布问题、同一班级不同学业成绩的不同所占居的教室空间分布问题、城乡教师的收入、职称、获得政府表彰的比例问题。一个非常客观的现象可以表明，教育结构问题所导致的教育内部的紧张关系，只能通过更为彻底的改革来加以解决：当城乡教师的收入出现显著的不平衡，即城市教师的收入显著的高于农村教师，且城市教师有更多的机会被评为高级职称时，它所带来的、对于农村教育来说是很严重的一个后果，那就是优秀的农村教师想尽各种办法要进入城镇或城市学校任教，致使农村有效的教育资源变得更加稀缺。在此情况下，要想真正建设好社会主义的新农村，并且缩小农村与城市的教育质量之差异，那只有通过改变目标的有关教师收入和职称方面的比例关系——调整教师结构，来加以实现。

　　教育结构的冲突，乃是与教育的构成要素之不合理的比例关系联系在一起的。当基础教育内部的学前教育、九年义务教育和普通高中教育之比例关系不合理时，必然就会出现基础教育内部的不和谐状况。例如随着九年义务教育的普及，初中阶段的在校学龄人口数保持在相当高的一个水平，而此时如果普通高中教育仍然维持原有的招生规模，那么必然就会出现普通高中教育资源短缺的问题，从而导致初中升高中的强烈竞争以及各种不正当不公平的教育现象的出现。因此，从教育的宏观发展来看，教育的内部结构的合理性更为重要。当然，教育结构的合理性也只是一个动态的平衡过程，不存在绝对的结构合理性。不过，当教育系统内部出现各种紧张关系时，首先应当要考虑的，是结构的不合理而带来的冲突问题。实际上，从上个世纪 80 年代以来，我国教育改革的一个非常重要的内容，就是教育结构的调整。应当注意到，结构的调整具有强烈的时代性。80 年代初，教育结构调整的方向是大力发展职业教育。由此一批普通高中改制为中专或中技学校，或改为职业高中。遗憾的是，这种形式上的调整似乎并没有带来教育结构的根本性的改观，中等职业教育非但没有很好的发展，反而在 90 年代后期日渐萎缩，以至于进入 21 世纪的第一个十年，我们又不得不再次大力呼喊加强职业教育的口号。也许教育结构问题不仅仅决定于教育内部的要素分配问题，它还可能受制整个社会的产业结构以及用人观念。

　　教育资源也可能存在冲突问题。教育资源涉及人、财、物、时间、空间、信息等。举办教育不能没有足够的教育资源。办教育特别是办好教育，资源的充裕是必不可少的条件。例如，稳定教师队伍，除了事业和情感留人之外，也还需要给予教师以一定的待遇，这种待遇至少不能比其他学校低得太多。这意味着得有一定的教育经费。没有一定的教育经费投入，说提高教师待遇就只能是一句空话。再如，新课程所倡导的研究性学习，不仅需要教师掌握研究性学习的基本过程、方法和技能等，而且也需要学校为学生提供能够保证研究性学习顺利进行的图书馆和实验设施。前者属于软件建设，后者属于硬件建设。两者都需要一定的投入。当教育实践中的资源发生短缺，或者是教育资源不足以保证正常的教育教学活动的开展时，如果人们强烈期望实现预期的教育目标，保证人才素质的培养，那么就可能会出现各种形式的紧张关系。

以上我们分析了基础教育改革所以产生的内部动因。总体上看,冲突或紧张关系是诱发改革的基本因素。从这个意义说,冲突或内部的紧张关系也未必就是坏事,至少它激发起人们的改革意识和自我完善的动机。基础教育系统既具有惯性和保守性,也具有超前性与革命性。来自基础教育系统内部的这些刺激(越轨行为、目标不一致、系统要素存在的内在矛盾等等)促使人们更新和改进基础教育系统并使之现代化。同时,也应该能够看到,"教育本身就是一个生气勃勃的东西,一项社会事业,一栋住有善意人民的大厦。不管人们怎样讲它,它对于一切新的观念都是敞开的,因此教育必然为自我改进的愿望所推动。"①

第三节 基础教育改革的外部动因

基础教育改革启动因素可能源自于教育系统内部,即根源于教育系统的冲突及由此而带来的功能失调;也可能是源自于教育系统外部的因素。社会政治经济环境变化所带来的对教育系统的压力与影响会对基础教育提出适应性要求,由此而引发基础教育改革。从根本的意义上讲,基础教育改革的出现是社会客观需要的反映。基础教育改革的出发点就是为了改革那些不符合现实需要的方面,增加社会需要的方面,或改变某一性质,使之向符合社会需要的方向转化。所谓社会需要,仍然可以从系统与环境的关系中得到说明。前面所述,系统与系统是互为环境的,因而其物质与能力、信息的交流也是双向的。从基础教育的角度来,社会系统的其他因素就构成了基础教育系统的环境。当社会系统向教育系统输入知识、价值观念、人力、物力及其他社会资源时,社会系统同样需要基础教育系统向它输出社会系统走向稳定有序所需要国民素质、具有符合社会政治要求的政治观念等。此时,教育改革的根源就不在于教育系统内在功能的失调,而在于环境变化所带来的或者说所提出的新的要求。

就表现形式来看,因社会政治经济环境变化所带来的压力作为基础教育系统改革外部因素有很多。但作归类分析,直接引发基础教育改革的因素大体有政治动因、经济动因、科技动因等。人口统计学的变化,亦会引发基础教育改革,但在一定的时间内人口的相对稳定则使得这方面的因素不作考虑。这里主要就政治、经济和科技方面的变化而引发的基础教育改革作分析如下。

一、政治变革与基础教育改革

基础教育在任何一种社会制度中都不能也无法超越特定的政治范畴,总

---

① 联合国教科文组织国际教育发展委员会.学会生存[M].上海师范大学外国教育研究室,译.北京:教育科学出版社,1996:220.

是体现一定时代、一定社会的政治要求和政治理想。任何一个政府推行的基础教育改革,其目的毫无疑问是要维持和维护并改善本阶级、本政权的根本利益。因为在一市场经济的社会里,统治集团与常人一样都是积极谋取自身利益最大化的"理性的经济人"。"统治阶级"乃是一个集体的抽象范畴,统治阶级的代表就是在政府机构工作的公务员。统治阶级的政治权力通过政府的一切行为而得以实现,其最终目的就是实现政府官员集团或统治阶级利益的最大化。统治阶级利益的实现是以被统治阶级服从统治阶级的统治为前提的。因此国家需要动用一切手段传递统治阶级的政治思想、政治态度,使被统治阶级从灵魂深处服从统治阶级的统治, 从而减小统治与管理的资源付出。基础教育就是一个最有效的、影响力最为深远的手段之一。它影响的是人心,是思想意识观念。

由于政治与基础教育的这样一种内在的联系,因此政治的改革与基础教育的改革也就存在着一种直接的关联性。我国近五十年基础教育发展的历程充分地说明了这一点。20 世纪 50 年代,基础教育的改革与发展毫无疑问首先考虑政治的需要。80 年代以后,由于国家提倡以经济建设为中心,基础教育改革是首先考虑政治的需要,还是考虑经济发展的需要,一时曾经成为一个有争议的问题。其实当"以经济建设为中心"成为一种政治诉求时,教育服务于经济建设本身就成为服务于时代政治的反映。但是,不管是强调政治第一,还是强调经济中心,政治因素对基础教育改革的影响与作用始终存在着,并将会继续存在下去。区别只在于政治因素对于教育改革的影响程度。

从范围、内容及性质来看,政治改革对基础教育影响主要表现在以下方面。一是政治领导体制的改革影响着基础教育领导与管理体制的改革。近三十年来我国在政治体制方面进行的一系列改革主要是坚持党政职能分开简政放权,提高领导与管理的科学化、民主化水平。这种领导体制的改革引发了基础教育领导体制的一系列相应的改革,如,中小学实行校长负责制,扩大学校的办学自主权等等。二是政治思想观念的变革,影响着教育观念的变革。政治思想观念上发生的从过去"以阶级斗争为纲"转向"以经济建设为中心"的变革,对基础教育的发展方向、目标任务以及教学内容都产生了深刻的影响,如在指导思想上,教育为社会主义现代化建设服务,在教育内容上,坚持以教学为主,寓教育于文化课之中等等。

二、经济发展与基础教育改革

经济发展的要求直接而深刻地影响着基础教育改革的发生, 因而经济发展是基础教育改革的重要动因之一。这种影响是通过劳动力结构与产业结构的变化与调整而实现的。

（一）产业结构与劳动力结构的变化与调整

生产方面的基本趋势之一表现在世界劳动人口的组成上。据国际劳工组织的估计，1950～1981年，全世界范围以及发达地区和发展中地区各大经济部类的劳动力比例发生了如下变化：

表2-1 世界主要地区劳动力比例变化

地区	农业（第一产业）			工业（第二产业）			服务业（第三产业）		
	1950	1970	1981	1950	1970	1981	1950	1970	1981
全世界	64	51	—	16	23	—	19	26	—
发达地区	38	18	10	30	38	34	32	44	56
发展中地区	79	67	59	8	20	20	12	18	21

此表清楚地显示出，1950～1981年间，产业结构调整所带来的农业劳动力在各产业中的结构性改变，尤其是在发达国家和地区。在工业部类方面，劳动力的增长在第三世界要快得多，而发达国家在服务部门则有很大发展。劳动力结构的变化主要表现在经济改革对劳动力的质与量两个方面提出了更高的要求。从理论上说，经济改革带来经济的繁荣，开辟出广泛的劳动力需求市场，提供了充分的就业机会，这就为教育部门提出造就成千上万的合格劳动力的要求。来自美国的数据典型地反映了这一情况的变化。1970～1980年，美国开创了1,700万个就业机会，其中90%不是用于物质生产，而是用于信息、知识传播和一般性服务。从质上说，经济的发展对劳动力的素质要求提高了。《中共中央关于教育体制改革的决定》中指出，"教育必须为社会主义现代化建设服务，社会主义建设必须依靠教育。社会主义现代化建设的宏伟任务，要求我们必须放手使用和努力提高现有的人才……为90年代以至下世纪初叶我国经济和社会和发展，大规模地准备新的能够坚持社会主义方向的各级各类合格人才。"

（二）经济发展的全球化与国际化趋势

当今世界经济发展呈现下列种种表现：跨国公司、跨国资本、跨国经济组织的急剧增加，使世界经济的联系日益紧密，出现了所谓"一荣俱荣"、"一损俱损"的态势；出现了国际化的劳动分工，国际信贷经济得到发展，资本调控进入跨国公司结构，生产系统和劳动过程日趋灵活，非中心化经济逐渐形成，金融资本在全球范围内的快速流动，对地区乃至世界经济都产生了重大影响；而在经济全球化中承担着重要角色的跨国公司其职能也已发生重大变化，它不再为一个国家服务，而是有它自己的联盟，为它自己的公司服务，为全球资本主义服务。全球化从其发生的过程来看，则是国际间经济交往扩大化的产物。其直接结果是，一方面跨国公司对外对内都在抵消国家主权,弱化国家认同,另一方面则人口流动的加剧;而间接的结果是,一方面是世界范围内的文化冲突,另一方面全球化参与了生活方式新的组合。

尽管人们对全球化有不同的理解,但全球化的核心是经济全球化,这一点人们是不会有什么异议的。经济全球化现象是 20 世纪最后 30 年中十分迅速、十分突显的一种世界发展趋势。1994 年 4 月乌拉圭回合结束时成立的世界贸易组织(英文缩写 WTO),作为一个管理货物贸易(GATT)、服务贸易(GATS)和与贸易相关的知识产权(TRIPS)等多边协议的国际性组织,其产生可以看作是经济全球化的直接产物与结果。它是经济发展到一定阶段的产物,是历史发展的必然。20 世纪末,在全球已经形成了由国际货币基金组织推动的金融全球化、由世界贸易组织(WTO)推动的自由贸易全球化、跨国公司推动的投资全球化和通过互联网推动的信息全球化的基本格局。在经济全球化趋势下,政治、经济、文化、科技、教育等都不同程度地受到影响,如何应对这种经济全球化的趋势,是世界各国和各个领域所关心的问题,也是我们安徽教育所关注的问题。一般认为,"经济全球化",即商品、服务、信息、生产要素等的跨国界流动的规模与形式不断增加,通过国际分工,在世界范围提高资源配置的效率,从而使各国间经济相互依赖的程度日益加深的一种趋势。经济全球化,最初表现为商品贸易全球化。到 19 世纪末发展为直接投资全球化。20 世纪 70 年代以来,随着国际金融贸易的激增,经济全球化突出地表现为金融资本全球化为主。因此可以说,经济的全球化实质上就是全球范围内的市场经济,或者说全球经济的市场化。

当代经济全球化表现出以下几方面的特征。首先,伴随着多种形式的金融工具的大量涌现,金融期货及其衍生产品交易的蓬勃发展,证券融资在世界融资总量中的比重迅速扩大,跨国银行及其跨国金融机构的大量出现,国际融资、投资活动的广泛开展,国际资本流动的影响力日益巨大。其次,在经济、信息和金融等服务业,越来越呈现出以知识为基础的特征,知识经济由此而生。知识在经济发展中的作用越来越大。第三,由于现代科技日新月异、现代通讯发达,促使金融业务电子化,从而改变了金融业传统的工作方式和经济的活动环境。

中国加入世界贸易组织,标志着中国的市场经济正在全面地融入世界市场经济体系之中,标志着我国的经济发展越来越与世界经济密不可分。经济全球化所呈现出来的特征,正在对世界格局以及各行各业和人类生活的各个领域产生着深刻而长远的影响。(1)经济全球化促进了市场的全球化和竞争的全球化。所有的经济活动和经济过程在一个以计算机、通信、网络技术联系起来的世界复杂网络中相互渗透、相互作用,被卷入统一的全球市场。同时,市场的全球化也促使竞争更趋向于全球化,企业、部门、国家都无法回避激烈的国际竞争。(2)经济全球化促进了新的国际分工。国际分工是全球资源在世界各国间的配置与划分,是世界各国在整个人类物质生产活动过程中的角色定位。当今世界,知识日益成为新的国际分工的中心。一个国家对物质资源的拥有,将不再是决定国际竞争成败的主要因素,而智力资源将成为决定性因素。掌握先进知识和信息的国家将成为国际分工中处于支配地位的主要角色,而其他国家只能扮演配角。(3)经济全球化促进了贸易结构的软化。在新的贸易结构中制造业产品所占的比重将逐渐减少,而技术贸易和服务贸易将呈上升趋势。在技术贸易中,跨国公司居于重要地位,他们在不断开发新技术的同时,不断向外转移先进技术,垄断全球的技术贸易。(4)经济全球化促进了国际生产大转移。在这种转移中,传统的产业结构将发生巨大的变化,以绿色革命为标志的农业现代化进程将进一步加快,对新能源、新材料的开发将更加重视。同时,电子商务和网络化企业等新兴产业或经营形式将得到更大发展。

(三)基础教育改革的经济动因

第一,全球化正在改变基础教育的知识基础。一方面,由于下列的一些因素的促成,当今社会在各个方面不断发生着令人目眩的变化。这些因素包括国际化和全球化的发展,信息和传播技术的革新、信息空间的多元化和多样化、职业领域的多样化和流动化、终身学习社会的兴起等。另一方面是科技迅猛发展所导致的"知识革命"的出现。在此情况下,基础教育的知识基础正在发生着悄然的变化。这种变化对基础教育产生了重大的影响,表现为:在教学与课程领域,人们对现有的课程内容的陈旧与老化的不断抨击、对习以为常的教学方法的愈益不满,对教学与课程的改革之时间间隔也越来越短;人们更为关注提高学生的知识能力水平,关注整体提高劳动者的素质(国民素质),关注培养学生的创造性和创新能力、竞争意识与合作精神等。

第二,全球化促使人们对基础教育的社会功能进行重新认识。在理论上,基础教育的社会功能有很多,如基础教育的政治功能、经济功能、文化功能、科技功能等。不过,由于社会政治经济制度、发展水平的差异以及文化差异,基础教育的社会功能之定位呈现出相当大的差异,而且不同的时代,基础教育的社会功能之意义也不一样。如上世纪60年代的中国和美国,都同样强调基础教育的政治功能。但中国更多是从基础教育为无产阶级政治服务,而美国则是教育的机会均等及机会的多样化。在当代,由于经济全球化突现出人的自身素质与能力之意义,世界各国在基础教育的社会功能之认识方面,除继续重视教育的政治功能、经济功能之外,更突出基础教育的文化功能,即关注教育对人在自我实现、个性化、主体意识等方面的作用,强调基础教育对人的个性的张扬与发展。

第三,全球化正在改变基础教育的社会结构基础。经济全球化特别是金融资本全球化实际上是国际分工的进一步加深和世界范围内的资源再配置，形成以西方发达国家为中心的世界经济格局。而在现有的世界经济格局中，特别是在高技术含量、高附加值产业中，发达国家依然拥有很强的优势地位。在此国际经济背景下，我国"十五"计划提出了"以发展为主题、以经济结构高速为主线"的经济发展战略，从根本上对我国的产业结构进行调整，对社会资源进行重新配置，以促进经济结构的优化。社会资源既包括物质资源也包括人力资源。因此，经济结构的调整在一定的意义上讲就是人力资源的重新整合，就是人才结构的整合。这种社会资源的重新整合表面上看仅是物质资源的重新组合，但其内核则是人力资源的整合。经济结构的战略性调整所必然带来的产业结构的调整，也必然带来人才结构的调整。因此，WTO、经济全球化而带来的产业结构的调整和技术结构的升级，以及经济体制的改革和经济增长方式的转变，正在改变现有教育的结构基础。

三、科技进步与基础教育改革

"在一个科学技术日益深入个人生活和社会生活的世界里，教育不仅在传播科学技术知识方面，而且在发展使人类掌握和利用这些知识的行为方面都应该发挥重大作用。"[①]科学技术是生产力中特别活跃的因素，是先进的生产力。它对包括教育在内的全社会的影响，具有最不可抗拒的、最不以人的意志为转移的力量。

首先，科学技术的革命会带来社会结构和人们的社会关系的变化。现代科学技术的发展，提高了工业劳动的生产率，既强化了城市的地位，改善了城市居民和工人的劳动和生活条件，也改变了农村的面貌，从而在很大程度上改变了原来的城市和农村的关系。现代科学技术的发展还造成了产业结构的变化，造成了产业之间、企业之间关系的改变。同时科学技术的进步，广播、电视的普及，使得在地域上相距很远的人们之间建立起相互学习的关系，使人们之间的社会联系更加密切，社会的组织化程度大大提高。

其次，科学技术的革命在迅速地改变着人们的生活方式、情感方式、交往关系。1900年到1990年间改变美国人生活的15种产品(即电、割草机、冰箱、收音机、彩电、电话、汽车、微波炉、洗衣机、录像机、空调、衣物干洗机、洗碗机、计算机、无绳电话、VCD、DVD)在中国20年改革开放中至少已有10多项在日常家庭中不同程度地普及了。而生活方式也已从单一的生活方式变成了一种多元的杂色的生活方式。例如跳迪斯科，20年前的年轻人的行为曾遭到老年人的反对，而

---

① 拉塞克，维迪努.从现在到2000年教育内容发展的全球展望[M].马胜利，高毅，丛莉，等，译.北京:教育科学出版社，1996:86.

现在跳迪斯科的恰恰是老年人。人们可以随意地买"可口可乐"、听迈克尔·杰弗逊的磁带、染金色的头发,诸如此类的事情并不特别地发生在青年群体中,也发生在其他年龄的群体中。

有人认为,教育曾发生过三次根本性的重大革命,学校的产生、学校的普及、学样的现代化,"如果说第一次教育革命是由于文字的产生,第二次教育革命是由于印刷术的发明,那么第三次教育革命是由于现代科学技术的猛烈发展,即在此基础上出现了有形、有音的读物。"其结果是,"它使教育在更高的意义上回复到了个别教育成为可能"。[①]因此科技的革命首先有可能影响到教育组织形式的变革,其次影响到教育的内容、方式方法、手段的变革,再次会影响到教育结构、教育体制上的变革。

---

① 袁振国.教育改革论[M].南京:江苏教育出版社,1992:58~59.

第三章　基础教育改革阻抗研究

阻抗问题是基础教育改革研究中一个非常重要且不能忽视的问题。对于基础教育改革的领导者和管理者来说，如果不能够有效地克服改革过程中所面临的阻抗，那么就很难实现改革的目标与任务。因此，从基础教育改革的成功实践出发，就必须认识和理解基础教育改革阻抗的根源、内容，以及针对所存在的阻抗的特点而采取有针对性的消解策略。

第一节　基础教育改革阻抗研究概述

在基础教育改革的过程中存在着阻抗吗？如果这些阻抗明确无疑地存在着，那么怎样的表现形式，我们才可以把它看作是阻抗呢？它有哪些特点？具有着怎样的性质？解决基础教育改革中的阻抗问题，必须要对这些给予清楚地认识。只有对这些问题有一个明确的认识，改革者才能够采取有效的策略对改革中的阻抗加以克服。

一、基础教育改革阻抗问题的提出

当我们对基础教育改革作理性的审视时，无疑应当注意到这样的一个事实，即自 20 世纪以来，各种各样的人们一直在试图改变教育，并展开了各种教育改革的尝试，然而这些教育改革的大多数似乎没有获得成功。许多被人们视为好的想法最后却被证明令人失望[①]。为什么会是这样呢？

库姆斯在尝试回答这一问题时认为，造成基础教育改革令人失望的主要原因有以下三个方面。第一，所有这些改革所关注的是物而不是人，即集中在装置、机械、方法、学科，以及组织管理的方式上。库姆斯认为，要在一个如此复杂的机构里进行真正有效的变革，只有通过促使人的变化，尤其是促使与学生接触十分密切的人——教师的变化才能完成。第二，各种传统的尝试是建立在一些部分正确的假设的基础上的。人们为引起变革而采取的无论是何种行动，都决定于行动

①迈克尔·富兰.变革的力量——透视教育改革[M].中国教育科学研究所,加拿大多伦多国际学院,译.北京:教育科学出版社,2000:8.

开始时所持有的假设。从部分正确的假设入手,只能导致部分正确的答案。这会促使人们一直徒劳地朝着同一方向寄予希望:只要我们再努力些,或再多做一些,或具有更大的热情,就会产生人们所期望的变革。这种恶性循环的后果是,教育改革被锁定在一个封闭的系统内;我们永远在根据一些陈旧的同样的假设寻找解决方法,而不是搜寻新的、更确切的行动基础。第三,仅抨击解决方法,极少能取得其预定的结果。基础教育改革的传统思维模式一般是这样的:确定所要完成的目标;设计达成目标的方案;把计划付诸行动;然后评价这个方案是否有效。这种策略看上去如此明确、如此合乎逻辑、如此讲究实效,以致几乎没有对此提出质疑。遗憾的是人们并不是始终按照逻辑行事的,他们会有一些古怪的习惯,即对各种事件会形成他们自己的看法,并根据各自的观点来采取行动①。

应该说库姆斯的分析具有一定的合理性。人们对基础教育改革的失望,标示着基础教育改革的不成功。造成基础教育改革不成功的因素是多方面的。关注点的偏差、假设的不确当以及有关改革的思维模式等当然是重要的影响因素,但一个更为重要的因素可能是,基础教育改革的领导者和管理者对于改革中存在的阻抗没有清楚的认识,因而在行动中对阻抗重视不够。

经验的观察表明,无论是国家主导的基础教育改革,还是由学校自主进行的基础教育改革,其领导者和管理者都不得不同各种消极的因素作斗争,并为此而采取各种措施来化解那些不利于改革的因素。各种消极因素的核心都因为人。例如,当一项改革措施颁布实施后,各种舆论和意见便会出现,干扰改革措施的具体执行;一些人利用各种可能的社会关系,来影响改革者的决策;另一些人则通过信访等形式,向上一级主管部门"告状",以多少属实的证据来抨击和指责改革的领导者。凡此种种,都给改革带来种种不利。即便在基础教育课程改革中,所有的利益当事人,从改革的代理人——教师,到改革的参与者——家长,也都在以各种形式和方式,对新课程的实施施加种种影响。

应该看到,对基础教育改革所施加的各种影响,并非都是消极的,或者并非都是与基础教育改革背道而驰的。不如说,只是其中的一些因素对基础教育改革产生消极的影响或作用。然而,恰恰是这些看起来并非是主流的消极因素,可能在某种程度上关系着改革的成功与失败。因此,对于这些消极的影响因素或作用力量,不能不给予应有的关注。

二、基础教育改革阻抗的含义

何谓基础教育改革阻抗? 从字面上解,"阻抗"即"阻止"和"抵抗"。阻止和抵

---

① A·W·库姆斯.教育改革的新假设[M]// 瞿葆奎.教育学文集:国际教育展望.北京:人民教育出版社,1993:273~274.

抗这个词，所表明的是人们对某事所采取的一种反对策略，即以各种方式和手段，使某事不能发生；或者即使无法使之不能发生，也要使其不能顺利的进行以阻止行事者达到其目的。由于改革主体上的差异，即一些改革是由政府主导的，一些改革则是由学校自主主导的，因而人们在此意义上的阻抗又有所不同。一般来说，在学校组织系统内部，那些改革的反对者总是以各种方式和手段阻止改革的发生；而在由政府主导的改革中，那些改革的反对者在强大的公共权力面前，在民意尚对强大的公共权力无可奈何的情况下，通过采取后一种策略，使得改革不能够顺利地进行。由此来看，基础教育改革的阻抗似乎总是与那些改革的反对者联系在一起并总是以某种积极的或消极对抗形式来阻止或迟滞改革的进程。

但真实的情况并不完全如此。实际上，基础教育改革的阻抗，并非完全来自改革的反对者。在许多情况下，改革的支持者也可能在某些方面形成对基础教育改革的阻抗。这可以从阻抗的主体、阻抗的方式和阻抗发生的过程等三个方面来看。

第一，从阻抗的主体来看。当人们面对基础教育改革时，人们对于改革的各种态度大致可分为以下几种，即改革的支持者，改革的接受者，改革的中立者，改革的反对者。显然，基础教育改革的阻抗明显地表现在改革的反对者身上，但它同样也可能表现在支持者、接受者和中立者身上。西方有研究者认为，具有关键意义的、使组织成员不能充分发挥作用的三种普遍而又有内在联系的情况是：一、那些不抵制改革的成员在他们努力进行改革时可能会遇到阻抗；二、组织中的个人在一定程度上依赖那些专职克服这些阻抗的人，而这些人可能提供但也可能不提供帮助；三、由于他们在改革中遭受挫折，最初积极进行组织改革的成员可能对改革产生反应[①]。这意味着，从基础教育改革阻抗的主体来看，至少存在着这样四种情况，即：(1)改革的反对者是确定的阻抗者；(2)对改革持中立态度的人，也可能是改革的阻抗者，这种阻抗主要表现为他们在执行改革方案的过程中不能够顺利地完成改革所赋予的任务和要求；(3)基础教育改革的指导者，在他们不履行指导的义务和职责时，也是改革的阻抗者；(4)改革的支持者，在改革的过程中因遭受挫折而成为改革的阻抗者。

第二，从阻抗的方式看。由此可见，基础教育改革阻抗主体呈现出多元化的特征。阻抗主体的多元化与对阻抗的理解是密不可分、紧密地联系在一起的。在上文中我们已经指出，阻抗不仅仅是阻止、抵抗，尽管它们是最容易为人们所看出的；阻抗还包括各种消极的形式，如执行改革方案过程中的阻抗、对存在的阻抗不提供指导、完成改革任务时所遭遇到的挫折等。由此我们可以将阻抗区分为积极的阻抗形式和消极的阻抗形式。积极的阻抗形式是指以各种可见的行

---

① 转引自：波尔·达林.教育改革的限度[M].刘承辉，译.重庆：重庆出版社，1991:31.

为来表示对改革的反对和不满;消极的阻抗形式则是指以隐蔽的方式如不为、拖延、脱离、冷漠等不作为,在这种情况下,即使遇到了一些难以避免的问题,也不采取积极的态度创造性地解决它。

第三,从阻抗发生的过程看。由于改革所涉及到的范围有大有小,因而阻抗或者发生在改革之先并进而延伸到改革过程中, 或者主要是发生在改革的过程之中。就学校组织系统内部的改革而言,改革的阻抗不仅发生在改革方案的制定过程中,也发生在改革方案的实施过程中。由此就会出现这样的情形,即在方案的制定过程中对改革持赞成态度的人,到了改革方案的实施阶段,则会成为改革的反对者、阻抗者。此种情形在阻抗的形式中已有所讨论。而就政府主导的改革而言,则有关改革的争论更多的是发生在改革管理的高层;对于改革的执行者和代理人而言,他们往往在方案的制定过程中,由于难以参与方案制定因而对改革往往持一种漠然视之的态度。此时说不上是赞成还是反对。而一旦改革方案进入实施阶段,则各种可能的阻抗就会发生。

考虑阻抗的主体和阻抗的形式两个方面的因素, 我们把基础教育改革阻抗理解为:在基础教育改革的过程中,改革的所有参与者,从领导者到代理人到利益相关人等, 采取积极的抵抗或消极的不作为等方式而阻止基础教育改革的发生,或迟滞基础教育改革的发生进程,其结果是改革的预期结果难以实现。根据这样的理解,基础教育改革中的阻抗具有如下几个方面的特点。

(1)基础教育改革阻抗具有主体多元性。这一特点已经在上文中论及,不赘述。需要提及的是,我们所说的阻抗主体的多元性,仅仅是指在基础教育改革所及的范围之内。而改革的支持者甚至倡导者所可能成为改革的阻抗者,这一点只是基于一种理性的分析而得出的结论。实际上,所有的改革的领导者和支持者不会承认他们会是改革的阻抗者。即使他们的行动实际起到了阻止和抵抗改革的作用,他们可能也不会对此有所察觉。

(2)基础教育改革阻抗具有不可避免性。换言之,任何基础教育改革,无论该项改革得到了怎样广泛的支持和赞同, 也仍然会在改革的实际实施过程中遇到阻抗。因此,从这个意义上说,要想使得改革成功或改革的进程顺利,改革者就必须要采取多种有效的措施,以克服这些以显性或隐性方式存在的阻抗。要使得对阻抗的克服有效,改革者就需要认真地研究和了解阻抗之所在,确定阻抗的类型和性质。

(3) 基础教育改革阻抗的不确定性。基础教育改革阻抗的不确定性是指,尽管阻抗是普遍存在的,但是阻抗究竟何时发生以及以怎样的方式发生,这些是改革的领导者和管理者所难以预料的。在一些情况下, 毫无任何征兆或提示,改革者可能会面对剧烈的对抗性的抵抗;而在更多的情况下,改革的进程看似平静,但是潜藏着一股暗流,它会以病菌生长的方式而不断地扩大,直至侵蚀改革由以发生的组织肌体。最为致命的阻抗往往发生在改革的进程当中。而在改革的初始阶段,尽管人们就有关改革的方向和改革的策略发生种种争论,这种争论只会影响到改革的时间表,因而我们也可以把它看作是改革的阻抗表现之一,但是这种阻抗的存在并不可怕。

三、基础教育改革阻抗的性质

基础教育改革阻抗一定是有害的吗?这是一个对改革阻抗性质的基本认识和判断问题。站在改革者的立场来看,一个常识的判断是,由于改革阻抗的存在,改革的进程或改革的目的就会受到不同程度的消极的影响,因此,从性质上来说这些阻抗都是有害的,因而都是要予以克服的。由此,下面的判断就成为一种流行的判断:"关于改革过程的研究把对改革的'抵制'看作是有害无益的固执己见,需要通过社会工程方法和其他'干预策略'加以克服。"①因此,组织改革的问题主要是一个克服组织成员抵制改革的问题。但是从理性的角度来看,这样的常识性判断往往是有问题的。这主要表现在以下几个方面。

首先,上述判断隐含着这样一个假设,即认为所有的改革都是绝对正确的。站在基础教育改革者的角度来看问题,谁敢拍着胸脯对公众说,他的改革就是绝对正确的呢?这里的绝对正确并不是改革者所认为的绝对正确,而是应该能够得到实践检验为绝对正确,并且能够为改革所涉及到的全体组织成员所承认。但事实上任何一项改革在其实践中都难以满足上述两条标准,因而任何一项改革都不能够假设为绝对正确。即使改革被认为是正确的,那也只能是相对正确的。而改革正确的相对性,意味着它是与"为谁改革"、"谁来改革"以及"谁需要改革"等问题紧密地联系在一起的。就此而论,基础教育改革的主体、目的以及改革的受益者,无疑地会对改革持有一种肯定的价值判断。

其次,必须要区别对待改革实施过程中不同阶段存在的阻抗。这意味着,我们不能够对所有的阻抗都作出否定性的性质判断。总体上看,改革可以划分为基础教育改革的酝酿与宣传阶段、改革方案的制定阶段、改革的实施阶段以及对改革的评价阶段。在改革的不同阶段都会存在着阻抗问题。然而,阻抗所发生的改革阶段不同,则阻抗的性质亦会有相当大的差异。至少在改革的初期,即改革的酝酿和宣传阶段以及改革的方案制定阶段,阻抗将能够使得改革者更为慎重地对待改革,在制定改革方案时认真听取各方面的意见。此时反对的意见显得尤为珍贵。反对的意见看起来是一种阻抗,实际上它在提醒着改革者,一意孤行将会

---

① 波尔·达林.教育改革的限度[M].刘承辉,译.重庆:重庆出版社,1991:30.

带来怎样的后果。权力可以使一项改革方案变成行动,但是权力却无法使得行动产生预期的结果。但是一旦改革方案在经过广泛民主讨论的基础上被确定下来,那么对于实施中的阻抗就要通过各种管理措施而加以克服。因此,从这个意义上我们说,改革的阻抗是必须要予以克服的。在对改革的评价阶段,则应该允许不同的评判标准存在。

再次,从政治哲学的角度来看,任何一项改革方案都将会牵涉到组织系统内部每一个成员。因而,就基础教育作为公共教育的改革来说,以及就学校作为国家举办的教育机构来说,它的改革方向以及改革的具体策略,应当都能够在更为广泛讨论的基础上,在征求各方意见的基础上,才予以确定。因为它所涉及的,不是单纯的私人利益的行为,而是涉及到国家共同体的共同利益。此时的各种反对意见,都具有重要的参考价值。随着改革的不断深入,集团利益正取代阶级利益而在社会的各项事务中表现出来。它同样也在教育改革的事务中表现出来。每个利益集团都可以从其本集团出发来考虑改革的问题。在这种情况下,如何才能够最终在各种利益集团之间形成一个改革的共识呢? 这里关键是有一个根本性的决策机制。这种决定机制在改革之初较之垄断性地决策所要花费的成本很高,但是在改革的实施过程中,它将大大减少和降低改革过程中的管理成本,从而确保改革的有效推进和预期结果的实现。

上述分析表明,在基础教育改革的实施中,改革者不能对阻抗的性质含糊不清。不能够将所有的反对意见以及反对行为一概视为对改革都是有害的。在一些情况下,这些反对意见和反对行为恰恰是有益于改革的推进的。之所以特别强调这一点,乃是因为人们的习惯性思维已经将阻抗看作是消极的因素而加以克服。而只有当基础教育改革已经形成确定的共识,并且当个体或某些小团体的行动已经妨碍基础教育改革所要实现的公共教育利益时,阻抗的克服问题才能够进入理论的和实践的视域。

第二节 基础教育改革阻抗因素分析

基础教育改革存在着各种各样的阻抗。这些阻抗如果不克服,那么它们的存在就极不利于改革的顺利推进和改革的预期目标的实现。那么,在基础教育改革中,到底存在着哪些阻抗呢? 这些阻抗产生的根源又是什么? 本节主要就基础教育改革中的阻抗类型以及产生的根源展开讨论。

一、人们对基础教育改革阻抗因素的认识

关于基础教育改革的阻抗因素,不同的学者存在着不同的看法。这里涉及

阻抗因素的分类标准问题。分类的标准不同,则所划分的阻抗因素及类型亦有很大的差异。基础教育改革理论研究工作者在对阻抗因素进行分析时,或者从阻抗的主体出发来确定阻抗的因素,或者是从阻抗的来源出发来确定阻抗的因素。

(一)从基础教育改革的阻抗形式来看

一个常见的办法是从阻抗的形式角度来分析阻抗因素。挪威学者波尔·达林在通过对几个国家的教育改革研究案例分析中发现,在基础教育改革过程中存在着四个方面的阻抗,即价值阻抗、权力阻抗、实际阻抗和心理阻抗。价值阻抗之所以存在是因为个人和群体都有不同的思想意识和基本信仰,观察者的角度不同,改革的性质也迥然不同。一些人反对改革,并非是因为改革所带来的利益的损失,而是因为在思想观念和信仰上与改革所倡导的思想观念和信仰的不一致。权力阻抗来自权力系统中的再分配,而这常常是重大改革的结果。因为改革涉及权力分配,失去权力者往往成为改革的阻抗者。而获得权力者又因为尚不习惯于对权力的使用,而也可能成为改革的阻抗者。例如,如果获得权力者在获得权力之后忘乎所以,那么这种行为就可能遭到人们的反感与不满,从而影响到权力的实际行使。实际阻抗来自于改革方案本身的不完善或管理的失当。改革的失败有时是因为它们设计得不完善,抵制它们是正常的反应。有时实践阻抗来自改革过程的不良管理,它们对个体对群体都造成有害的实际问题。心理阻抗则与个体对改革的心理反应有关。尽管改革并没有严重地威胁到他们的价值观和权力,个体亦抵制改革,甚至在改革与任何实际问题没有联系时亦是如此①。

前联合国教科文组织的负责人库姆斯也同样认为,在基础教育改革过程中存在着各种各样的阻抗。所不同的是,库姆斯把基础教育改革中的阻抗因素分为物质阻抗、心理阻抗、行政管理阻抗和哲学阻抗。库姆斯指出,"只要对教育系统的任何一个层次粗粗看一下,就可以看出对改革的无数实际的或心理的阻抗。物质上的阻抗体在缺乏资源和设备上;行政管理上的阻抗体现在规章制度和议事程序上;哲学上的阻抗表现在对理想的目的或目标持不同的观点;心理上的阻抗表现在各人的感情、态度和信念上。"值得注意的是,库姆斯关于这些阻抗发生背景的观点。他认为,这些阻抗"有时存在于环境之中,有时存在于对问题的界说,有时在于目的和实践的方式……一旦阻抗被排除或减少,人们就会更愿意为改革承担义务,改革更有可能被看作是种挑战,而不是种威胁或强加之物。"②这就是说,对于基础教育改革之阻抗因素的分析,不能作孤立的或片面的分析,而应

①波尔·达林.教育改革的限度[M].刘承辉,译.重庆:重庆出版社,1991:32.

②A·W·库姆斯.教育改革的新假设[M]// 瞿葆奎.教育学文集:国际教育展望.北京:人民教育出版社,1993:278.

该把它们放在实践语境中,放在系统的背景之下。基础教育改革阻抗的因素要比人们能够在理性的思维分析之中显得更为复杂。

(二)从基础教育改革的阻抗来源看

根据阻抗因素的来源,人们把基础教育改革的阻抗分为内部阻抗和外部阻抗。内部阻抗意指对改革的阻止和抵抗是来自于学校或教育组织系统内部的。一些作者认为,基础教育改革的阻抗主要来自教育系统的内部。例如,西方有学者在分析小学科学教育课程之变革时认为,对课程改革的普遍反对,只能用学校中存在的保守主义,闭眼不看研究成果以及缺乏教育理论来解释,而且阻碍采用革新之引入的最可能因素是教师的态度、哲学思想以及学校中对改革的不良气氛[①]。同时现实中的各种既得利益、对立的价值和目标、替代性措施中明显的缺陷、显而易见的各种不能接受的后果以及纯粹的人类惰性,本身就能够限制变革,或者造就对立的因素并阻碍变革。因此教育改革需要克服的最大的阻碍来自教育系统,特别是来自教师。目前,在我国的基础教育课程改革中,此一论调也非常盛行。在各种"提高教师队伍素质"、"转变教育观念"、"加强对教师的培训"等口号式的言说中,它实际上隐含着这样一种基本的判断,即素质教育的推进、新课程的实施等过程中存在的各种不能令人满意的现象,是与学校系统内部或教育系统内部的因素有关的。对"教师反思"之不断强调和突出,本身也隐含着这样的观念,即现实的不合理性主要来自于教师自身的内在的缺陷而非源自于外在的基础教育之结构性缺陷。

另一种观点认为,导致基础教育改革出现阻抗的因素主要来自教育系统之外,即来自外在的社会环境。埃托尔·热尔比自问:为什么过去的教育改革经常遭受失败呢?"他认为,如果社会没有变化就很难有教育制度的变革,而社会变革不一定在教育体制中反映出来,迟钝和惰性阻碍着教育活动和教育目标去适应新的社会的目标。而事实上,"教育改革的阻力多半来自社会和文化方面,而不仅仅是属于教育范畴的。"[②]持有这种观点的学者通常认为,基础教育改革之成功或不成功,主要的因素并非是来自于教育系统的内部,而是教育系统的外部。其基本的假设,即把教育中存在的问题看作是社会问题在教育中的结构性反映。许多教育问题的解决,并不是单靠教育自身就能够解决的,它需要从整体上对社会的结构性因素加以调整,这样才能够达到解决教育问题的目的。例如,关于教师聘任制的有效推进和实施,就不仅仅是教育或学校内部自身的事情,它还涉及到社会

---

① J.H.Ballantine.The Sociology of Education;A systematic Analysis,Englewood chiffs,N.J.:Prentice-Hall(2nd.ed.1989).PP379～380.

② 埃托尔·热尔比.学校与未来学校[M].陈丽霞,译∥华东师大教育科学学院教育科学资料中心.新技术革命与教育.上海:华东师范大学出版社,1984.

保障制度、户籍制度、人事档案制度、教师职业的社会吸引力以及教师教育制度等方面的改革。单方面对教师人事管理制度进行改革，是难以实现其提高教师队伍素质、优化教师队伍结构、调动教师工作积极性等目的的。再如，农村留守子女的教育问题，同样也不单单是学校教育的问题。在中国目前的社会制度背景下，它既是城乡二元体制的结构性矛盾的反映，也是社会各个方面走向现代化的必然结果。社会的现代化加快了个体的生活节奏，撕裂了传统社会的恒稳性根基，也同样撕裂了传统的社会结构。对此，哈贝马斯一针见血地指出，"随着职业领域的独立，家庭领域退守自身：……家庭结构发生了变化，其特征并不是消费功能的增长所导致的生产功能的消失，而是家庭日趋脱离了社会劳动的功能关系。"①家庭在失去其经济功能的同时，也失去了塑造个人内心的力量。家庭的教育功能也因此而呈现弱化趋势。其弱化一方面表现为家庭将教育的功能正式地转移给学校，另一方面则是不正式地交给家庭以外的匿名力量。因此，在现代化所带来的社会背景下，想要解决农村留守子女的教育问题，亦非学校之力所能及。当然这并不意味着学校不能对此做出某种努力以改善农村留守儿童的教育处境。

（三）从基础教育改革的阻抗主体来看

有关教育改革阻抗因素来源的争论表明，基础教育改革的阻抗因素既可能来自教育系统内部，也可能来自外在的社会环境。关于这一点，巴黎第五大学教授黎成魁在1981年提交法语地区比较教育协会的"教育改革的评估"讨论会的报告中认为，教育改革的阻抗或来自于教育系统本身，或来自于教育系统所处环境。教育系统内部的阻抗产生于教育系统的目标的多样性、教育系统的科层组织及成就的难以测定；教育系统外部阻抗包括政治因素、经济及文化上的冲突②。因此，不能简单地把教育改革的阻抗因素只是归于内部或外部。在我们看来，在社会转型时期，教育改革的阻抗更多地是与社会的结构性矛盾有关。

从宏观的基础教育改革角度来看，根据阻抗来源来分析改革的阻抗因素，为克服这些阻抗的存在提供了一个独特的视角。同时它也同样为学校内部的教育改革提供了一消除阻抗的着力点。实际上对照两种阻抗因素分析的维度我们可以发现，从阻抗主体角度来分析阻抗因素，主要是着眼于阻抗的内部来源。这种分析的合理性在于，面对社会的结构性问题，基础教育改革者往往是无能为力的。因此，凭借着一种良好的愿望，改革者希望在其力所能及的范围内，能够对基础教育做一些改进，尽管这种改进工作将会遇到强大的社会阻力。也正是基于这

①哈贝马斯.公共领域的结构转型[M].曹卫东，等，译.上海：学林出版社，1999：182.

②埃托尔·热尔比.学校与未来学校[M].陈丽霞，译 // 华东师大教育科学学院教育科学资料中心.新技术革命与教育.上海：华东师范大学出版社，1984.

样一种考虑,我们在对阻抗因素进行分析时,将主要从阻抗的主体角度出发。然而,这并不意味着,在基础教育改革的实际发生过程中,我们可以忽略社会外部可能存在的阻抗因素。相反,立足于基础教育改革的实践工作,无论是在制定改革方案还是改革的实施方案,都必须要充分地考虑到这些外部的阻抗因素的存在及它们所可能产生的消极影响,以便将这些消极力量降低到最小程度。

任何改革的成功都要依赖于参与改革的大多数成员的赞成支持和积极的配合。虽然一般来说对于改革,人们通常是欢迎的,即总是希望通过教育改革使自己及所在的学校搞得更好一些,发展得更快一些。但是任何一项改革总是会涉及对原有的制度、关系、行为规范、传统和习惯的改变,从而造成人们心理上的失衡和行为上的抵制,亦即产生改革的阻力。而这正是我们这一章所要研究的问题。其目的是,当我们在学校内部开展一项教育改革时,应当充分估计到影响教育改革成败的可能阻抗因素。波尔·达林指出,"改革改变了组织内部的角色和角色关系"①。什么是角色和角色关系?从一定意义讲,角色和角色关系就是个体在组织系统内部的利益关系。改革就是组织系统内部的一次利益的重新分配。无论改革者以一种怎样的意识形态的语言在宣传和赞美改革,改革的这种本质属性是不会改变的。这样对于改革的所有参与者来说,既得利益者和欲得利益者就会对改革持有不同的态度。

在教育改革实施过程中所产生的这种矛盾现象,从根本上说是源自于组织及其成员的两种不同的需要和追求。一方面,任何社会组织既需要适应性、革命性,又需要稳定性、持续性;另一方面,组织成员既希望生活在自己所熟悉的环境中,从事所习惯的工作,又希望环境发生某些变化,以带来更有利的生活条件。因此在改革之前,人们普遍会持赞成的态度,支持的态度,并寄希望于改革。但是改革又总会涉及到一大批人的切身利益,一定会出现各种各样的复杂情况和问题,从而产生心理上的抵制和行为上的抵制,成为基础教育改革的阻力。

二、基础教育改革阻抗因素之分析

尽管人们从不同的角度指出教育改革可能存在的阻抗因素,且不管人们以怎样的标准来对这些阻抗因素进行分类,基础教育改革至少存在着如下阻抗:价值观阻抗、心理阻抗、管理阻抗以及物质阻抗等。下面对这些阻抗因素作简要阐述。

(一)价值观方面的阻抗

人们的活动与行为方式直接受制于他对世界的假设,同时也受制于客体对

---

① 波尔·达林.教育改革的限度[M].刘承辉,译.重庆:重庆出版社,1991:41.

于主体的价值关系。同样,教育实践中的个体,其行为与活动方式,也无不受其对世界的假设与看法的制约,也受其把什么看作更有价值的价值观的制约。价值观引导着人们的实践,并成为评价实践的有效尺度。

价值观阻抗意味着,人们之所以反对教育改革,乃是出于人们对于教育活动本身存在着不同的认识,因而表现出不同的教育价值观、人才观和质量观。价值观是人们关于客观对象的作用、意义的总观点、总看法,是人们共同具有的对于区分好与坏、正确与错误、符合或违背人们愿望的观念,是对待事物具有何种价值的根本看法。它表明的是主体对于客体的一种态度,这种态度既取决于人们对对象性事物的认识,也取决于人们各自内在的需求。它的基本作用在于确定人的行为的目标,引导、调节、规范人们的行动。人们的价值观彼此不同。如果人们彼此之间具有相同的价值观,那么我们所生活的这个世界就不会发生各种各样的冲突。至于人们之间的价值观为什么彼此相异,是源于不同的社会和经济,还是源于人们所处的文化传统和宗教信仰,这是价值哲学所要思考的问题。然而,价值观的不同对基础教育改革将产生怎样的阻抗,以及这种阻抗的发生机制如何加以克服,却是基础教育改革理论所要探讨的问题。

可以确定的是,大部分的基础教育改革都面临着教育价值观念冲突问题[①],如基础教育是要传授基础知识和基本技能还是要培养能力,是立足于创新精神的培养还是立足于社会基本秩序的稳定,是培养人才还是提高国民素质,这些根本的冲突并非象教育学教科书中所教导那样,在语言的调和中得以解决,否则教育实践中所出现的各种矛盾现象就无法得以解释。不如说恰恰可能因为是根本的对立或冲突,所以它们才会在教育实践中出现问题。

一个更为具体的个案可以很好地说明这一点。当学校试图对青少年进行性教育时,学校的这种改革就会引来各种非议与责难。而这些非议和责难通常是与价值观紧密地联系在一起的。传统的文化和伦理道德观念,无疑直接妨碍着学校对青少年开展性教育的选择。在课程改革中,课程的科目设置也往往是与价值观联系在一起的。一些科目之所以遭到人们的反对,乃是源于人们对什么知识更有价值的不同看法。在学校教育中,权利与善的优先性问题也往往是争论的焦点。注重权利对于善的优先地位,则强调学校教育应当首先尊重儿童的权利;反之强调善对于权利的优先地位,则意味着儿童的权利保障必须服从于儿童未来发展之善的要求。

在一个比较保守的社会中,价值观的阻抗将会成为影响改革进程的主要因素。生活于一个较为保守的社会中的人们,往往希望维持现状甚于对现状的改

---

① 波尔·达林.教育改革的限度[M].刘承辉,译.重庆:重庆出版社,1991:33.

变。因此,人们致力于维护既定的秩序以及那一秩序中某些集团或阶级的领导地位。秩序的维护有赖于权威的确立和行使。在这种背景下,传统的东西往往会成为抵制改革的有力武器,过去的做法则成为人们反对改革的托词。

(二)心理方面的阻抗

基础教育改革的所有参与者在面对改革时, 总会或多或少地面临心理上的压力。人们之所以会产生一种心理上的压力,是因为对于所有的改革参与者来说,改革意味着每一个人都面临一个全新的组织环境和行为方式。一般来说,改革过程中所产生的心理阻抗主要有两大类:一为个人对改革的心理阻抗,一为组织对改革的心理阻抗。我们这里主要讲个人的心理因素。有学者指出,改革的心理阻抗主要表现为:习惯心理、逆反心理、攀比心理、落差心理、失衡心理、惰性心理和不安全感等方面①。而就基础教育改革的心理阻抗而言,由于改革的阻抗主要是发生在教育改革的实施过程中,而在此过程中主要的参与者或者说被改革的对象都是受过不同程度教育的知识分子,因而我们认为,在基础教育改革的过程中,心理阻抗主要有认知偏差、习惯心理和不安全感等。

认知偏差。一个人一旦确定了自己的态度后,其注意力的集中和保持便具有一定的选择性,故而不愿随意对新事物作深入客观的了解,对别人的建议只是在他限定的框框内作出反应。如果新事物不能符合他们原有的观点,便容易产生对改革的抵制。在这种情况下,参与改革的人们往往会产生一种心理偏差。这种心理偏差对改革极为不利。对基础教育改革的目的、机制和结果等的认知偏差即错误的认识,是人们对教育改革产生阻力的一个重要的原因。认知偏差常常来源于交往中的相互曲解。在现实生活中,要把一个人的思想传送给另一个人将是一件很难的事情,人们常常不能精确地说出想说的话,而其他人可能听成稍许不同或完全相反的信息。由此造成误会,产生心理阻力。这种认知上的偏差主要有两个方面。一是人们对于基础教育改革缺乏必要的了解。在一些改革进行的过程中,改革的组织者常常将基础教育改革简单化,在改革之前未就有关改革的指导思想、目的、方式、步聚、时间和政策等向相关人员作解释性的阐释,过程中不作进一步的引导和说明,之后也不作妥当的善后处理。因而基础教育改革的具体实施者——教师,往往对基础教育改革缺乏了解,因而对改革表现出茫然和不知所措,或者听信谣传,作出错误的设想。二是对教育改革缺乏必要的理解。了解教育改革的信息并不等于理解改革的信息。在实际的教育改革的范围内,有关人员通过正式的非正式的渠道,或多或少地会对教育改革有所了解,但不一定理解,表现为知其然而不知其所以然。这里又有两种情况。一是出于某种需要或观念,虽

---

① 易法建.组织改革心理学[M].开封:河南大学出版社,1997:243~254.

然在主观上愿意与改革持一致立场并积极宣传和推动改革，但在客观上却不能把握实质，甚至曲解、夸大、扭曲改革的精神和规定，因而在实际效果上对教育改革造成妨碍；二是根本没有理解教育改革，但由于害怕被指责为无能，因而按自己的概念和习惯想当然，其结果走向改革的反面。

习惯心理。人们长期在一个特定的环境中从事某种特定的工作，就会在自觉或不自觉之间形成某种对环境和工作的认同，形成关于环境和工作的一套较为固定的看法和做法，这就是人的思维定式。习惯建立在时间和动作反复的基础上，逐步沉淀在人们的意识中，从而影响人们的心理活动。习惯是一种较为固定的、机械地去完成自动化动作的倾向。除非情况发生了明显的变化，否则人们通常总是按自己的习惯对外部环境的刺激作出反应。基础教育改革就是要打破人们某些长期以来所形成的习惯，这将使人们原有的"动型"遭到破坏，使人们下意识地产生否定情感，萌发抵触情绪及态度。

不安全感。这里的不安全感有两层含义：一是基础教育改革意味着对人们的现有的教育行为的不满，意味着对现有的行为方式的否定，因而使得人们担心教育改革将带来不稳定，害怕可能的失败。对未知东西的担心也是一种潜在的抵制。因为当人们面临不熟悉的情况时，许多人会感到担忧，根源在于每一次较大的改革都会带来一些不确定的因素。其最主要的担忧就是害怕失败。二是教育改革往往会直接或间接地对现有的利益实行再分配。因而对另一些人来说，更多地则是对自己地位的考虑，担心失去原有的地位和声誉。所以一些人会把教育改革看成为对他们既定权力、地位和影响力的一种现实的或潜在的威胁，从而激发对教育改革的否定态度。此外，失衡心理也会对改革产生相当大的消极影响。这种失衡心理的产生，通常是与利益分配的不公平相关联。"多劳多得、优劳优酬"的激励机制，拉大了学校内部的收入差距，由此而带来对其他方面改革的消极作用。

（三）管理方面的阻抗

管理方面所造成的改革阻抗，主要是与改革的领导者和管理者联系在一起。由于实施改革的计划、步骤、实施过程等方面存在不合理性，故而造成基础教育改革本身的失范和无序。这种阻抗主要是来自基础教育改革设计、计划和组织者。从基础教育改革的实施过程来看，基础教育改革管理是确保改革顺利推进并获得成功的条件。在现实改革中，基础教育改革存在管理上的问题和不足。来自基础教育改革管理方面的阻抗因素可从改革的诊断、计划、实施以及传播等阶段进行考察。一般来说，管理阻抗因素主要表现在两个方面。

一是阻抗发生在改革计划阶段。在基础教育改革计划阶段，由于计划不当或改革方案的某些方面存在不合理之处，从而造成改革在执行过程中的困难。

在基础教育改革的计划阶段,其主要的阻抗有:(1)教育改革的目标模糊或目标过分理想化,如素质教育的实施与推进。由于对什么是素质教育以及素质教育究竟要达到怎样的目标等前提性问题不明确或不清楚,因而造成素质教育实施中理念与行动的巨大反差。(2)教育改革的方案脱离本地区的实际情况,方案是非本土化的。有研究发现,对"不适应本地的教育改革",教师是坚决抵制的,如"校本"之说、研究性学习、社区服务等等。(3)基础教育制度改革未能注意内部制度改革与外部制度环境的配套与适切,从而使得改革本身难以达到预期的效果,如,教师聘任制的实施。(4)教育改革决策的方案过程的非民主化,决策权集中于少数人手中,如80年代以来我国基础教育改革。(5)教育改革的方案晦涩和抽象,如一些教育研究者为中小学设计的教学改革方案或其他方面的改革方案。(6)基础教育改革的地方代理人缺乏培训,如对参与基础教育改革的教师缺少必要的培训。计划阶段所存在的管理上的缺陷将会进一步地引发实施阶段的各种阻抗。

二是阻抗发生在改革实施阶段。在基础教育改革的计划实施过程中,管理上的不当或者管理者本身同样会给改革带来严重的阻抗。具体而言,改革实施阶段的阻抗主要表现在以下几个方面。(1)组织领导的影响。组织的权力来源之一是对所需的人和物的控制。一旦人们在组织中的地位已经确定,人们通常就会抵制将会降低其权力和权威的改革。例如,教职工参与学校的民主管理。由于参与管理即意味着权力和权利的分享,从而是一种利益的分享;因而在学校内部的管理体制改革中,参与管理总是会受到各种各样的阻力。(2)组织结构的影响。组织中一般设有不同层级的管理机构,并对各项工作作出了细致的规定,对权力、责任也作了明确的界分与规定。基础教育改革可能要打破这些已有的惯例,采取新的措施,这就必然触及不同层级的管理机构的利益和权力。例如基础教育管理体制的改革问题,学校布局调整中的学校的合并问题。(3)组织资源配置的影响。组织资源涉及基础教育管理过程中的各种要素,如人、财、物、时间、空间、信息、制度规范、组织文化、人际关系等等。组织资源的配置不合理,将会对基础教育改革产生极大的消极影响和负面作用。而实际上,在几乎所有的教育改革中,总会遇到不同形式的资源配置不合理的问题。

因此,就管理方面的阻抗而言,这种阻抗往往并不是来自于改革的具体代理人——尽管在某种程度上,改革的管理者如学校校长也是改革的代理人——而是来自于对改革发号施令的人。在很多情况下,可能恰恰是因为管理方面的阻抗,从而最终导致改革代理人如教师等方面在心理上、价值观上等方面产生阻抗。所以,对于改革的领导者来说,关键是要抓好改革的管理环节。没有高水平、高效率的基础教育改革管理,基础教育改革便难以成功。

(四)物质方面的阻抗

物质方面的阻抗源于基础教育改革所必需的资源的匮乏与不足。基础教育改革不仅意味着观念与理念的更新，更是意味着教育教学技术手段等方面的更新。任何新的要求总意味着对于完成该要求的人来说更多的资源。因此，基础教育改革通常是要花费代价的。这种改革的代价主要用于三个方面。一是任何教育改革都需要对参与教育改革的人员进行培训。新一轮基础教育课程改革提出新的课程理念、新的教学理念、新的评价理念、新的课程管理理念。这些新的理念必须让所有的改革参与者——从学校管理者到教师——能够准确的了解和把握。而这一切是不能以学校管理者和教师自觉地去学习这些新理念为基础的。因此，就必须对所有的新课程实施的参与者进行教育理念与教育方式等方面的培训。二是有一些基础教育改革必然要涉及需要购置新的设备和资料。研究性学习、校本培训、校本教研等，便属此列。一所学校，无论它是中学还是小学，就这些活动的本质要求而言，都是以必备的设备和资料为条件的。没有必备的资料和设备，就不可能有高质量的研究性学习、校本培训和校本教研。高中新课程所设置的技术课程、身体健康课程和综合实践活动课程等，同样提出了购置新的设备和资料的要求。而这些都意味着要有更多的投入。三是改革应该能够让人们的生活处境和工作处境得到改善。如果改革不能够给多数人的处境给予改善，那么人们对教育改革的热情就会降低，对教育改革的投入就会减少，其结果就是改革的流产或不成功。而工作处境和生活处境的改善则同样意味着物质的投入与资源的增加。因此，缺少必要的物质投入，教育改革鲜有成功的。

第三节　基础教育改革阻抗的克服

基础教育改革过程阻抗会引发一系不良结果。大致可区分以下四种情况：基础教育改革功能不全、基础教育改革负功能、教育改革对象维持现状以及教育改革丧失拥护者等。因此对于任何一项基础教育改革的决策者和执行者来说，欲求基础教育改革的成功，则必须克服教育改革过程中所存在的阻抗。自 20 世纪 50 年代以来，政府主导性改革日益成为基础教育改革的一个基本的特征。与此相伴随的，是理论工作者对基础教育改革问题的深入研究。世界各国都在对教育改革过程中的阻抗进行研究。尽管不同文化背景下的人们对于克服阻抗会采取不同的策略和做法，但对这些做法进行归纳(研究)时发现，阻抗的克服与阻抗因素的清除，是教育改革管理者(如作为教育改革代理人的校长或行政人员)在基础教育改革活动中必不可少的工作内容。不同的克服阻抗的方式方法之间仍然存在着一些共同点，由此提出阻抗克服的基本模式。从基础教育改革管理的角度看，阻抗克服的模式就是为克服阻抗而设计的基本策略。自 20 世纪 60 年代以来,随着大规模的教育改革运动的兴起及人们对于教育改革过程的理性思考,人们已经总结出克服教育改革过程中所存在阻抗的理论模式。

一、我国基础教育改革阻抗克服模式

目前国内学界对基础教育改革阻抗克服模式研究还不多见。一些关于基础教育改革阻抗克服之建议,也只是停留在感性的层面上,还缺乏理论上的论证以及实践的检验。然而,不断进行的基础教育改革,积累了丰富的阻抗克服的实践经验。特别是毛泽东同志 1943 年《关于领导方法的若干问题》①一文发表后,尽管此文是关于一般的领导方法问题的思考和建议,但是它对于我国建国后基础教育改革之阻抗的克服还是提供了非常有意义和有价值的思想指导和方法指导。毛泽东提出,“我们共产党人无论进行何项工作,有两个方法是必须采用的,一是一般和个别相结合,二是领导和群众相结合。”1949 年,毛泽东同志在党的第七届中央委员会第二次会议上进行会议总结时又提出“党委会的工作方法”12 条:(1)党委书记要善于当班长,善于带动党委一班人开展工作。(2)要把问题摆到桌面上来,不要背后议论,要开会解决。(3)“互通情报”,党委各委员之间要把彼此知道的情况互相通知、互相交流。(4)不懂得和不了解的东西要问下级,不要轻易表示赞成或反对。(5)学会“弹钢琴”,要抓紧中心工作,又要围绕中心工作而同时开展其他方面的工作。(6)要“抓紧”,对主要工作不但一定要抓,而且一定要抓紧。(7)“胸中有数”,即对情况和问题一定要注意到它们的数量方面,要有基本的数量的分析。(8)发“安民告示”,即开会事先通知,早作准备。(9)“精兵简政”,讲话、演说、写文章和写决议案都要简明扼要,开短会。(10)注意团结那些和自己意见不同的同志一道工作。(11)力戒骄傲。(12)看问题一定要注意划清革命和反革命的界限、成绩和缺点的界限。这些方法具有认识论和方法论的普遍指导意义。②这些属于党的领导的工作方法在日后的日常工作中,逐渐应用和推广到其后的各个方面的工作实践中,并且成为我国改革阻抗克服模式的思想基础。

根据毛泽东的教诲以及基础教育改革不同阶段的特征,兹对我国基础教育改革阻抗克服模式作一概括和说明。

(一)改革的发动阶段

基础教育改革的发动阶段所面临的最大的阻抗,可能来自于与改革相关的人们这样的疑问,即要不要改革?朝什么方向改革?这个问题不解决,则会引发下几个阶段的各种问题。因此,这一阶段阻抗克服的重点,是解决有关基础教育改

① 毛泽东.毛泽东选集:第三卷[M].第 2 版.北京:人民出版社,1991:897～902.

② 毛泽东.毛泽东选集:第四卷[M].第 2 版.北京:人民出版社,1991:1440～1444.

革的思想认识问题,解决要不要改革的问题。只有统一了思想,统一了认识,关于应当如何改革的问题才能够富有实践意义地呈现出来。因此,在我国,在基础教育改革的发动阶段,通常非常注重通过各种媒体和各种形式,进行改革的宣传与发动,营造改革的浓烈氛围。浓厚而又热烈改革气氛有助于形成认同改革和参与改革的心理基础和思想基础。

一是充分利用电视、广播、报刊、杂志、网络等等媒体,大力宣传,营造声势,宣传基础教育改革的必要性。二是通过各种会议布置与改革有关的讨论工作,宣讲基础教育改革的背景与可能,让基础教育改革的相关者认识到改革的必然性与重要性,改革的急迫性和不可避免。正面的宣传也有利于赢得各种社会集团的理解与支持,消除不良的社会舆论影响。

(二)改革的计划阶段

基础教育改革的计划阶段,主要是对基础教育的整个过程做出理性的安排和统盘考虑,从而确定能够最有效地实现基础教育改革目标的策略与行动路径。基础教育改革的计划阶段,可能存在心理的阻抗,也可能存在哲学的和管理学方面的阻抗,因此这一阶段对基础教育改革进行周全的考虑与设计,对于基础教育的实施乃具有重要的意义。如果能够在这一阶段解决可能存在的心理上的、观念上的和管理上的阻抗,那么在基础教育改革的实施阶段,主要的阻抗可能就是有关行动的技能或技术的问题了。

在我国,这一阶段阻抗克服的主要方式是开民主会,亦即毛泽东所谓的领导与群众相结合。毛泽东指出,"凡属正确的领导,必须是从群众中来,到群众中去。这就是说,将群众的意见(分散的无系统的意见)集中起来(经过研究,化为集中的系统的意见),又到群众中去作宣传解释,化为群众的意见,使群众坚持下去,见之于行动,并在群众行动中考验这些意见是否正确。然后再从群众中集中起来,再到群众中坚持下去。"①

通过决策时的集思广益,充分听取教师对改革的意见和建议,从而将可能的阻抗降低到最小的程度。有关改革的民主会,不仅能够起到对改革的宣传和动员的作用,使教师认识到基础教育改革之必要性和解决问题的策略与路径,更重要的是,由于在基础教育改革实施阶段这些人员都是改革的实际执行者,因而民主会的召开将有助于了解和掌握教师对于改革的心理状态以及对于改革所可能持有的期望,及时地认识到教师对于基础教育改革的需求和期盼。

(三)改革的实施阶段

如果说基础教育改革之阻抗在发动阶段和计划阶段都是以隐性的方式而存

---

① 毛泽东.毛泽东选集:第三卷[M].第2版.北京:人民出版社,1991:899.

在,那么在其实施阶段,各种隐性的阻抗就可能会以现实的方式而出现,并且都可能会转化为具体的行动。经验告诉人们,不对此类阻抗进行克服,就不可能实现基础教育改革之目标,也就不可能完成基础教育改革之任务。

建国以来,在新事物、新技术和新经验的推广过程中,人们逐渐地形成了几个重要的阻抗克服的模式。一是"抓两头带中间"的模式,二是"开现场会"的方式,三是一般和个别相结合模式。

1."抓两头带中间"

毛泽东指出,"任何有群众的地方,大致都有比较积极的、中间状态的和比较落后的三部分人。故领导者必须善于团结少数积极分子作为领导的骨干,并凭借这批骨干去提高中间分子,争取落后分子。"在基础教育改革的实施过程中,无论是一地区还是一所学校也都会呈现出好中差现象。一般来说,比较积极的和比较落后的总是少数,中间分子则占多数。然而作为少数的好与差两头对于克服改革过程中的阻抗来说具有非常重要的意义。从某种意义上说,抓住了两头,也就抓住了阻抗克服的关键,也就抓住了阻抗克服的要领与核心。

抓两头带中间的阻抗克服模式主要有两个方面的含义。一是对改革的坚定支持者,要提高其执行基础教育改革的意识与能力,以日常教育生活中的典型事例和榜样来激发和带动一般教师和学校。榜样的力量是无穷的。对那些在工作和生活中创造出优异成绩(不论是物质财富还是精神财富)的教师和学校,通过大力宣传他们的事迹,让教师和学校感到做一名优秀的改革执行者的无上荣光。二是对在基础教育改革中表现落后或执行新的教育理念和技能比较差的教师或学校,要重点进行教育思想观念的转变和教育技能的提升。

2."开现场会"

"开现场会"是基础教育改革的领导者和管理者在解决改革过程中所遇到的各种困难和矛盾时常见的有效模式,是"以点带面"的工作方法在阻抗克服中的表现。"现场"即是一个"点",而"现场"所辐射的区域则是"面"。此种阻抗克服模式的含义是:当改革遇到阻抗或问题或矛盾时,改革的领导者和管理者发出指令,和一定区域内的所有改革的参与者一同来到基础教育改革的第一线,现场开会,现场办公,现场解决问题。在现场会期间,有典型经验的介绍,有失败教训的总结,有主管部门的要求和工作任务的布置。通过召开现场会,能够达到良好的表扬先进、激励后进、鼓足干劲、推广经验的效果;通过现场会,能够有效地克服在改革的实践过程中所遇到的各种独特性的问题和矛盾,从而有效地克服基础教育改革的各种阻抗。

"开现场会"对现场的选择,以典型为特征。所选择的典型"现场",可能是在改革中涌现出的好的典型,也可能是在改革表现得比较落后的典型。如果是前者,则以介绍经验为主;如果是后者,则通常是以解决问题和矛盾为主。在通常的情况下,"现场"以选择正面的典型为主。参与现场会的人员不仅有基础教育改革的领导者和管理者,还有作为"现场"的学校代表,以及行政管辖范围内的所有同一类型同一层次的学校的领导或成员。

3."一般和个别相结合"

毛泽东指出,"任何工作任务,如果没有一般的普遍的号召,就不能动员广大群众行动起来。但如果只限于一般号召,而领导人员没有具体地直接地从若干组织将所号召的工作深入实施,突破一点,取得经验,然后利用这种经验去指导其他单位,就无法考验自己提出的一般号召是否正确,也无法充实一般号召的内容,就有使一般号召归于落空的危险。……任何领导人员,凡不从下级个别单位的个别人员、个别事件取得具体经验者,必不能向一切单位作普遍的指导。这一方法必须普遍地提倡,使各级领导干部都能学会使用。"①

一般与个别相结合作为阻抗克服之模式,实际上是贯穿在整个基础教育改革过程中,贯穿在改革的改动、计划、实施和深化等诸阶段。"一般"既指一般号召,一般指导,也指一般要求、一般组织,是有关改革的统一指导思想和行动纲领;而"个别"则包括个别动员、个别指导、个别经验的提练、个别地解决问题。仅有"一般号召"而无"个别指导",就不可能克服改革中的各种阻抗;反之,仅有"个别指导"而无"一般号召",则将使得改革的组织管理为之而付出极高的成本和代价。此外,仅顾及一端的工作作风,还会引发下列两种相反的情况。一种情况是:不注重和不善于总结工作的经验,而欢喜主观主义地自作聪明地发表许多意见,因而使自己的意见变成不切实际的空论。第二种情况是,满足于工作任务的一般号召,不注重和不善于在作了一般号召之后,紧紧地接着从事于个别的具体的指导,因而使自己的号召停止在嘴上、纸上或会议上,而变为官僚主义的领导②。

二、国外基础教育改革阻抗克服模式

国外学者对于基础教育改革阻抗之克服,展开了较为充分的研究,由此而提出三种模式。兹对三种阻抗克服模式简介如下。

(一)ORC 模式

ORC 模式即"改革的抗拒克服模式"(overcoming resistance to change model),其理论基础主要来源于社会学和社会心理学关于群体动力、社会敏感性的研究。ORC 模式的主要内容可归纳为三个假设、两个阶段和若干技术与方法。

① 毛泽东.毛泽东选集:第三卷[M].第 2 版.北京:人民出版社,1991:897～898.
② 毛泽东.毛泽东选集:第三卷[M].第 2 版.北京:人民出版社,1991:900.

1. ORC 模式的主要假设

ORC 模式的主要假设有三。第一,基础教育改革之阻抗,或存在于改革被引入之前,或存在于改革的引入过程中。而改革的成功或失败,是基础教育改革的管理者对阻抗之克服的管理能力的反映。第二,任何一种对改革的阻抗行为,如害怕、放弃、不理解或其他对改革的消极抵制都会造成改革走向失败,除非阻抗能够被克服。第三,有效克服阻抗的策略与能力,是成功地管理基础教育改革的关键。

2. ORC 模式的实施阶段

ORC 模式将改革过程分解为两个连续的阶段,即基础教育改革的发动阶段和组织化或拒绝阶段。在改革的发动阶段,管理者作出管理决策以引入改革并同时开展克服阻抗的管理活动。当改革进入组织实施阶段后,基础教育改革的理念或成为常规渗入教育活动中,或遭到拒绝而成为人们口头上的言说。这意味着基础教育改革有两种可能的结果,或者在基础教育实践中为人们所接受,或者在基础教育实践中为人们所拒绝。

3. ORC 模式的基本方法

关于如何克服阻抗的策略,ORC 模式提供了如下几项技术和方法。首先是权力平等。这是一种在改革的管理者和代理人之间进行交流和沟通的策略,它强调改革的管理者必须与改革的代理人共同分享权力,允许改革的代理人参加改革的决策活动。其次是采取群体动力学的方法,激发改革代理人的整体潜力,推动改革实施中的合作,帮助狐立者,提高改革的反馈能力。社会心理学告诉我们,在模棱两可的情况下,一个人能影响另一个人使之遵从;别人的行动、信仰与感情对我们的生活有极其重大的影响;一个由别人的情绪在自己身上引起同样情绪的过程,它转过来又加剧别人的情绪。第三是社会敏感性训练。该训练意在使组织成员构造对他人以及他人对自己的反应的敏感性,并让改革的代理人——教师学会如何去更好地接受新的教育观念。

ORC 模式将关注点集中于基础教育改革中组织成员,特别是改革的代理人中小学教师对于改革之抗拒这一特别重要的改革阻抗。它强调指出,改革的组织者、领导者和管理者清楚地意识到改革引入前的各种抗拒,对于成功的基础教育改革来说是非常重要的。然而,正如 N·格罗斯等学者所说,ORC 模式忽视了改革引入组织后整个改革过程中的改革管理的操作本身所产生的影响。而 ORC 模式所认为的存在于改革"初期"的组织成员对改革的抗拒事实上是"无处不在的"。

(二)LOC 模式

LOC 模式即"领导 – 阻抗指导模式"(Leadership–Obstacle course Model),是在批判和修改 ORC 模式的基础上提出来的。

1. LOC 模式的基本假设

LOC 模式的基本假设主要有六个:第一,组织成员可能会对基础教育改革进行阻抗(阻抗 1)。第二,贯穿于整个改革过程中的管理操作,可能阻碍改革的实施(阻抗 2)。第三,如果基础教育改革遭到了成员的抗拒,那么克服这种阻抗或使这种阻抗失效,便是实施改革的先决条件之一。第四,采取什么样的改革实施程序,取决于改革在实际阶段存在的四种情况(条件),即推行改革所需的技能在组织成员中的掌握程度,组织成员所需的材料和设备得以保障的程度,组织管理与改革活动的协调程度,组织成员花费时间、努力去实施改革的被激发程度。第五,改革在实施阶段存在的上述四种情况,取决于改革的管理能力。第六,既然从改革的开始阶段起,组织成员的抗拒可能阻碍改革的实施,那么一旦这种阻抗存在,改革管理者就必须克服它。

2. LOC 模式的主要阶段

该模式将基础教育改革过程分为三个连续的阶段,即发动阶段、组织实施阶段和组织化或拒绝阶段。在改革的发动阶段,基础教育的组织系统作出管理决策并引入改革,此时如果组织成员阻抗改革,则管理者应对此加以克服或为克服阻抗提供指导。在改革的实际实施阶段,如果存在其它阻抗因素,则管理者就应当为辨别和克服这些阻抗提供指导。在改革的组织化或拒绝阶段,改革或成为常规渗入组织活动中,或遭到拒绝。

LOC 模式关注的是改革管理将遇到的一些主要阻抗,包括一些为 ORC 模式所忽视的阻抗,但这种模式由于其固有的局限性而受到来自多方面的批评。这种局限性被 R.E.赫里奥特和 N.格罗斯归纳为五个方面:第一,该模式忽视了抗拒事件是否能够发生在一项改革被引入某一组织之前;第二,尽管该模式列举了许多实施改革的内在阻抗因素,但它在很大程度上忽视了外在的阻抗因素;第三,该模式忽视了组织成员对改革抗拒方式(行为方式);第四,该模式忽视了改革的某一时期出现并得以克服的阻抗,在以后可能重新出现,忽视了改革需要一种管理和反馈机构,以鉴定新出现的实施问题;第五,该模式对改革管理功能的界说,在很大程度上包括了管理所涉及的政治活动①。

(三)ELOC 模式

针对 ORC 模式所存在的不足,一种改进了的更为"精致的领导－阻碍指导模式"(Elaborated Leadership–Obstacle course Model),即 ELOC 模式由此而被建构。ELOC 模式将基础教育改革的过程分成五个连续的阶段,在每一个阶段,改革的管理者都要针对特定的阻抗因素而承担相对不同的若干任务。

---

① R.E.Herriott,N.Gross.The Dynamics of Planned Educational Chang: Case Studise and Analyses[M]. 1979,PP.354~359.

1. 基础教育改革的探索阶段

对于改革的管理者来说,探索阶段的主要任务是鉴定较重要的学校系统问题,并为选择解决这些问题的改革策略提供指导。具体地说,管理者需要为如下七个方面的鉴定提供指导:

＊基础教育系统现存的主要问题;

＊在这些主要问题中哪些是较为重要的问题;

＊根据现有条件解决较为重要问题的若干可能方法;

＊哪些因素妨碍这些解决方法的实行;

＊基础教育系统存在哪些力量会妨碍对较重要问题的解决;

＊在基础教育系统之外可获得哪些解决问题的必需资源;

＊最被赞同的解决问题的方法是什么(即将推行的改革)。

2. 基础教育改革的策略计划阶段

在基础教育改革者的策略计划阶段,改革的领导者和管理者的主要任务,是为已被选择的改革即最被赞同的解决方法可能面临什么样的内外阻抗提供指导,并为研制这些阻抗的克服办法提供指导。具体地说,管理者应该在如下五个方面提供指导:

＊鉴定实施改革的可能阻抗;

＊鉴定在特定范围内实施这项改革的可能支持者;

＊研制在基础教育组织系统内使改革的阻抗降到最低程度并使改革得到最大支持的实用性策略;

＊获得在特定的范围内实施改革所必需的财力资源;

＊明了改革的政治意见和确定应付这些政治意见的策略。

3. 基础教育改革的发动阶段

在基础教育改革的发动阶段,管理者的主要任务是,为克服那些在策略的计划阶段就已鉴定出阻抗的克服提供指导。具体地说,管理者需要为克服如下十方面的阻抗提供指导:

＊教职员缺乏必要的动机;

＊教职员缺乏必要的教学资源;

＊教职员缺乏必要的人际交往技能;

＊教职员缺乏必要的教学资料;

＊学校内部存在的有缺失的组织技能;

＊学校系统内存在的不同群体间的冲突;

＊学校系统与所在社区的冲突;

＊学校系统与其外部代理人的冲突;

*社区价值观与改革的观念所发生的冲突；

*改革事务缺乏一致性或支持。

4. 基础教育改革的实施阶段

在此阶段,管理者的主要任务是,为克服如下八方面已鉴定出的阻抗和新的阻抗提供指导:

*对教育改革目标的误解；

*对改革程序的误解；

*组织与领导改革的关键人物辞职；

*改革委员会成员的更换；

*外部财源代理人的更换；

*部分教师或行政人员的角色倒置现象；

*改革在必要的教学资源获得上的滞后；

*改革活动面对严重政治问题。

5. 基础教育改革的组织化或拒绝阶段

在此阶段,管理者的主要任务是,为改革渗入学校并能继续下去提供指导:

*获得教师关于改革的评价；

*获得学生关于改革的评价；

*获得家长关于改革的评价；

*获得关于改革预期的目标正被实现的程度的客观依据；

*获得继续这项改革所需的财政投入的客观依据；

*据改革的费用评价这项改革的收益；

*考虑在无修改情况下继续改革的价值；

*考虑在作出修改的情况下继续改革的价值；

*考虑全盘抛弃改革的价值。

就改革的阻抗克服,ELOC 模式提供了若干 LOC 模式更为周全的措施或方案。ELOC 实际上构建了基础教育改革过程的一般模式,并为改革过程提供了一幅行程图。这使管理者更易鉴定出改革的每一阶段所可能遇到的各种阻抗,从而有助于阻抗的克服。

第四章 基础教育改革过程研究

基础教育改革是在复杂的内外环境的影响下，为适应环境而采取的一种有计划的变革行为。作为一项人类的社会实践活动，它的产生和发展是一个受多种因素影响和制约的复杂过程。要使改革取得成功，就需要认真地研究其发生的过程，从中发现教育改革特有的客观规律，以指导基础教育改革的实践。这就是说，我们"需要对基础教育改革过程本身有更好的理解，然后我们才能希望自己的改革计划获得合理的回报。"①

第一节 基础教育改革过程研究概述

任何基础教育改革都是一个立足现在面向未来的活动。然而由于基础教育实践环境的复杂性以及教育管理者和教师的教育思想观念的差异性，使得一项改革是否能够按照改革者所设想的路径展开，却并非是一个确定无疑的问题。尽管如此，过去的基础教育改革的实践为我们思考改革的未来走向和过程安排提供了一个不算太可靠但仍可参考的经验基础。

一、基础教育改革过程的概念意涵

(一)过程与改革过程

要理解"基础教育改革过程"这个概念，就必须要首先明确"什么是过程"。就一般意义说，任何事物、有机生命体或与人相关的事态都有其发生、发展和终结的过程。过程则是指特定对象的连续不断地展开和发展。此处的"发展"是在中性的意义上来使用的。它不含有目的意义或规范意义，而仅仅是指一种合乎规律或合乎逻辑的、由始而终的动态显现。过程总是与特定的对象相联系，亦即它总是一个"什么过程"的问题。从对象的角度来看，我们可以区分出两类对象过程，一类是单纯的自然"事物"。单纯的自然事物发生、发展的过程，受内在的自然法则的支配，在这个意义上，人类社会只能遵循其过程展开的内在规律。另一类是与

---

① 波尔·达林.教育改革的限度[M].刘承辉,译.重庆:重庆出版社,1991:9.

人的意志活动紧密地联系在一起的"事情"。从单纯理性的角度看,"事情"不仅受到相关事物的内在法则的制约,而且也受人们的意志或意志之反映的规则的支配,同时它们也受到各种偶然因素的制约。理解过程,就是理解和把握支配过程的内在法则和外在的影响因素,理解人的主观意志对于事物发生过程中作用。这是一个有关过程是否可控的问题。

当"过程"与"改革"相结合成为"改革过程"的概念时,这个概念对过程施加了一个限定,即它与人的意志活动有关的过程。但它又不是单个主体的意志,而是集体主体的意志。由于改革涉及到组织系统内部所有的个体成员,因而改革过程就成为不同个体意志之间以及个体意志与集体意志之间的博弈与较量,因而使得改革过程既可控又不可控。改革的计划与方案是可控的,而改革的实施过程,亦即改革的实际呈现及实施与计划的符合方面又往往具有不可控制性。因此,改革过程就是由改革者从提出新的理念到将新的理念付诸实施,最后对实施结果加以评价的一个连续不断的动态展开与集体主体意志在动态展开中的外显与对象化。在这里,我们把改革过程看作是集体主体意志的逐渐显现,而且这种显现乃是以预先确定的目的为指向,以对展开过程的计划指导为根据。

(二)基础教育改革过程

基于对"过程"和"改革过程"的理解,我们把基础教育改革过程理解为,根据基础教育系统及组织内外环境变化的要求,有计划、有目的、有系统地对基础教育的组成要素进行调整、改变、修正,以适应其变化的过程。可以从以下四个方面来理解基础教育改革过程的概念。

第一,社会与教育环境是基础教育改革过程发生的背景。现代社会中,基础教育改革的背景环境呈现出一个重要的特征,就是社会以及基础教育系统内外环境的快速变化。环境的变化是基础教育改革发生变革的先决性条件。20世纪以来,特别是第二次世界大战以来,基础教育改革的频率越来越快,与前现代社会教育的恒稳定性相比,现代社会的基础教育几乎每时每刻都在改变着自身。尽管前现代社会并没有现代社会所谓的基础教育之说,同时教育主要面向少数群体,适应少数教育对象,但构成一社会之教育的整体还是存在并呈现出某种显著的特征。前现代社会是一个相对封闭的、稳定的社会,社会的和教育的传统因此而一代一代沿袭下来。在这种社会背景下,教育无须作不断地调整,它的相对稳定性正好能够满足社会生活对它的需求。但是一旦社会变革加快,则作为服务于社会生活的教育就不能不随之而调整。基础教育改革的发生,一方面是对社会变革的适应性反应,另一方面则是对社会整个教育系统变革的适应性反应。现代社会学校教育制度确立以来,教育被划分为基础教育、职业教育、高等教育、成人教育等类型。不同类型的教育乃构成一个完整的体系,它们相互配合相互作用,共同服务社会生活的各个方面。当教育系统的其他类型教育发生变革时,这种变革也会对基础教育产生影响,从而促使基础教育进行改革。

第二,目的性与计划性是基础教育改革过程的特征。基础教育改革作为社会改造教育并完善教育自身的一项努力,可以看作是社会有目的、有计划的系统工程之重要组成部分。把基础教育改革看作是一个工程,并且对其过程进行计划,会遇到一种理论上的质疑,即凭人类现有的理性,能够对我们的教育生活进行大规模的计划吗? 在这种质疑看来,对人类社会生活进行大规模的计划改造,是以对人类历史发展过程的全部知识的掌握为基础的, 是以对教育发展的规律之把握为基础的。然而,如果有关基础教育发展之规律没有给予充分的认识,那么对教育实践进行计划性的调控,这是否有可能? 因此,在此背景下我们着手有计划的基础教育改革,充其量也仅仅是以过去有限的经验为依据,因而无疑这里面可能会发生失误。而一旦发生失误,由于教育所涉及到的是年青一代的成长,那么它必将对我们这个社会的未来生活产生重大的消极影响。因此,对于把基础教育改革当作一项工作来对待的政府管理部门,就应当对此慎之又慎。

对于这样的质疑我们并不表示赞同。因为这种观点实际上混淆了"计划"这个概念的含义。雅斯贝尔斯指出,"按照理智的判断,我们可以分辨出两种计划:一种是在特定情况下不可缺少的细节安排,另一种是对一个无法达到的整体进行全盘计划,后一种计划是会造成灾难的。"[①]就教育改革过程乃是对教育状况之改善的细节安排而言,基础教育改革过程的计划性是能够得到保证的。尽管对基础教育改革过程进行计划安排会遇到各种偶发因素的干预和影响, 但是从总体上看,计划本身能够更好地保证基础教育按照预定的方向和进程发展。

总之, 基础教育改革的整个发生过程都是在改革者有目的引导和有计划安排下展开的。至于实际发生的过程是否保持与计划的一致性以及目的在最终是否达到,则是一个事实的问题。即使教育改革过程与计划不一致,或者最终的结果与目的不相符合,那也不能否定改革的计划性和目的性。

第三,对组织的组成要素进行调整和改变,是基础教育改革过程的重点。任何教育改革的展开,都会牵涉到组织内外的各种要素。基础教育改革也不例外。正是组织的这些要素的存在,能够确保改革过程的顺利展开。基础教育改革所涉及到的要素有:人、财、物、事、时间、空间、信息、组织规范等。这些要素的调整和改变是以基础教育改革的目的为指向,以更好地促进基础教育朝着预定的方向发展。如果我们把基础教育改革本身看作是一种替代现实的教育实践的行动方

---

① 雅斯贝尔斯.什么是教育[M].邹进,译.北京:三联书店,1991:22.

案,那么作为基础教育改革之表征的行动方案,本质上是对组织要素的重组和调整。在上述组织要素中,人的要素乃具有决定性的意义。基础教育改革过程可以看作是组织系统内部人员的角色和角色关系的改变过程。角色和角色关系的改变,意味着财、物、事、时间、空间、信息、规范等方面的相应变动。因为后面所列诸要素主要是服务于人这个要素的。那么看起来是指向事的改革,核心仍然是人的角色和角色关系的改变。不同的角色和角色关系,表明不同的身份及与其身份相适应的规范要求;而这些身份定位和规范要求又是体现在具体的时空之中。

第四,基础教育改革过程是一个组织逐渐适应其内外环境变化的过程。现代科学技术不仅改变了人们与自然环境、人与人之间的关系,而且也促使社会环境发生越来越快的变化。从某种意义上说,改革作为 20 世纪以来一项最为常见的社会实践类型,恰恰根植于快速变化的社会环境之中。没有不断改变的社会环境,也就不会各种各样的教育改革的发生。而基础教育改革的目标,则正在于使基础教育适应不断变化着的社会环境,从而使年青一代发生适应性成长。无论改革的结果如何,基础教育改革的过程都是一个使其自身适应内外环境变化的过程。环境的变化造成对组织的内外压力。同类组织之间的相互竞争则使得为改革的发生提供了充分条件。因为,倘若只有环境的变化,而没有组织间的相互竞争,那么改革亦将很难发生。同类组织间的竞争,使得组织的生存和发展成为组织管理者所关注的重心。

二、基础教育改革过程的指导原则

基础教育改革过程的指导原则,是指改革实施过程必须要遵循的一些基本要求。对基础教育改革过程的认识,部分地以知识的形态而出现,部分地则是以实践原则的方式而呈现。基础教育改革过程的指导原则,可以看作是人们对基础教育改革过程的正确认识之反映。

(一)确立指导原则的依据

原则作为规范性要求,一般是建立在事实判断和价值判断基础之上的。只有对事实的正确认识而无价值的引导,则认识也仅仅是认识而已,它的唯一的意义在于增长了人类的知识而已;只有价值导向而不具有对事实的基本认识,则人类的实践活动就会陷入盲干的境地。因此,原则作为人类社会实践活动的规范,必须基于事实判断和价值判断。

1. 以规律性认识为确立指导原则的事实依据

作为基础教育改革过程指导原则基础之一的事实,在我们看来就是,教育改革过程的指导原则必须建立在对教育改革过程的认识基础之上。波尔·达林指出,"在我看来,大部分改革之所以没有成功,可以追溯到他们对作为组织的学校、对教育改革的过程以及对教育改革的管理的不正确认识上。"①对基础教育改革过程本身的不正确认识，将会导致其行动引以为据的相关信息的错误判断，从而使得行动出现失误，给工作带来损失。教育改革的科学理论，其任务之一就是要描述和解释基础教育改革过程，以为教育改革的实施提供知识基础。只是迄今基础教育改革发生过程尚未引起教育理论工作者的足够关注，因而导致对基础教育改革过程尚没有充分的认识，结果是基础教育改革的实施过程仍然是建立在经验的或常识的基础之上。教育改革的科学理论通过认识教育改革过程的本质，揭示教育改革过程的规律而指导教育改革的实践。因此，教育改革的合规律性意味着改革活动本身要具有科学性。即教育改革决策要有科学性，方案设计要有科学性，实施过程要有科学性和评价要有科学性等。基础教育改革在决策上的科学性，表现为对影响基础教育发展的各种条件或影响因素分析的充分性、改革结果预测的准确性和教育改革领导与管理的科学性等方面；方案设计的科学性，表现在基础教育改革各项因素的调配一致，功能的协调一致，经过严格的科学论证，以及设计方案的语言或文字表述的规范、准确等方面；实施过程的科学性，表现为实施过程中的有序性、逻辑性、灵活性、创造性等方面；评价的科学性表现在评价资料的准确性、客观性，评价结果的正确性、有效性等。

2. 以核心价值观为指导原则的价值基础

基础教育改革合目的性追求，即是基础教育改革要合乎马克思主义关于人的全面发展的理论与理想，其最终目的是达到人的自由而全面的发展，使人获得自由与解放，这正是我国教育目的的基本精神，也是基础教育改革过程的基本价值导向。

(二)改革过程中的基本指导原则

基于上述分析，我们认为基础教育改革过程应当遵循三个基本原则，即整体性原则、适应性原则和教育性原则。兹就三个原则的具体内涵阐述如下。

1.整体性原则

如果我们把基础教育本身看作是一个系统，那么这个系统就由若干相互关联、相互影响和相互制约的要素构成。不同的要素部分彼此相关，以至于任一要素或部分的改变都会影响到其他部分的改变，从而最终导致整个系统的根本性变化。整体性原则是指，在改革的实施中，应当"把改革过程看作是一个整体过程，这就是说，系统的某一部分的改革将影响到其他许多部分，进而又将改变系统的质。"②因此，在基础教育改革的实施过程中，不能以静止的和孤立的观点看

①波尔·达林.教育改革的限度[M].刘承辉,译.重庆:重庆出版社,1991:10.

①波尔·达林.教育改革的限度[M].刘承辉,译.重庆:重庆出版社,1991:104～105.

待基础教育系统内部存在的问题或现象,而应该以有机的联系的观点来看问题。20世纪90年代以来的素质教育之推进过程中所出现的诸多问题,恰恰因为在其推进的起初,没有一个整体的观点。结果是,在高考制度的制约下,中小学学生和教师的负担愈来愈重,片面"应试"愈演愈烈。不仅政府主导的基础教育改革在其实施过程中要坚持整体性原则,即使是学校自觉意识下的改革,也同样要坚持整体性原则。如在进行校内分配制度改革或人事管理制度改革时,绝不能把教师看作是一个单个存在的个体,而应当把他们看作是具有复杂的社会关系网络的社会人。否则,改革者就有可能面临他无法想象的阻力和困难。

2. 适应性原则

基础教育改革过程的适应性原则是指,在制定改革计划和实施方案的过程中,必须要使基础教育以及基础教育实施机构通过改革既能适应当前的环境变化,又能适应未来的环境要求。基础教育任何方面的改革都是在一定时期内、在确定的教育系统内部发生的活动、事件、行为;这些活动、事件和行为等又都是在一定的思想和理念的支配下有针对性地展开的。其目的在于通过这些活动、事件和行为等促使组织结构发生变化或改变。而之所以要促成这种变化或改变,根源在于教育系统所处环境发生了变化或改变。因此,在改革实施的过程中,尽管改革的方案和计划已经制定好,但改革者必须随时注意改革所处环境的变化,并对改革本身作适当的调整。

确立改革过程中的适应性原则,必须使改革者明确"为什么要进行这样或那样的改革"的问题。在许多情况下,改革者对此是盲目的或者是不清楚的。这种情况造成改革的盲动与非理性,也造成某些人借改革之名行谋利之实的现象。坚持改革的适应性原则意味着,改革只是一种治理或管理的手段,一种组织自我调节的工具。如果没有必要,或者说如果教育系统本身能够很好的适应教育系统内外环境的变化,那么改革就没有必要发生。否则,改革就成为折腾人的事情。

3. 教育性原则

基础教育改革实施过程的教育性原则包括两个方面的含义。其一,基础教育改革过程应努力遵循教育自身发展的规律,而不应当违背教育规律。教育系统内部的组织机构,既不同于盈利性的市场组织,也不同于提供公共服务的政府组织。前者是以利益为其基础,后者则是以权力为基础。办教育也好,进行教育改革也好,都必须警惕改革实施过程中的利益导向或权力导向。任何利益导向或权力导向或者说二者的结合,都将彻底地摧毁教育改革的根基。此种现象目前已经显现于我国的基础教育改革之中。它对基础教育的未来发展往往是伤害性的。基于权力的教育改革,将使得学校演变成政府组织的附庸或延伸;基于利益的教育改革则将使得学校愈来愈像盈利性机构而不是教育机构。这种情形已经严重地损害了教育自身的价值和权威。其二,教育性原则还指改革方案本身对教师和学生应当具有教育的意义和价值。基础教育的任何方面的改革,其本身并不是目的,而是实现人的全面发展的手段。然而,在现实的教育改革过程中,有一种不良倾向,即将改革本身当成了目的,从而使得改革方案本身成为高于教育活动主体的东西。

三、基础教育改革过程研究的理论基础

观察和思考基础教育改革的过程,总有它独特的视角和分析问题的框架。作为基础教育改革过程研究的理论基础,它在一定的意义上就是我们如何看待改革过程的分析架构。没有这样一种架构,则我们就只能看到显现于我们感官中的各种现象,而不能够对这些现象进行理智的加工。在考察和研究基础教育改革过程时,我们将以系统理论、情景理论和行为理论等为理论基础。各种各样的改革过程理念的提出,以及对基础教育改革过程的分析,都是以这些理论的前提或假设而作为出发点的。

(一)系统理论

系统理论认为,社会及组织是一个开放的、有机的和动态的系统。系统是由若干要素构成。要素与要素的组合方式构成系统的结构;要素的品质以及系统结构决定了系统对外在于它的环境的作用和功能。任何系统都需要与环境进行物质、能量和信息的交换,这种交换是系统赖以生存和发展的基础和条件。能否顺畅地进行物质、能量和信息等交换,取决于系统是否能够对环境发生环境所期望的作用或功能。由于系统和环境之间所存在的这种相互依赖的关系,所以无论是系统的何处发生改变,还是系统之外的环境发生变化,都会影响其他有关的子系统甚至整个系统的改变。其实相对于系统而言的环境,其本身也是系统。因此可以说不同质的系统是互为环境的。系统对于环境的功能输出决定着系统生存所需要的物质、能量和信息等的输入。因此,要想提高系统的生存能力和发展能力,就必须改变构成系统的要素品质以及结构关系。这是改革所以发生的系统论基础。社会组织系统由三个子系统组成:技术系统、管理和行政系统、文化系统。技术系统涉及各种专业知识、技能和技术设备等;管理和行政系统涉及组织机构、政策、规则、程序、赏罚、决策方式等;文化系统涉及到文化、价值、规则、满足个人需求、教职工的激励水平以及人际关系等。

(二)情景理论

1.情景理论认为,社会组织或组织管理要根据其所处的内外条件,即情景变化来确定任务。情景理论认为,在管理中没有什么一成不变的普遍适用的最好的

管理理论和方法。改革应以环境情景作为自变量,改革作为因变量。作为一个有效的组织,要发挥其有效性,就要不断分析情景,包括组织内人的心理情景的变化,要有放矢地通过改革使组织适应情景。

2.现代组织是一个"有机模型"结构。组织的任务是由情景来决定的,并在组织成员相互作用的过程中逐步明确起来。人的责任是足够广泛的,而且不是固定的;沟通中水平方向超过垂直方向;组织内有民主的气氛,传递信息和劝告的效力超过指令;组织的一般目的和任务不仅由技术手段来达到,而且也是由专门知识和组织成员的经验来达到。一旦组织的"有机适应结构"失调,组织和情景格格不入,就须经由改革来达到协调,以重建"有机组织结构"。

(三)行为理论

组织成员在组织中的行为是作为组织和个人相互作用的结果。组织既能够影响和控制人们的行为,同时不同的组织结构可以产生不同的群体气氛,从而影响组织效能。例如在一个权力高度集中的组织结构中,人们处于高度专业与隶属化的角色中,因而也就不可能表现出创造性。因此通过不断地改革,不仅可以有意识地改变人的行为风格、价值定向、熟练程度,而且也可以改变管理人员的认知方式以及考察与解决组织中存在的问题的能力。

上述三种理论对于组织中个体的行为以及与组织的关系作出了较为合理的解释。在这里,我们可以看到四个基本的范畴,即系统、情景、组织与个体;可以看到几个基本的关系,即系统与组织的关系、组织与情景的关系、组织行为与个体行为的关系。而将上述范畴与关系联系在一起的,则是"组织适应"。离开了组织适应这个概念,也就不能够充分地解释基础教育改革的发生过程,因而也就无从理解基础教育改革过程的本质与规律。

第二节 基础教育改革过程理论

对于教育改革进行理论研究的相关文献,主要是在 20 世纪 50 年代之后,是伴随着政府主导的大规模的教育改革而出现的。从我们能够获得的研究文献来看,有关改革过程的理论研究成果颇丰。就其与一般的改革理论相比,教育改革过程的理论研究相对滞后。本节将首先简要对一般改革过程的几种有代表性的理论作一综述和评析,然后介绍与讨论基础教育改革的过程理论。

一、一般改革的过程理论

就改革的理论研究者所提出的有关改革过程的几种有代表性的理论来看,各种理论之间的分歧主要集中在改革的指向以及由此而决定的改革的进程等两个方面。改革应当采取哪些步骤或程序？这个问题取决于改革理论的基本假设，即对于成功的改革来说，最需要改变的关键因素是什么？改革过程理论之多样化，恰恰根源于哪些隐含的基本前提或假设。根据改革理论的基本假设，我们可以把迄今的有关改革的过程理论分为问题解决取向的改革过程理论、组织行为取向的改革过程理论、心理学取向的改革过程理论等三种。

(一)问题解决取向的改革过程理论

问题取向的改革过程理论围绕实践中存在的问题来考虑和设计改革的程序或步骤。对于这类理论来说，在改革过程中至关重要的是问题及其解决。一旦问题成为改革的核心与焦点，则对问题的判断与分析、提出解决问题的方案以及通过实际行动来真正解决问题，就成为改革过程的主要环节。问题解决取向的改革过程代表人物有卡斯特(E.Kast)和凯利(J.Kelly)。二者的共同之处在于都将问题的确定作为改革的起始环节，并要求改革者对此要有足够的重视；其差异主要体现为对改革过程的具体步骤及程序的不同划分上。

卡斯特(E.Kast)认为，改革过程应包括以下六个步聚：(1)分析比较，对组织内外环境进行研究；(2)觉察问题，认识到组织确实需要改革；(3)辨明问题，找出现在的状态与所希望的状态之间的差距；(4)寻求解决问题的方法；(5)实行改革；(6)根据社会或组织改革的效果，再实行反馈。卡斯特的改革过程理论更注重问题的确定，表现为确定问题需要经历三个步骤。而对于改革结果的评价与反馈则没有给予应有的关注。

凯利则将改革程序分为九个步骤三个阶段。第一个阶段是诊断阶段，包括两个步骤：(1)确定问题；(2)诊断；第二个阶段是执行阶段，包括五个步骤：(3)列出可行方案；(4)制定决策准则；(5)选择解决方式；(6)制定改革计划；(7)采取改革行动；第三个阶段是评估阶段，包括两个步骤：(8)评估改革效率；(9)反馈[①]。凯利的改革过程较之卡斯特多出三个步骤，并且在一些具体的步骤上也存在一些差异。通过下表可以看出，凯利的改革过程理论在执行这一阶段较之卡斯特更为细致和具体，而卡斯特更为重视对问题的诊断与分析。

但是上述有关改革过程的理论仍然是限定在组织的层面上。也就是说，它主要是着眼于社会中的组织系统内部的改革过程。尽管我们可以把基础教育也可以看作是一个组织系统，然而这样的组织系统与卡斯特和凯利的有关问题解决取向的改革过程理论所阐述的组织系统仍然有着很大的差异。这种差异表现为：后者乃是在狭义的意义上来使用"组织"这一概念的。因此，应用问题解决取向的改革过程理论时，就必须要对该理论的适用范围和应用条件加以分析。

---

① 有关卡斯特和凯利关于改革过程的步骤或程序之划分，引自：易法建.组织改革心理学[M].开封：河南大学出版社,1997:97.

表 4-1　卡斯特和凯利关于改革过程的步骤或程序之划分

卡斯特的改革过程理论		凯利的改革过程理论		
步骤	过程	过程	步骤	阶段
1	分析比较,研究组织内外环境	确定问题	1	第一阶段:诊断
2	觉察问题,认识改革的必要性			
3	辨明问题,找出现在的状态与所希望的状态之间的差距	诊断	2	
4	寻求解决问题的方法	列出可行方案	3	第二阶段:执行
		制定决策准则	4	
		选择解决方式	5	
5	实行改革	制定改革计划	6	
		采取改革行动	7	
6	根据改革效果,进行反馈	评估改革效率	8	第三阶段:评估
		反馈	9	

(二)组织行为取向的改革过程理论

组织行为取向的改革过程理论,从组织行为的角度来阐述改革的本质,并由此出发来确定改革的一般过程。艾诺芬(P.H.Irvin)和兰葛汉(F.W.Lang-Han)的改革过程理论及利皮特(R.lippitt)等人的改革过程理论都是这方面的典型。

艾诺芬等认为,所有的改革都是社会组织的改革。个体是因为组织的存在而被卷入改革的过程之中。社会或组织改革过程包括十个步骤:(1)了解和认识组织改革的影响力量;(2)确定组织的改革能力;(3)创造改革的气氛;(4)联系和组织参与改革的人员;(5)确定改革的组织;(6)引发改革之动机;(7)确定或变更改革规则;(8)执行改革;(9)促使改革过程中的风险与冲突极小化;(10)提供改革之领导[1]。艾诺芬等有关社会或组织改革过程之划分,突出改革之前的准备工作,并将改革的准备工作具体化为七个方面。其中,认识和了解组织改革的影响力量、决定组织的改革能力、创造改革的气氛、联系和组织参与改革的人员、确定改革的组织、引发改革之动机等,都是为确定或变更改革规则作准备。值得注意的是,艾诺芬等将改革过程中的风险与冲突作为改革过程中的一个重要步骤而提出来,就改革的过程理论而言,乃具有非常重要的实现意义。因为,改革过程存在着阻抗,阻抗的存在预示着改革过程的可能冲突或风险。因此,对于社会或组织的改革者或领导者来说,化解改革过程中的冲突或降低改革中的风险,是保证改

---

① 转引自:易法建.组织改革心理学[M].开封:河南大学出版社,1997:92.

革成功的重要方面。

利皮特等人则将改革过程分为七个阶段。第一个阶段是改革的需要产生阶段。当组织认为自己的处境不能令人满意,感到痛心或觉得危险时;或者当组织确认它同其它组织相比较自己有亏空,有"不知怎么落后了"的主观感受时;或者当组织看到自己处于内部压力之下时,就会产生改革的需要。第二阶段是组织与改革专业人员之间关系的建立。利皮特等人认为,组织内部的改革需要组织外部专家的参与和指导。因此,当组织决定进行改革时,最好能够与改革的专业人员建立起必要的关系和联系。改革专业人员的核心作用在于设计改革的技术,如组织薄弱环节分析、制定计划等;同时注重对人的因素的分析。第三个阶段是问题的诊断与目标鉴定。通过改革的委托者提供的信息,对组织问题进行缜密的调查分析,以确定改革的目标。与此同时,消除个人与组织之间的对立,采用一种既符合个人利益又符合组织利益的形式,已经成为组织改革工作的一项重要任务。为了进行系统功能诊断,改革者需要有关的情报信息,但是情报信息往往是很难获得。第四个阶段是改革方案的选择。对改革方案的选择,条件是已经有若干备选的方案存在。如何产生若干备择方案,是改革过程中的一个重要问题。第五个阶段是改革的实施。第六个阶段是巩固和推广改革成果。第七个阶段是顾问关系的终结。

利皮特等人关于改革过程理论的一个重要的特点,是引进顾问概念。改革所要解决的问题以及通过改革实现的目标、改革方案的选择、改革的实施等,都是在组织所聘请的外部专家的指导下进行的。顾问概念的引入,意味着改革是由自我主导的。因此,就组织行为取向的改革理论而言,它有着明确的问题域和明显的适用范围,即它主要是以组织内部的自我变革为前提。就理论的适用范围而言,它能够用于学校内部的自我变革。然而,就基础教育改革而言,如果我们将基础教育本身看作是一个组织系统,那么从某种意义上说,它也可以适用于基础教育改革过程。

(三)心理学取向的改革过程理论

心理学取向的改革过程理论将改革过程分析的重点放在人的心理机制上。其代表人物是美国社会心理学家勒温(K.lewin)。勒温认为,改革要取得成功,必先改变组织成员的态度,而要做到这一点,就要明确了解改变社会组织成员态度的一般过程。改革的过程从某种意义上说就是组织成员的心理变化过程,因此必须从人的心理变化过程来确定改革的节奏和阶段之间的转移。由此出发,勒温将改革过程划分为三个阶段,即融解阶段、改革阶段和稳定阶段。

1.融解阶段

在此阶段,改革的管理者刺激个人或群体去改变他们原有的态度,并消除那些支持这些态度或行为的因素,灌输给他们一些新的观念,把妨碍改革的因素减至最少,以鼓励人们去接受新的观念。从实践的层面看,其主要活动有:引发改革的动机,创造改革的需要,做好改革的舆论宣传动员工作,鼓励人们正视现实,从而接受改革。勒温认为,组织的改革会触及每个成员的行为,而人的行为模式和思想习惯是与人的生活方式、自我概念密切相关的。组织的改变必须从改变人的生活方式、自我概念入手。用日常语表达,就是要大造舆论,更新观念,提高认识,借以使人们认识到改革的必要性和可能性,自觉地参与和适应组织的改革。因此组织改革的第一步,就是要对既定的行为环境进行融解,予以解冻,即打破组织活动的原有心理格局。

2. 改革阶段

这个阶段的主要任务是指明改革方向和方法,实施改革,使组织成员形成新的态度和行为,促进新的行为模式和思维方式的形成。勒温认为,有三种方法可以促进新模式的形成。一是强制性的方法,即使用命令、规章制度迫使人们按新的要求去行动,或者用奖励和惩罚的手段来改变人们的态度、观念和行为。二是角色模型的认同,即模仿的方法,通过模范榜样的形象影响,使人们形成新的态度、观念和行为。三是内化作用。提供学习和训练机会,使组织成员在解决各种问题的学习和训练中,形成所需的态度和行为。靳温认为,完成人员观念、态度和行为的改变既是借鉴的结果,又是内化的结果。所谓借鉴就是模仿,由组织系统向自己的成员直接提供态度和行为的新模式,组织成员通过对照自己,在言传身教之中模仿新的行为方式。

3. 稳定阶段(又称再冻结阶段)

这一阶段的主要任务在于如何使最后被接受和融合的所期望的新态度和行为方式长久地保持下去,融合为个人人格中较为稳定的组成部分。在这一阶段,组织氛围尤为重要。靳温强调,一种鼓励管理人员形成他们新的态度和奖励他们采用这种新态度的组织氛围是再解冻阶段所必不可缺少的,否则改革就会前功尽弃。同时在这一阶段来自社会的支持也很重要。这一阶段要求利用必要的强化方法,使已经实施的改革稳定化,使新的态度和新的行为得到维持和巩固。

(四)对三种改革过程理论的简要评析

组织行为取向的改革过程理论与心理学取向的改革过程理论,二者所强调的侧重点存在着很大的差异。前者从组织或共同体出发,来分析和确定改革的程序或过程,后者则从个体的心理、态度和主观认识出发来把握改革的程序与过程。实际上,所有的改革,都需要双重建构,即既要从组织的层面来设计改革的程序,也需要从个体心理的层面来确定改革的过程。二者并非是绝然对立或互不相融的,而是可能在改革的过程中有机地统一起来。实际上,问题解决取向的改革过程理论,恰恰试图抛开组织与个体各执一端的对立与争执,通过问题解决而将两者予以调和。

二、基础教育改革的过程理论

由于基础教育改革与社会或一般组织的改革具有共同的实际逻辑,因而基础教育改革的过程理论在有关改革过程的假设、步骤和程序等方面,都吸纳了一般的改革过程理论之思想。但是,毕竟由于改革涉及的是基础教育,因而在一些具体的过程安排及操作等方面,基础教育改革的过程理论又不同于一般的改革过程理论。其中一个重要的差异,即基础教育作为国民教育的核心组成部分以及基础教育的公共性,而使得改革通常都是在政府主导下而不是由组织自主进行的。由此决定了基础教育改革过程的诸多独特性。

(一)Benjamin Levin 的改革过程理论

Benjamin Levin 所思考和讨论的教育改革,乃是指在公开的政策分析的基础上政府指导下进行的教育变革计划。它不专指基础教育改革,但包括基础教育改革。Benjamin Levin 在其所著《教育改革——从启动到成果》一书中,详细地描述和阐述了政府主导的教育改革之整个过程。Benjamin Levin 将这个过程概括为启动、采纳、实施和成果。

1. 启动

焦点是改革的缘起,即政府最初的提议、不同参与者和不同势力在发起改革方面的不同作用, 以及改革议案中包含的关于教育和改革的假设。核心的问题是, 特定的教育改革项目是从哪里产生出来的? 如何才能进入政治议程? Benjamin Levin 引用其他研究者的研究成果时指出,政治事件、问题认可和政策建议是有关教育改革政治议程的三个重要的方面, 并且是三个方面的相互作用的结果。"只有当三个程序结合在一起,以便某种东西在政治上能够作为问题而被认可、获得行动的政治机会以及拥有可以接受的行动方案时,议题才能够在政治议程上取得重要位置。"①这是我们所能够见到的较为详细的有关教育改革起源的研究与讨论。

2. 采纳

采纳是这样一个阶段, 即它是将先前的政策建议变成权力机构通过的法律、条例或条文,是一个把需要变成政策的过程。Benjamin Levin 认为,从最初的提案到实际写入法令或规章制度中的政策之间往往存在着差异。一些具体部门

---

① Benjamin Levin.教育改革——从启动到成果[M].项贤明,洪成文,译.北京:教育科学出版社,2004:20,68.

的改革,如教育财政、课程和教育管理等,会随着改革的深入而相互制约。在采纳的过程中,一些因素会相互碰撞。一些起初是作为口号和概念的东西,必须通过具体的政策,以便能够应用于更为复杂的、宏观的环境。在这一过程中,很多争议都发生在公共政治领域。在政治领域,会围绕改革的意图及实施方案而引起争论。

3. 实施

教育改革的实施是一个从政策到实践的环节,也是任何改革的关键阶段。与人们关注政策实施过程中所存在的诸多困难不同,Benjamin Levin 将关注的焦点集中在实施步骤、政策工具以及实施模式等问题上。为此,Benjamin Levin 集中讨论了改革的特点问题,如改革的清晰度、复杂性和难度;学校作为组织的特征,包括人物(如校长)的贡献、实施涉及的相关技能、支持改革的资源以及改革与文化的制度结构的契合度等;其他各种支持或反对改革实施的压力,包括支持系统的性质、对学校的不同需求和社区对改革的支持度等。Benjamin Levin 认为,实施过程即学习,是个人或组织的学习形式。其中组织学习的一个重要指标,是将研究和评估用做鉴定改革效果及调整项目和策略使其向既定方向发展的手段。

4. 成果

Benjamin Levin 认为,任何教育改革都是在其预期的结果的基础上提出来的,是指向目标实现的。教育改革所要实现的目标或者成果大体可包括学生成果,即学生的学术成绩,其他方面的指标如毕业率、出勤率、纪律问题及特殊儿童的比例等,满意度和生活机会如中学后教育入学率、就业情况、终身学习的兴趣、收入、公民身份状况(如犯罪记录)等;学校成果,包括教师的工作、管理工作、家长参与、课程、教与学等;社会成果,如经济结果、平等结果、社会凝聚力等。在关注预期成果的同时,也应当同时关注非预期的成果。

(二)波尔·达林的改革过程理论

波尔·达林对教育改革过程的划分和分析是与他对过程的本质之认识密不可分的。对于波尔·达林来说,任何过程都是一个系统内部的程序和冲突的持续发展过程。达林将此称之为"共同适应和发展的过程"。教育改革的推行"一方面要求能够适应外部提出的或指导的改革,同时还要能够形成一种创造性的发展和完善过程。因此,改革的推行过程是一个以学校与环境的对话,尤其是学校与它们的中央管理部门之间的对话为特征的过程。"教育改革过程是一个双向适应过程,即学校在顾及自身发展需要的同时适应外部的教育改革思想,同时外部的改革者(政府或其他部门)适应学校内部持续不断的发展要求。

达林在分析教育改革"成功的推行"之含义时认为,基础教育改革过程可以根据改革的主导者而区分为"上－下过程"和"以学校为基础的过程"。"上－下过程"是指由中央政府决定和提出的教育改革思想在学校中被运用和采纳。它是一种由学校之外的政治和管理组织指导的单向改革过程。"以学校为基础的过程"意指每所学校都应该适应和运用来自中央或地方政府的改革思想；对基础教育改革思想的推行程度成为学校认识和成功地处理自身发展需要的能力之检验尺度；正是在对教育改革思想的推行过程中，学校又反过来持续不断地创造、选择和适应改革思想。达林认为，在上述两种情况下，学校都是作为改革的单位而出现的，学校是教育改革的焦点，学校的适应和发展能力是教育改革成功的关键。作为改革单位的学校，或者是推行来自外部的教育改革的思想，或者是学校提出自己的发展计划。在第一种情况下，教育改革通常是政府主导的；在第二种情况下，教育改革则是学校自我主导的。由于教育改革的思想来源上的差异，改革的过程亦有相当大的不同。

学校推行外部教育改革思想的过程包括：(1)学校内的个人对外部的改革思想和利害关系有所了解(包括政治方面的、经济方面的、社会方面的和教育方面的)。(2)学校内的个人有动力去推行来自外部的改革并积极地收集信息。(3)知识在个人和小群体内共享，并不断地在组织内部形成和发展推行外部思想的动力。(4)学校要发展它运用外部改革思想的能力和潜力，并重视与学校关系最大的方面。(5)学校成功地管理外部提出的改革。(6)学校的推行持续不断，对此要进行评价，并根据外部要求来协调、重新设计和改变其实践。

学校主导的教育改革过程包括：(1)契约，即全体教师都同意投身于这样一个改革过程，这一过程涉及到公开对话、时间问题、工作问题，可能还要学习新技能技巧。(2)分析，即全体教师都要分析改革的性质、学校的功能以及它的成员愿意成为怎样的人，以揭示人们在实际情境中对学校的认识与在理想的情境中对学校的认识之间存在的不一致性。(3)对话，即通过对话给予每个人表达自己意见的机会，为学校选择改革或发展计划提供更多选择的余地，从而形成可供选择的改革方案和解决问题的新方法。(4)计划行动。提出改革方案和解决问题的新方法，包括课程、教学方法、评价、决策、工作分配、领导、奖励与环境的关系、角色及角色关系以及解决冲突的模式。(5)持续不断地评价。波尔·达林认为，学校的改革与发展计划不是一蹴而就的事情，不能认为在特定的时间中找到的解决问题的方法，随着时间的流逝和新的教师和学生成为学校成员时还是适宜的。因此，改革应被看作是一个不断发展变化的、制度化的过程[①]。

---

① 波尔·达林.教育改革的限度[M].刘承辉，译.重庆：重庆出版社，1991：112～121.

第三节　基础教育改革过程分析

尽管西方一些国家的学者对改革以及教育改革的过程作了理论的探讨和分析,但是由于制度环境、文化传统、社会背景以及教育结构等方面所存在的差异,我国基础教育改革在过程、程序及步骤等方面与其相比,也有着很大的差异。为此,有必要对我国的基础教育改革的过程作理论上的分析。

一、基础教育改革过程的二维划分

自 20 世纪 80 年代改革开放以来,基础教育改革的频率、规模、程度、范围与广度等都呈现出前所未有的状况。无论是素质教育的全面实施以及对应试教育的否定,中小学的管理体制改革、人事制度改革,还是基础教育课程与教学改革,其改革的主导思想均来自于学校的外部,即来自于政府。不过我们仍然要看到的是,这些改革都与学校密切相关。它们最终都对学校中的学生和教师生活产生非常大的影响。我们同意波尔·达林对于教育改革的认识,即教育改革将是一个"双向适应"的过程。基础教育改革的"双向适应论"恰恰表明了整体与有机联络的改革过程观。然而,我们不能够采取波尔·达林将改革过程划分为"上－下过程"和"以学校为基础的过程"的分析框架,而认为,"上－下过程"和"以学校为基础的过程"乃是基础教育改革过程的两个密不可分的方面。

在我们看来,基础教育改革的过程划分,可以从政府和学校两个维度出发。而政府与学校是相互依赖的,政府的所有教育改革项目的提出,都总是指向学校的,而学校的所有的改革行动也都是基于政府的指令而展开的。但是,由于各自在基础教育改革中所承担的任务以及工作性质的差异,所以相对于政府而言的某项改革工作,在学校这边尽管是同样的工作,却有着不同的实践模式和工作方式。换言之,无论是对于政府来说,还是对于学校来说,基础教育改革的过程大体是一致性的,不同之处在于相同的阶段,不同的改革主体所涉及到的改革任务的差异。

因此,我们在分析基础教育改革的过程时,是把政府和学校当作同一个过程中的两个方面来对待。结合 Benjamin Levin 和波尔·达林的教育改革过程理论,我们把基础教育改革过程划分为改革的启动与动员阶段、改革的计划与方案确定阶段、改革的具体实施阶段和改革的评估阶段等四个阶段。

二、基础教育改革的过程分析

基础教育改革的四个阶段,对于政府和学校提出了不同的要求。因此,我们在详细分析改革过程时,将围绕相同阶段不同的任务要求,来讨论问题。

(一)改革的启动、准备与动员阶段

从政府启动基础教育改革的角度看,基础教育的令人不满意的现状,以及随着公众对基础教育批评之声越来越激烈,以至某些批评引起了实际不良的行动,那么改革的社会基础可以说已经奠定。随着讨论的深入和具体化,相关的问题也越来越明确,期望通过教育改革来解决现实问题的呼声也越来越高涨。与此相伴随的是,相关的教育改革的思想也随着讨论的深入而被提出来。由此问题的解决进入政府的工作议程,并成为公共政治领域中各部门各社会势力较量的焦点。在此情况下, 政府教育主管部门开始组织专家对教育改革的可行性及方案进行论证,进行国内调研以及同时到国外进行考察。与此同时,教育改革的基本指导思想、改革的内容以及改革的基本原则基本确定,并以政策的方式公布于众。但此时改革的具体计划和方案还没有真正形成。

这一阶段对于政府来说具有决定性的意义。改革还是维持现状?如果基本的倾向是主张改革,那么朝什么方向改革? 由谁来主持改革? 改革什么? 为什么改革?怎样进行改革?诸如此类的问题都是在这一阶段进行思考与讨论的。由于在这阶段参与的人数甚少,基本上只是一些社会精英(政府官员、相关学科领域的专家以及一些社会知名人士)能够参与,因而各种讨论以及争论实际上对公众起着教育改革的启蒙作用,为教育改革的实际到来作思想和舆论上的准备工作,以及为教育改革的实施做动员工作。

在这一阶段,对于具有良好的适应与发展能力的学校来说,应该能够敏锐地意识到有关基础教育现状及存在问题的讨论与争议对于基础教育宏观的发展走势将意味着什么。此时,学校及其成员应当在紧张的教育教学工作之余,密切关注公共领域有关教育问题的争论和讨论, 正确地把握这些讨论和争议对于学校及其成员的利害关系,组织学校内部的教科研组织收集相关的信息,为迟早都要到来的教育改革作思想准备。是否及早地意识到并把握学校之外所发生的这一系列的情况,是衡量和判断学校的适应和发展能力之重要指标。

(二)改革方案与计划的确定阶段

改革方案和计划的确定是建立在对现状以及对理想状态的分析基础之上的。如果说在改革的启动、准备和宣传阶段,关于改革的话题主要是"务虚",亦即宣示改革的必要性和改革的方向性的话;那么到了方案和计划的确定阶段,则一切都必须以科学的态度来对待即将采取的行动。这一阶段包括问题的诊断与目标的鉴定, 通过收集大量的信息, 对基础教育所面临的问题进行缜密的调查分析,以确定改革的目标。同时发动尽可能多的人员参与到改革的方案和计划的制定过程中来,集思广益,形成可供选择的若干种改革方案。建立改革方案的决策

机制。一旦改革方案被确定,则必须根据已经确定的改革方案,制定方案实施的时间表,即改革的实施计划。这一阶段的核心是把教育改革的理念变成可执行和可操作的政策与具体要求。

对于学校来说,在这一阶段,主要的任务是通过多种途径和方式,使学校教职员工了解教育改革的基本动态,激发教职员工参与教育改革的工作积极性和工作热情,主动地收集来自外部的信息,并使所收集到的信息成为学校教职员工能够共享的东西。与此同时,学校要着手考虑可能发生的变革,并做好应对准备。对于一些学校内部较为稳定的且这种稳定有可能会阻碍改革实施的某些机制,可采取逐步变革的方式,以减少改革中的阻力。这一阶段的主要工作,是把握教育改革者指导思想,以及新的教育理念和新的技术要求。

(三)改革的具体实施阶段

基础教育改革的实施阶段,是一个把政府所确立的新的教育政策变成实践的过程。在实施阶段,改革的领导者必须充分地认识到这一环节可能会遇到的各种困难;必须认识到,学校既不是完完全全原原本本地执行政府所制定的改革方案和计划,也不完全是抵制教育改革的组织。学校教育的结构一般来说具有稳定性的特征,因而要对其实施变革,会遇到各种影响因素。因此,在实施改革方案的过程中,应当要求学校把改革计划作为学校自我发展的计划来执行,必须通过各种途径,使得教职员工了解和认识改革计划的意义并认真执行改革计划。

对于学校来说,这一阶段既考验学校的适应和发展的能力,也考验学校的教育改革的管理能力。尽管教育改革是由政府主导的,但作为改革的执行主体,学校必须能够管理过程。其要求是,根据来自于学校外部的改革方案和改革计划,制定学校实施改革的详细计划;成立精干高效的教育改革领导机构,处理和解决在教育改革实施过程中遇到的各种问题;建立保证教育改革有效推进的相关制度,并使新建立的制度与学校正在实施的规章制度具有相容性;认真组织落实直接关系到教育改革成败的关键事件的实践活动,并对教育改革中所遇到的新问题加以研究和探讨,以使改革的实施与推进建立在科学理性的基础之上。当效率降低或运转不畅时,管理者就必须研究造成这种情形的原因,以及这种情形是否为暂时的、偶发的现象,还是经常持续的现象?在这一分析过程中,改革者应能分离出各种特定的问题,并且能预测每一确定问题的发展方向与重要性,并通过各种问题的比较,衡量各个问题的相对重要程度。在实施阶段,学校的改革管理者必须注意环境的变化,以及它可能对组织带来的影响。

(四)改革的评估阶段

对教育改革的结果进行评估,是教育改革过程的一个重要环节。对教育改革进行评估的目的在于促使学校把改革看作是一个不断发展的过程, 也促使政府把基础教育改革看作是一个不断适应变化了的环境要求的过程。对教育改革的评估应当根据改革计划与方案中所列出的改革目标为依据。因此，对于政府来说，对教育改革进行评估不仅仅是检验改革的成败，而且也是为今后的教育改革积累相关的知识与经验。在进行评估时，需要列出改革方案中所提出的预期的结果，同时列出实际的改革结果以及其他非预期的结果，并将预期的结果与实际的结果及非预期的结果加以比较，找出其中存在的差距，发现尚未解决的问题。

对于学校来说，对教育改革进行评估乃在于检验自身的适应与发展能力。所有的学校都应当把教育改革看作是教育环境变化的一个部分，并且将能否适应教育改革看作是学校的适应能力的反映。学校对教育改革的自我评估可以从学生、教师和学校等三个方面的变化来进行。

表 4-2　政府和学校在改革过程中所承担的职责与任务

改革阶段	政府	学校
第一阶段：改革的启动、准备与动员阶段	确定问题	关注教育思想的讨论与争论
	分析与诊断	收集相关信息，为即将到来的改革作好思想准备
	确定改革的方向	
第二阶段：改革方案与计划的确定阶段	确定改革指导思想	关注教育改革的理念及与理论相适应的政策要求，采取主动的态度认识改革的理念与政策要求
	确定改革方案	分析学校内部可能存在的与改革理念及政策要求不相符合的东西
	制定改革计划	
第三阶段：改革实施阶段	培训校长和教师	积极参与各项培训活动
	执行改革的计划	制定改革的学校执行计划
第四阶段：改革评估阶段	列出预期结果和目标	学生结果
	列出实际的结果	教师结果
	列出非预期的结果	学校结果

第五章　基础教育改革策略和模式研究

本章重点探讨基础教育改革的推进策略和推进模式问题。无论是政府主导的教育改革还是学校主导的教育改革，都会面临一个如何有效地推进改革的问题。不过，由于改革是源于学校内部还是来自学校外部，其间的差别还是很大的，因此相应的改革的推进策略和推进模式亦有相当大的差异。

第一节　基础教育改革策略

"策略"一词被运用于基础教育改革的推进过程，表明了这样一种情境，即基础教育改革的推进过程本身是一项极为复杂的群体活动，其间包含着众多力量的相互博弈。在改革的推进过程中，会有无数无法预料的因素干扰改革的正常进行。同时，由于利益的驱动以及价值观上的分歧，在改革者和改革的执行者之间会形成多重动态博弈，从而迫使改革偏离预定的方向和目标。因此，人们才将政治活动和军事活动中常用的"策略"概念，用之于基础教育改革之中，以保证改革的顺利推进。

一、基础教育改革策略概述

建构主义的社会改造思想是 20 世纪世界社会的主导思想之一。它试图通过有计划、有组织、有控制的社会工程来改造社会，完善社会，促进社会发展。其基本的理念是，"既然人类凭靠自己的力量创造了社会制度和文明制度，那么人类也就必定有能力根据自己的意志改变这些社会制度和文明制度以满足自己的欲求或愿望"[1]。人类对于自己所拥有的理性的自信，使得人们不仅组织起来共同对付自然力量，而且还用它来对付其自身。也就是说，人们相信，凭借自己的理性，我们的日常生活会更好，我们的教育生活也会更好。正如欧文斯所指出的那样，"如今全世界普遍相信，社会不必局限于对变化中的价值观和发生的事件作出适当的反应，而是能够自觉地指引变革力量去适应预定的目标

---

[1]哈耶克.哈耶克论文集[M].邓正来,译.北京:首都经济贸易大学出版社,2001:223.

和社会价值。"①

(一)基础教育改革策略的含义

理论的分析与实践的经验都表明,人类对自己所具有的理性充满着信心,而且对我们所拥有的社会科学知识也充满着信心。在这样的信念支配下,人类20世纪有计划、有组织的教育改革,在频率、广度、深度、规模上,都是以前的任何时代不能比拟的。在这种信念的支配下,对于所有的教育改革的推行者来说,首要的问题就不是改革能够不能够实现预定的目标和价值问题,而是如何有效而成功地推进教育改革,以实现既定的目标问题。于是,基础教育改革的策略问题,便随着基础教育改革的不断发生而日益为教育改革的理论研究工作者和实践工作者所关注。

成功的基础教育改革离不开正确策略的运用,而正确的改革政策则需要根据改革自身的特点进行调整。没有一成不变的基础教育改革策略。理论上总结与阐述的改革策略,只是对过去的基础教育改革实践进行理性分析与归纳的结果。基础教育改革的不同策略彼此之间有着相互的联系和关系,从改革初期对问题的诊断与分析,到改革计划与方案的制定,到改革计划与方案的实施,可能需要运用不同的策略。教育改革过程中的重大变化会引起新的问题。由此而需要运用可能与教育改革没有直接联系的改革策略。因此,基础教育改革和基础教育改革策略之间的相互关系往往决定着改革结果的成败。

"策略",意指根据形势的发展而制定的行动方针和行动方式。它通常与为实现目的而采取的手段、方法与步骤有关。任何人类社会实践活动,一旦目的已经确定,余下的问题就是有关实现目的的策略问题。基础教育改革也同样如此。一个美好而可欲求的目的,如果没有切实可行的行动策略,则所确立的目的只会是可望而不可及的空中楼阁。因此,基础教育改革推进策略,是指政府或学校根据社会环境的变化以及教育系统的适应与要求、为解决特定的教育问题进而实现某种预期的目标而制定的行动方针和行动方式。就策略的本意而言,基础教育改革的推进策略预先设定了改革所要实现的目标、行动方针和行动方式所面临的环境和背景等。

任何行动的策略都不是凭空产生的,而是在生活与工作中经过多次的尝试并历经失败和挫折而获得的。因此,策略的提出实际上是一个试误的过程。基础教育改革的推进策略也如此。无论是个体还是组织群体,在为实现预定目标而采取行动时,总要提出某个有效的行动策略。这些行动策略往往是与过去的行动策略有一定的关系,是过去经验与教训的综合表现。但在同类社会实践反复出现

---

① 罗伯特·G·欧文斯.教育组织行为学[M].窦卫霖,温建平,王越,译.上海:华东师范大学出版社,2001:244.

时,人们就会通过理性的思维方式,去发展出若干通过经验可以证明比较有效的行动策略。基础教育改革的策略,就是在不断的改革发生过程中,在理性的有意识地反思中而逐渐发展出来的。

(二)影响基础教育改革策略的因素

第一个因素是基础教育改革本身。上文已经提到,基础教育改革的策略,需要根据改革自身的特点来确定。是采取中央强制策略还是采取地方参与策略,是采取问题解决策略还是采取规范－再教育策略,取决于基础教育改革的范围、程度以及所要解决的问题的性质。一些国家性的基础教育改革,采取单方面的策略是不够的,需要综合运用各种策略,包括中央强制的策略、规范－再教育策略、问题－解决策略等。如2001年以来我国启动的基础教育课程改革,就是如此。单一策略的运用是不足以保证改革的顺利推进和成功的。

第二个因素是教育设施因素。波尔·达林认为,成功的改革策略取决于系统中行为者之间的共同适应和相互关系的发展①。这里所提到的"系统中的行为者"主要是指政府和学校,但也包括学校内部的校长、教师、学生以及学生家长等。最基本的教学因素都在具体的学校内部的成员身上。任何来自外部的改革方案和改革计划要有效地实施,都必须与学校具体文化结合起来。由此,成功的改革策略,一方面取决于政府和学校在教育改革展开的过程中的相互关系及彼此适应程度。这里的"适应"不是单向的适应,即学校对于政府的改革政策和改革方案的适应,或者是政府极力适应于学校现有的办学条件和现状;而是双向的相互适应。另一方面,它更取决于学校内部人员对于来自外部的教育改革思想的把握,取决于对改革所持有的态度和积极性及其个人的教育教学能力。

第三个因素是环境因素。教育系统与其环境的和谐,是保证基础教育改革成功的重要条件,也是基础教育改革策略运用所要考虑的因素。环境的因素涉及到政治、经济、文化、人口等。政治的稳定以及政治领导人对于教育改革的大力支持为权力－强制策略提供政治上的保障;经济方面的充裕或者没有经济压力将为规范－再教育策略以及问题－解决策略的运用提供物质上的保证;此外,文化传统与社会风尚、人口的数量和素质以及适龄儿童的人口统计学的变化等,都将会影响到教育改革策略的选择与运用。

(三)基础教育改革策略的类型

就基础教育改革的范围而言,可以分为由外部推动的改革和由学校组织引导的改革。相应地,基础教育改革的策略分为"外推的改革策略"和"内引的改革策略"。不管是外推的改革策略还是内引的改革策略,它们的共同特点是具有计

---

① 波尔·达林.教育改革的限度[M].刘承辉,译.重庆:重庆出版社,1991:109.

划性与组织性,是人们有意识地设计与构造的结果。而实际上,努力制定使我们能够计划、管理和控制变革的策略,是当代研究变革的主流。

然而,外推的改革策略与内引的改革策略只是分析改革策略的宏观框架。这种分类表明,我们在探讨基础教育改革策略时,不可对所有的基础教育改革采取机械的观点。实际上,除了改革策略的内外部划分之外,还有一种分析框架,即将教育改革策略分为中央控制的策略和地方控制的策略或中央参与策略和地方参与策略①。中央控制或参与的策略意味着,基础教育改革的决策权力在国家,地方控制或参与的策略则意指由地方掌握教育改革的权力。二者的共同点在于,相对于学校作为基础教育改革的单位而言,它们都是外在的,其主要的任务是制定政策、提供全面的指导以及评价结果。一般来说,涉及社会变动的教育改革,需要采取强有力的中央强制策略;而着眼于局部问题之解决的教育改革,则可以采取地方参与或控制的改革策略。

就改革的内容维度来看,基础教育改革的策略可以分为问题 – 解决策略、经验 – 理性策略、权力 – 强制策略、规范 – 再教育策略等。一般来说,问题 – 解决策略和规范 – 再教育策略比较适合于学校自我主导的教育改革,而经验 – 理性策略和权力 – 强制策略则更适合于政府主导的教育改革——无论是由中央控制或参与的教育改革,还是地方控制或参与的教育改革。下文在对基础教育改革策略进行讨论时,将主要从这个角度来展开。

二、基础教育改革的外部推动策略

如果我们将视线聚焦于学校的改革与发展上,那么可以发现,推动学校改革与发展的力量往往来自于外部,而外部的推动者通常是政府,也涉及社会和市场。其特点是:新的方案是在学校组织外部发展出来的,是由基础教育领域中的精英(理论研究工作者、专家、教育行政部门的官员等)设计出来,然后交由学校组织实施。因此,外部力量把学校视作改革的对象。他们认为,一般的社会组织都突出稳定而惧怕变革。因此,需要有外部力量的介入来促使它们进行有组织的改革。在基础教育改革的过程中,已经发展出来的外部改革策略主要有两个,即经验 – 理性的改革策略和权力 – 强制的改革策略。

(一)经验 – 理性的改革策略

经验 – 理性的改革策略基于如下观点:通过系统地发明或发现更适合的思想,并将它以实用的形式在学校迅速推广,就能够促进基础教育的改革与发展。这种改革策略面临的主要问题是,基础教育改革的代理人 (学校校长和教师):

---

① 波尔·达林.教育改革的限度[M].刘承辉,译.重庆:重庆出版社,1991:124.

(1)忽视新思想;(2)抵制或拒绝新思想;(3)在实践中把新思想和新做法改变得面目全非。经验－理性的改革策略认为,基础教育改革的所有参与者都是理性的。只要教育改革的方案或计划被证明是科学的,是能够满足人们的教育需求并符合所有参与者的愿望的,那么人们是愿意接受教育改革并会积极地参与并执行教育改革的方案和计划的。为此,对于基础教育改革者来说,关键是要提出并形成一套理性的或合理的改革方案与计划,以供学校内部的管理者和教师来执行。经验－理性的改革策略把教育领域从事教育活动的人员分为两大类,一类是研究者,另一类是实践者。前者的责任与使命是创造研究成果,后者的责任与使命是使用与运用研究成果。在基础教育改革的实践活动中,研究者的任务是提出新知识、新方法、新工艺,实践者的任务则是运用新知识、新方法和新工艺。经验－理性的改革策略把科学地创造教育方面的新知识及其在日常教育生活中的运用看成是有计划的外部改革的关键。它强调教育研究者与教育实践者的合作关系,主张将研究成果与教育实践紧密地结合。在经验－理性的改革策略中,至关重要的是有关教育的知识、生产和利用(KPU)。

欧文斯认为,KPU 有三个重要的基本观点或假设。第一个假设是,人类是能被"客观性知识"说服的理性群体。所谓理性,在此意味着群体能够就目标的实现而采取有效的手段,并且因为群体之间具有共同的利益,因而他们能够就实现目标的手段达成妥协,最终产生有利于全体的结果。第二个假设是,新知识(产品、技术)将被潜在的采用者视为是合乎需要的,不仅是合乎组织的需要,也合乎使用者自己的需要。换言之,对新知识更新的使用,既能够满足组织的利益需求,也能够满足个体的利益需求。第三个假设是,新知识、新方法、新技术的利用者明晓事理、善于推理,是一个完全的理性的人,同时也是一个具有高尚道德觉悟的人(一个道德的人),愿意从事所需要从事的一切事情。其核心思想是:新知识和新做法已经被证明是有效益的,因而人们就理所当然会采用它们①。其实严格说来它还有一个重要的理论预设,既相对于其他的竞争对手来说,新知识新做法的使用,将有助于降低教育活动的成本,提高教育活动的效益和效率,从而有助于提高自身的竞争力。

为了便于被改革对象的运用,改革的提出者通常会将新知识、新做法以实用的形式送到采用者——学校手中。这些实用的形式包括一系列有关改革方案如何实施的操作说明和工作手册,也包括各种各样的"软件包"。但是,要执行这种知识产生和利用的改革思路,一个非常突出的问题是:如何有效地将新知识运用到教育实践? 实际上,这里有一个引人关注的教育理论问题,即理论与实践的鸿

①罗伯特·G·欧文斯.教育组织行为学[M].窦卫霖,温建平,王越,译.上海:华东师范大学出版社,2001:254.

沟问题。立足于有效而成功的基础教育改革,人们提出并尝试了许多具有相连步聚的模式。关于基础教育改革推进的模式问题,将在下节中再讨论。

(二)权力－强制的改革策略

经验－理性策略所强调的人们愿意接受教育改革,只要他人所提出的教育改革是理性的、合理的;相反,权力－强制的策略则认为,每一个人都希望生活在一个稳定的环境之中而排斥变化与变革。因此,任何教育改革的推行都不可避免地会遇到来自执行者的强力抵制。为此,改革者就需要通过行使权力并借助权力的制裁而迫使教育改革的执行者执行基础教育改革的计划与方案。制裁不一定就是经济上的,它也包括道德上的、政治上的;不一定就是积极的制裁,也可能是一种消极的制裁,如给予那些积极参与并执行教育改革计划的学校或教师以荣誉或称号。在权力－强制策略的倡导者看来,所有的合理性、理性、良好的人际关系等,在影响变革的能力上都不如直接运用权力的效果好。例如,我国目前正在推进的基础教育均衡发展,正是借助于政府的权力强制,而使得义务教育阶段令人头痛的择校问题得以缓解,或者说正是行政权力明显地改善了义务教育阶段教育发展的不均衡性,以及由此而带来的社会的公平结构。

权力－强制的策略是基于利用各种制裁手段强迫组织改革的观点。例如新课程的推行,地方教育行政部门要求各实验学校必须就新课程的推行提出具体的实施计划和方案,同时附上具体规定的时间表、报告形式以及其他监视命令的手段。这种改革策略经常面临的问题有:公立学校系统在执行命令过程中的形式主义和应对上级管理部门制裁的可行反应。

权力－强制策略有两种不同的表现。第一种表现是针对改革的代理人。权力－强制的改革策略基于以下的假设:人们希望稳定而不愿意生活在动荡不定的环境之中。简言之,人们总是回避带来变化的改革。因此,强制或诱导策略是必要的。需要通过强制和权力来进行教育改革。在权力－强制的教育改革策略中,改革的推行者通常采用制裁手段迫使改革的代理人屈服。这些制裁通常有政治上的、经济上的和道德上的。行使公共权力的途径,包括制定法律和法规,制定相应的教育政策,发布行政命令,权力机构的监督以及法院的判决等。第二种表现是针对改革的推行者。在这种情况下,人们通常认为,要引起一种实质性的改革,调整掌权者的人员结构是必不可少的。一个不可争论的事实是,我们的社会具有一种权力结构,在这个权力结构中,只有相当少的一些团体或个体拥有影响改革的强大力量,来决定某些事情发生,或不让它发生①。现有的权力结构维护着既定的

---

① 罗伯特·G·欧文斯.教育组织行为学[M].窦卫霖,温建平,王越,译.上海:华东师范大学出版社,2001:254.

教育利益的格局,也维护着人们的既得利益的格局。在这种情况下,基础教育改革就总会遇到已经形成的权力结构的障碍和抵制。因此,要实现教育改革的目标,完成既定的教育改革的任务,解决已经存在的教育问题,就必须改变现有的权力结构。换言之,要是我们改变了现存的权力结构,那么就有可能实现新的目标;而如果不改变权力结构,则目标的实现根本就是无望的。

权力–强制策略的两种表现,都承认权力对于教育改革的推进和成功实施的关键作用。区别只在于,前者是在承认现有权力结构的合理性基础上来行使权力的,后者则是要求在改变现有的权力结构的基础上来行使权力。应当指出的是,目前我国的基础教育改革的很多方面,都不得不借助于公共权力,亦即通过制裁的方式(如通过竞争而使其淘汰出局)来保证改革的推进。不过,即使如此,其中遇到的阻力也非常地大。这意味着,在必要的情况下,需要对现有的权力结构进行调整和改变。

三、基础教育改革的内部引导策略

(一)基础教育改革策略转向的背景

1975 年,美国国立教育研究所发表了一份报告指出:在过去的 15 年里,联邦政府耗资 10 亿多美元用来研究和解决国家的种种教育问题,还耗资 10 亿美元作为专款来资助学校和学区。然而实践领域中的问题并没有得到解决。研究表明,改革对组织并不能产生"重大差别"。这一发现使一些对学校改进的可能性抱有希望的人开始灰心丧气[1]。为了理解这一状况,兰德公司进行了一项由联邦政府资助的研究。对这一现象研究所得出的结论是:教育改革取得成功与两个方面的因素有着密切的关系。一个因素是改革自身的性质;另一个是地方学区和学校本身的组织和管理特征。"就拿能够成功地执行改革的学区来说,它们一般以'解决问题'的方针为特点,也就是在没有得到联邦政府的资金以前,它们就查明了问题,并经常是已经开始着手解决问题了。相反,那些不能成功地执行改革的学区,在思想上与'机会主义'的方针联系在一起。这些学区只是用偶尔得到的经费来增加(学区的)经费预费。"兰德公司进而指出,那些成功地执行改革的学区具有如下一些特征:

＊坚决抵制不适合本地条件的整套改革。

＊专注于开发本地区教材,而不是仅仅采用其他地方提供的教材。

＊不断地制定并修改计划。

＊根据计划本身得出的需要和参与者自己确定的要求来不断培训人员 (校

---

[1] 罗伯特·G·欧文斯.教育组织行为学[M].窦卫霖,温建平,王越,译.上海:华东师范大学出版社,2001:258.

本培训）。而不是根据计划,在开始时只进行一次性培训。

　　＊地方力量能为执行计划提供前后一致的技术援助,而不是依靠外部"专家"。

　　＊改革方案得到学区和学校主要行政人员的大力支持①。

　　兰德公司的研究结果表明:使用经验－理性的改革策略和权力－强制的改革策略,需要学校具有相应的组织特征。对学校改革的效果来说,它们的共同作用是关键性的。在这类研究的基础上,教育改革研究者提出了推行教育改革的另外两种策略,即规范－再教育策略和问题－解决策略,由此而使得基础教育改革策略发生转向。

(二)规范－再教育策略

　　规范－再教育策略是由罗伯特·钦提出并经由罗伯特·欧文斯的阐述而闻名于世的。规范－再教育策略认为:改革可以通过提高组织解决问题的能力加以实现。而要提高组织解决问题的能力,就必须转变学校文化中的规范与价值,从等级制组织的有关规范转到更富有创造性、更能解决问题的规范上来。规范－再教育策略以对人的行为假设为其出发点的。在规范－再教育策略的倡导者看来,个体行为是以社会准则和普遍接受的现实观点为基础的。简言之,个体行为是在规范文化下进行的。在个体水平上,人们的行为是以其经历、习惯和价值观为基础的。改革不仅仅在外部层面,而且更在个体的习惯和价值观层面。如果个体的习惯和价值观不发生根本性的改变并与改革的推行者所期望的价值观相一致,那么基础教育改革就不可能取得成功。因此,教育改革成功的关键是改变其代理人的价值观。那么如何改变人们的价值观呢? 规范－再教育策略的设想是:对组织系统产生直接影响的各种规范(态度、信仰、价值观,简称为文化),可以通过组织人们的合作活动而有意识地转变为更加有效的规范。但前提是组织必须使他们直接面对他们自己所面临的问题。这样,如何提高组织解决问题能力,就成为至关重要的事情。规范－再教育策略实际上也就是转变教职员工的教育思想和教育价值观念的策略。

　　那么如何通过规范－再教育策略而使得学校内部的教职员工的态度、信仰和价值观等更适应教育改革的要求呢?欧文斯围绕"组织"这个概念,把组织看作是由若干单独的个体构成的人造物。个体生活在学校组织之中,其态度、信仰和价值观等不可避免地会受到学校组织的影响和制约。因此,要想改变人们的价值观和态度等,就应当从"组织"出发。围绕组织氛围和组织文化,欧文斯提出了"组织健康"、"组织的自我更新"以及"学习型组织"等三个范畴。

　　组织健康和组织的自我更新是运用规范－再教育策略的学校条件。概言之,

---

①　罗伯特·G·欧文斯.教育组织行为学[M].窦卫霖,温建平,王越,译.上海:华东师范大学出版社,2001:259.

如果学校是一所非健康的学校或者是一所病态的学校，学校缺乏自我更新的能力，那么这样的学校是难以运用规范－再教育策略的。当然，这样的断言似乎显得过于武断。因为对于欧文斯来说，运用规范－再教育策略的核心点是使学校成为学习型组织。不过三者之间并非是一种简单的线性关系，不如说它们之间存在着较为复杂的相互制约和影响关系。

关于组织健康，欧文斯认为，学校应该是有效而稳定的，并具有适当的教育改革的能力——健康的学校。不过实际上不同学校在完成任务的能力上存在着差异，因而学校之间的健康程度亦有很大的差异。就学校的生存与发展之表现来看，一所健康的学校不仅能在环境中生存下来，而且能够继续长久地展开竞争。一些有关健康组织的研究表明，学校健康与否，有其具体的衡量标准。这些标准包括：目标集中、交往适度、权力均等、人力资源的有效利用、具有凝聚力和高昂的士气、进取心和不断变革的倾向、具有自主性、面对不断变化的社会环境的应变性以及及时的解决问题等①。与欧文斯不同，波尔·达林则把学校区分为两组概念，一组是"健康的学校"和"非健康的学校"，另一组是"好"学校与"不好"的学校，并认为"好"学校较之"健康"的学校内涵更丰富。不过对于本文来说，我们所关心的核心乃是欧文斯的"健康学校"与波尔·达林的"健康"学校之内涵的区别。对于波尔·达林来说，一所健康的学校具有如下几个方面的特征：在学校与环境的关系上，学校与它所处的环境之间具有建设性的和相互影响的关系；在学校的价值观上，学校了解并尊重每个教职工的价值观，并努力理解和协调学校与教职工价值观之间的关系；在结构上，健康的学校并不认为其各种组织结构绝对正确，它们只是被看作是实现理想和现实之间更高和谐的手段；在人际关系上，学校在日常活动中能够反映它的目标结构和个体与群体之间的相互关系，解决冲突的方式、群体规范和决策等都应体现学校的目标，因此健康的学校在人际关系上是一个与它保持一致的和谐组织；在策略上，学校领导能够有效地把学校与环境联系起来，并促进学校的活动更好地实现它自身的价值②。比较欧文斯和波尔·达林，我们就会发现，二者关于健康学校的认识和看法之间存在很大的差异。这种差异将直接影响到规范－再教育策略的内涵与运用。

关于组织自我更新。欧文斯认为，一个常见的现象是，学校经过一段时间以后会有一种萎缩的倾向，迷恋于自我保存，结果导致不断增长的官僚主义式的僵化。学校不断强调的自我保存，牺牲了学校自己的不断适应。因此，学校组织自我更新的出发点是，尽管难以强迫一所学校进行有效的改革，但是应该能够设法提

---

① 罗伯特·G·欧文斯.教育组织行为学[M].窦卫霖，温建平，王越，译.上海：华东师范大学出版社，2001：261～262.

② 波尔·达林.教育改革的限度[M].刘承辉，译.重庆：重庆出版社，1991：66～68.

高其内部的解决问题的能力。这种能力包括：洞察和分辨问题的能力；确定目标和重点的能力；提出正确解决问题的可供选择方案的能力；贯彻执行所选方案的能力。具有自我更新能力的学校一般有三个特点，即：学校文化支持改革与创新，拥有一套清晰、明确、众所周知的解决问题的程序，为解决问题而知道如何寻求恰当的见解和资源。学校能够具有自我更新的能力，即能够不断地提高其解决问题的能力，那么毫无疑问它也就具有运用规范－再教育策略的能力。而就规范－再教育策略的具体操作来说，其重点则是"学习型组织"的概念。

差学校与好学校的一个重大差异在于，差学校明显的特征是觉察不到自己存在的问题，适应外在环境的能力很差。他们往往把学校目前的现状归咎于各种外在的环境因素，而不是归咎于学校组织自身的适应能力差。就此而言，教育改革的有效推进，需要提升学校的适应环境的能力——即提高适应提出问题和解决问题的能力。它包含两层含义：一是能够敏锐地觉察到学校存在问题之所在，并能够以准确的语言来阐述问题，并使得学校教职员工能够理解问题本质之所在；二是对所觉察的问题有能力加以有效地解决。提升学校的适应与预料能力，重要的是使学校成为学习型组织，即学校要学会适应环境里正在发生的变革。

从某种意义上说，上文所提到的学校的"自我更新"是以学校成为学习型组织为条件的。后者的存在目的在于增强学校提升自我更新的能力。通过建立学习型组织来促进学校的自我更新能力的提升，最终促进学校发展。在这整个的过程中，学校教职员工的态度、信仰和价值观等得以改变，外部推动的教育改革也得以推进。因此，从最直接的意义上说，学校成为学习型组织的目标是改善学校组织本身。

为此，第一，就规范－再教育策略的运用而言，必须采取系统方法，把学校看作是一种社会技术系统，其中包括各种子系统，即各个系科、班级、非正式团体、小组、教师组、年级组等。这些子系统经常处于一种能动的相互作用的状态。同时，学校还是一个更大系统的子系统。因此，无论是对学校所面临问题的辨识，还是对学校所面临问题的解决，都要用系统的思维方法。这种系统的思维方法包括：要使教育改革长期有效，就必须改变整个系统，而不仅仅是改变这个系统的某些组成部分或子系统。由于各个子系统之间的能动相关性和相互依赖性，一个子系统的任何变化，都会在其他子系统中产生补偿性或报复性的变化。单因事件或孤立事件极少发生，任何事件都是相互作用的力量、争论、问题原因、现象和条件的综合表现形式。系统的确定不是依据各种有形的物质界限，而是依据当时人们的行为模式。

第二，必须重视和关心学校组织的人——教职员工，而不是技术、任务或结构方面。它强调要把工作的重点放在表明影响行为的信念的组织文化方面，并鼓励教职员工参与学校的重要决策。应当明确地看到,态度、价值、情感、自由交往等都是学校发展所要关心的核心问题。这些问题涉及到教职员工想什么,他们之间的交往关系,冲突的处理以及对教育教学工作的专心程度等。鼓励教职员工参与决策,就是鼓励他们在学校重大的教育改革决策之时,说出自己内心深处真实的想法。这些真实的想法对于学校发展不可回避的诊断问题和寻找解决问题的方法都非常重要。

第三,采取适当的教育策略。规范－再教育策略试图通过改变教职员工的态度、信仰和价值观等来极大地改变他们的行为,从而激发组织的自我更新。在较为典型案例中,我们已经能够见证到通过教育来改变行为的例证,例如,听报告、参加各种讲座、系统地学习、校本培训、合作学习等。它既涉及到教育思想、教育观念和教育理念等抽象的观念性内容,也涉及到教育教学方式方法、技术和技能等手段性的内容,同时它还会涉及到教职员工对自己在学校中所扮角色的认识、对待同事的态度和期望以及个体与学校组织的关系。适当的教育策略不仅涉及到教育的内容问题,而且也涉及教育和方式问题。应当注意到,在一般的学校里,人们对于这些问题——冲突、交往障碍、猜疑和恐惧、组织效益等——通常都避而不谈。

第四,规范－再教育策略强调通过经验学习,学习基础是从做中学。以经验为基础的学习,突出(1)共同的经验;(2)仔细审视这个经验,看从中能学到些什么。坚持以这种方式来审视经验,是使教师经过一段时间后,养成一套能够反复从自己经验中学习并有所增益的终身有用的技能和洞察力。在通过经验而学习的情境中,应当鼓励教职员工对学校的各项工作提出问题,特别是进行质问,在问与答的反复中增长见识。质问不应该仅仅是对学校的组织工作的,也应该鼓励教师相互之间对自己的教育教学工作进行质问。也只有在这样的过程中,通过经验的学习才会取得实际的成效。有关课程与教学方式的改革,特别需要这种经验学习。新的教育理念、新的教育方法等,以及如何将新的教育理念转变为实际的可操作的教育实践,并没有现成的经验可以借鉴。只有在探索与摸索的过程中,通过教师的亲身实践,以及通过对自己教育实践中所存在问题的发现,来提升执行教育改革的能力。

第五,处理实际问题。在日常的学校教育教学组织生活中,经常会遇到一些紧迫需要解决的问题。这些问题如果得不到及时的解决,则它们的存在就会危及学校执行教育改革的能力,进而会危及学校自身的发展。因此,当面临下列这些问题即迅速变化的情况、领导危机、较低的组织效率、激烈冲突、明争暗斗,或表现冷漠时,学校的管理者就需要采取果断的措施而予以解决。处理实际问题的过程,既是一个认识和了解教职工的态度、信仰和价值观的过程,也是一个解决学校发展障碍的过程。实际上前者或者更为重要，因为要铲除学校发展的障碍，就必须从根本上解决教职工的思想、观念和价值观等问题，就必须改变教职工的态度和信仰。

（三）问题－解决策略

在基础教育改革未能取得预期结果的理论解释中，除了人们对所谓的教育改革过程中阻抗的关注外，还存在这样一种观点，即基础教育改革的失败应当归因于改革的领导者没有能够及时地指导改革的执行者或代理人解决他们在改革过程中所遇到的实际问题。这种情形主要是发生在以高度复杂性及技术变革为特征的教育改革中。就教育改革的复杂性而言，它主要决定于教育改革规定要实现的目标与改革之前目标的相似程度、课程改革的范围、要求教师的行为和态度变化的广度以及组织的一体化程度等因素。对于高度复杂的教育改革来说，单纯的经验－理性策略或者权力－强制策略也许能够保证教育改革的推行，却难以保证教育改革的有效展开。由于教育改革所涉及内容的高度复杂，这对于所有参与教育改革的教师甚至在许多情况下还包括校长来说，意味着他们参与教育改革就是面对各种新的问题。这些问题是他们从前所没有遇到过的，甚至在许多情况下也是那些教育专家所未曾遇到过的。这些问题的解决需要依靠学校校长和教师的创造性的工作。问题－解决策略主要就是针对改革的执行者或代理人所面对的新问题而提出的。

问题－解决策略是以解决实际问题为目标的改革策略。该策略的理论基础是实用主义哲学和自由市场理论，自由市场理论坚持以顾客为中心。顾客需要什么，市场就供应什么。把这种关系运用于基础教育改革，就是根据基础教育的实际需要或存在的问题，进行改革，使改革富有针对性和速效性。其基本理论假设是：（1）教育教学的需要至上，这是改革的唯一目标；（2）诊断，鉴别教育教学的需要或问题必然是教育改革的关键一步；（3）外在因素影响是次要的，不能因其他干扰而改变改革针对性和完整性；（4）自觉的和自主的改革最有生命力和具有明显的效力；（5）改革总是遵循问题—解决—新问题—再解决的程式向前发展。该模式的程序是：问题（需要）—诊断—寻求解决办法—选择最好方案—试验证明—评价推广。整个程序过程都是由改革者自己进行的，只是在必要的时候，向有关专家、机构寻求咨询或指导。

对于问题－解决策略的倡导者来说，人们对于教育改革的发生既无所谓积极支持也无所谓极力抵抗。他们作为公立学校之员工，实际上在面对教育改革时往往显得无可奈何。不执行教育改革的方案或计划肯定是不行的。因为对于所有的教师乃至校长来说，他们都会面临权力制裁的威胁。在这种情况下，教职工对于教育改革的态度究竟是消极还是积极，其实是取决于他们在实际的教育教学工作中以新的方式方法来贯穿新的教育理念的顺利程度。如果他们能够很快地掌握新的理念、新的方式方法甚至新的教育技术手段，那么他们参与和对待教育改革的热情和积极性就会高涨；反之则他们就会以非常消极的态度来应对自己所遇到的问题。

规范－再教育策略可以改变教职工的态度、信仰和价值观，也可以转变传统的教育思想和教育观念，但未必就能够改变他们实际的教育教学行为方式。这倒不是教职工不想去改变自己的行为方式，而是在某种意义上说，态度、信仰和价值观的改变并不是改变行为方式的充分必要条件，充其量它是行为方式改变的必要条件而非充分条件。其中原因在于，行动者个体并不知道在类似的或者旧的教育情境中如何展现出新的行为方式，或者对于新的行为方式到底是怎样，他们还存在着认识上的模糊。因此，在考虑使用规范－再教育策略时，必须同时辅之以问题－解决策略。前者解决教职工的态度、信仰和价值观问题，后者则重点解决教职工的行为方式问题。没有最终的行为方式的改变，就不可能有成功的教育改革。

第一，问题－解决策略特别关注基础教育改革的执行者在改革的实施过程中所遇到的各种真实而现实的问题。这些问题如此紧迫，以至于不及时解决它们，教育改革的执行者就会陷入茫然无助的状态之中，而最终导致对教育改革丧失信心。因此，了解和掌握教职工在教育改革过程中所遇到的难以解决的问题，乃是问题－解决策略的关键之所在。深入教学一线进行教学观察与考察、倾听教师的倾述和抱怨、了解其他教师和学生的反应都是掌握问题的很好的方法。特别是教师对某项工作的抱怨，它最能够反映出教师的心理状态与工作困境，因而特别值得教育改革的管理者加以注意。

第二，建立专门用于指导问题解决的专业顾问。这个顾问组织应当包括学校外部的相关领域的专家，也应当包括学校内部的教学专家，还应当包括学校改革的管理者。顾问的任务是对教师所遇到的问题进行方法论的或具体方法上的指导。这里需要有一个集思广益的过程，注意听取各方面的意见和建议。由于教师所遇到的问题对于所有的参与者来说可能都是新问题，因此，当教师与顾问共同解决问题时，这里面并没有权威，只有平等的探索者和尝试者。顾问与教师之间是一种合作关系，而不是管理与被管理、指导与被指导关系。这是顾问与教师的角色关系的定位。

第三，不能期望问题的一次性解决。无论对于个体还是对于社会组织或群体，问题的解决都是一个试误的过程。只有在不断地尝试与探索的过程中，人们才能够发现，怎样的方法对于问题的解决更有效果，怎样的解决问题的路径更具有合理性。为此需要从根本上改变目前学校已有的评价体系。通过评价体系的变革,而改变人们之间的关系,从而使得每一位教师都有勇气和胆识去尝试新的方法和手段。尝试有两种可能性:一种是成功,另一种是失败。如果是前者,那当然很好;但如果是后者也没有必要怨天尤人。任何的尝试都是需要付出代价的。对于改革的管理者来说,因解决教育改革过程中所遇到的新问题而尝试新的解决问题的方法之代价,不应当由教师来承担,而应当由教育改革的管理者来承担。只有这样,才能够鼓励教师在教育改革的实施过程中不断尝试新方法、新途径和新技术。

问题－解决策略的优点是:调动了教育实践者特别是教师的改革积极性、自觉性,使教育改革真正成为每个实践者的职责;改革富有针对性,尤其能照顾到具体的特殊情况的要求;改革见效快,这对改革的动机与信心有及时的强化作用。

第二节　基础教育改革模式

实际上,改革教育的所有行动或工程都包含着人们应该怎样行动和怎样进行改革的思想。这种关于改革的思想可能是系统的,也可能是不系统的。系统的、以概念和命题的形式而表达的教育改革的思想就是我们通常所说的教育改革的科学理论,而当这样的一种理论以其简化的、符号的形式而表述出来时,就构成我们所说的教育改革的模式。人们正是在此基础上选择一定措拖和方法使改革尽可能成功。

一、基础教育改革模式概述

策略是一个涉及到行动方针的问题。然而,随着对于基础教育改革的理性认识不断深化,在基础教育改革的研究领域出现了相互竞争的理论。每一种理论对基础教育改革都有其自洽的解释性框架和实践要求,因而不同的理论关于基础教育改革的实际推进就有不同的整体考虑与安排。之所以出现相互竞争的教育改革理论,盖因任何对基础教育进行改革的人无疑都需要提出这样一个问题,即应该怎样进行改革?在基础教育改革的实践中,虽然人们很少能够清楚地表述过这些思想,但实际上这些思想却在指导着我们的行动。“怎样进行改革的问题”可以细分为以下几个问题:什么样的改革才是合适的?人们对于改革会有什么样的反应?改革需要什么资源?改革应该包括哪些人?影响改革成功的关键因素是什么?改革要付出什么样的代价?等等。基础教育改革理论的分歧恰恰源于对上述问题的不同回答。由此而形成有关基础教育改革的不同模式。

关于教育改革的模式,虽然已经有了许多研究,但对于教育改革模式的定义与结构问题,人们仍然看法不一。一般来说,"模式"一词是从一般科学方法论和科学哲学中引用的。其英文词是 model,原义是"模式"、"模型"、"典型"、"范型"等。它表示用实物或符号形式将原物、活动、理论等仿制、再现或表现出来。美国两位著名的比较政治学者比尔和哈德格雷夫在研究一般模式时给出的定义是:模式是再现现实的一种理论性的简化的形式。这一定义有三个方面的规定:第一,模式是现实的再现,是对现实的抽象概括,来源于现实,不是凭空捏造的或闭门设想的;第二,模式是理论性的,它是一种现实的理论表达,代表着一种理论内容,不是简单的某种方法,如果把模式等同于方法,就降低了它的理论的层次与价值;第三,模式是简化的形式,是对理论的精心简化,是最经济明了的表达。由定义我们可以对基础教育改革的模式作出这样的定义:基础教育改革的模式,是在教育改革实践中产生的一种设计和组织教育改革的理论,这种理论被以简化的形式表达出来。因此,基础教育改革的模式可以看作是改革的行动理论。

基础教育改革模式的产生,主要有两种方式:归纳的方式与演绎的方式。归纳的方式是这样一种方式,它通过对有关基础教育的不同方面改革实践的经验总结,从若干具体个案出发,把握这些改革个案的共性特征,从中获得某种具有解释力和合理性的观点和认识,进而通过将其简化,而形成基础教育改革的模式。因此,归纳的方式是由个别上升到一般的方式。演绎的方式则相反。它从一般的前提即理论观点出发,通过将其简化,并运用教育实践,从而形成改革模式。因此,演绎的方式实际上是由一般下降到个别的方式。无论那一种方式,从构成的要素上看,完整的基础教育改革的模式一般包括如下因素:

* 理论。指教育改革模式赖以建立的基础理论。
* 目标。任何教育改革模式都是为了达到一定的改革目标而创立的。
* 条件。指达到一定的教育改革的目标,并使模式发挥效力的各种因素。
* 程序。任何教育改革模式都有一套独特的操作程序。
* 评价。即对教育改革实施情况进行价值判断。

二、基础教育改革模式的理论基础

基础教育改革,无论是局部的还是全局的,是内引的还是由外推的,总有某种思想作为指导。当指导教育改革的思想以系统的、概念化的形式而表述出来时,便形成了指导基础教育改革的理论。自第一次世界性教育改革运动以来,产生了许多教育改革的思想和理论。关于教育改革的理论是如此之多,以至于当我们面对这理论时,难免会有眼花缭乱之感觉。为此有必要对众多的关于教育改革的理论进行分类。

在我国,人们倾向于认为,基础教育改革理论的发展,是与教育改革的实践相辅相成的,因而根据 20 世纪初以来世界范围内所发生的大规模的三次教育改革而将教育改革理论的发展分成三个阶段,即心理学阶段(教育改革以心理学为理论基础)、哲学－社会学阶段(影响教育改革的理论主要是以哲学、社会学原理为基础),学科独立阶段(教育改革作为一种突出的社会现象,开始被作为一个专门的问题来研究,综合各门学科的知识和方法研究教育改革)①。

而在西方,更多学者则从教育改革与社会制度的关系以及引发教育改革的动因而将教育改革的理论分为功能理论和冲突理论。1976 年美国的帕斯通(R. C.Paulston)在《关于社会与教育变革的诸矛盾理论——类型的探讨》一书中,论述了社会变化与教育改革的关系,并把各种教育改革的理论分为两种范型:均衡和矛盾,并将这两种范型理论及其分支从教育改革的前提、原因、范围与过程、结果几方面作了对照。②波尔·达林则将教育改革的理论分为"均衡理论"、"折衷理论"和"冲突理论"。"均衡理论"(又称功能理论)。其基本观点可概括为:发展是一个量变的过程,社会中有进步。教育在社会现代化中起着重要的作用,而教育改革的任务是要提高学习过程的质量,以与社会发展的新阶段相适应。而在实际生活与工作中,人们通常也倾向于把学校看作是促进持续发展和增长的一种重要力量。均衡理论又有若干分支,主要包括:进化论、新进化论、结构功能论和系统论等。折衷理论则把改革看作是人格的改革,它要求个体适应团体或体制的需要。为此,折衷理论主张运用敏感性训练、社会－心理治疗和训练实验室等方法来改变个体的态度和人格特征等。冲突理论则是以马克思主义和新马克思主义的意识形态、经济和统治集团为基础,认为教育改革只有在经济和社会结构根本变革的基础上才能发生。波尔·达林认为,用单一的理论是不足以解释教育改革的过程的,不同的理论涉及问题的不同方面,因而需要综合运不同的教育改革理论解释教育改革之现象,指导教育改革之实践。③

三、基础教育改革的主要模式

任何教育改革的模式都有其偏颇之处。就我国教育理论界对基础教育改革研究的状况来看,相对来说还没有形成成熟的教育改革理论,因而有关基础教育改革的模式亦没有建立起来。但是两个方面的因素,使得我们能够对基础教育改革的模式作一些讨论。第一个因素是,建国以来,我国基础教育已经经历了若干次改革,不管这些改革的性质如何、成败与否,也不管人们对这些改革持有怎样

① 袁振国.教育改革论[M].南京:江苏教育出版社,1992:27.

② 转引自:袁振国.教育改革论[M].南京:江苏教育出版社,1992:42.

③ 波尔·达林.教育改革的限度[M].刘承辉,译.重庆:重庆出版社,1991:73～81.

的评价,它们都已经成为一种事实,因而成为人们可以从客观的立场上加以考察和思考的对象性事物,其间所积累起来的经验亦为模式的提出奠定了坚实的事实基础。第二个因素是,国外对于教育改革的研究,特别是对于基础教育改革的研究,已经形成和提出了若干相关的理论,并成型了许多可资借鉴的模式。尽管这些教育改革的理论和模式大多数都是在美国哲学和文化的背景中发展出来的,因而这些改革模式的整个观念更适合于美国的社会背景和传统,但是它至少为我们对教育改革模式的思考与讨论提供了理论基础和思想来源。我们所要做的工作之一,是在确定教育改革的模式时,有一个清醒的本土化的意识。

(一)"农业模式"

基础教育改革中的"农业模式"属于经验－理性改革策略中的一种。上文中已经提到,经验－理性的改革策略把教育改革过程看作是一个新思想和新方法的传播和被采用的过程。然而理论与实践的相互脱离、知识与运用的相互脱节,使得基础教育改革所提出的新思想、新理念、新方法、新技术等难以为学校里的教师所掌握。因此,从教育改革的具体操作上看,有必要通过恰当的方法和程序而使教师掌握教育改革者的思想、理念、价值观、方法和技术等。"农业模式"则是教育理念、理论、知识推广的具体程序。

研究农村的社会学家发现,通过社会系统能够加速普及较先进的新颖的耕作技术。在农业技术的推广中,社区学院、农业实验室、农业技术推广人员,是新技术推广的核心部分。正是因为这些机构和相关人员的存在,而使得新的农业技术能够很快地为农民所掌握。这种新技术推广模式很快被运用于教育改革。其主要做法就是,模仿农业技术推广中设立社区学院、农业实验室并配备农业技术推广人员,充分发挥教育科学研究所的作用,建立相应的教育研究与发展中心和实验区。通过这些机构的设立和技术人员的配备,以保证教育改革的新思想、新理论、新方法和新技术能够直接应用到中小学。如在美国上世纪60年代的课程改革中,全国创办20所地方教育实验室和10个教育研究与开发中心,成立教育资料情报中心,组建国家教育研究所。在政府的主导下,促使有计划的教育知识的生产和利用在教育中的系统化。

我国于2001年正式启动的新课程改革,在使知识的生产和利用等在教育的系统化方面,也采用了类似的农业模式。教育部成立国家教育部基础教育课程教材发展中心,教育部在部分师范大学成立"基础教育课程研究中心",承担国家或地方教育行政部门委托的课程改革任务,各地教研部门将推进课程改革作为教研系统的主要职能。省级教研部门、师资培训部门与师范大学的"基础教育课程研究中心"建立合作关系。同时教育部专家、教育行政管理者、中小学教研员、实验教材开发者以及各实验区代表深入实验区进行调研。贯彻"先立后破,先实验后推广"的工作方针,教育部在全国建立首批 38 个国家课程改革实验区。在课程的普及方面,教育部的策略是"分层推进,滚动发展",逐步推广新课程。应该说,这些机构和人员的配置,为新理论、新思想和新观念的推广和运用,起到了很好的作用。

(二)研究、开发和普及模式(R-D-D)

以波尔·达林的观点,这一模式首先是由布瑞克尔提出经由克拉克和古巴而完善,是有关教育改革过程的最系统的概念范畴。[①]R-D-D 模式的理论基础是理性主义和权威主义。它有五个理论假设:(1)人是理性的动物,其行为受理性支配,一个符合理性的改革方案总会得到多数人的欢迎,研究—发展—扩散的过程就是一个理性的程序;(2)长远的周密的计划是必要的,尤其是规律关系的预测,这是使改革具有科学性的基础;(3)教育改革者有分工也有合作,只要分工合理,合作得当,改革就能成功;(4)改革如果以适当的形式,在适当的时间、地方推行,那么,某些有理性的人即使是被动的,也最终会参与的;(5)在研究、发展上花较多的时间和力量,会在扩散上获大益。

R 指研究,D 指发展,D 指传播。该模式将整个教育改革的过程划分为三个阶段。第一阶段(R)是发明和发现新知识的阶段,即研究阶段。在这一阶段,研究者侧重于从理论上对存在的问题进行分析,以图发现问题背后的根源。在研究阶段,研究所发现的新知识是否能够解决迫在眉睫的问题,研究者并不是非常关心。第二阶段(D)是开发阶段,即着重于提出解决问题的实际方案,并考虑在现实的条件下新方案的实施的可行性和实施过程中所需要的经费。开发主要是把研究成果转化为可供使用的"产品"。它范围很广,既可能包括物质层面的"产品",也可能包括非物质层面的"产品"。它可以是政府主导型的"产品"开发;也可以是市场主导型的"产品"开发。第三阶段(D)是知识的传播与推广阶段。在此阶段,研究者所发现的新知识经验开发成产品而进入学校教育的实践领域,并被广大的教师所运用。它是新"产品"的普及与推广应用。新产品的普及可能是一种市场活动,如各种物质层面的产品;也可能是政府行为,如新课程的推广使用等。

R-D-D 模式的"研究"、"发展"步骤一般是由政府选定的有关专家进行的,依靠的是专家权威。而"扩散"一般由有关的政府部门进行,依靠的是行政权威。R-D-D 常常是与"自上而下"的改革策略联系在一起。这既是该模式的长处,也是该模式的缺陷。该模式的主要优点是:第一,它把教育改革当作研究工作来处理,一方面重视运用已有的研究成果,一方面重视在改革中进行研究,努力把教

---

① 波尔·达林.教育改革的限度[M].刘承辉,译.重庆:重庆出版社,1991:85.

育改革建立在科学研究的基础上；第二，该模式突出常模参照评价和终结性评价，评价的结果便于进行比较分析；第三，在此模式中，专家学者起着重要作用，是行政权威行使的前提和基础。第四，运用该模式能够很好的传播和推广教育的新思想、新理论和新方法等。它能够高效率的在较短的时间内解决在一个相当大的范围内普遍存在的问题。其不足在于，正如波尔·达林所评价的那样，这种模式"忽视了地方人员的价值观念、首创精神及支持的重要性"①。因此，该模式的主要不足是：过分强调了理性与科学的作用，对于人际关系和情意因素重视不够；过分强调专家与政府行政权威的作用，对于学校管理者等基层行政人员的作用和教师的改革作用重视不够。

（三）社会相互作用模式（Social Interaction Model）

其主要理论假设是：（1）个人属于一个大的社会关系系统，其行为受置身于其中的系统制约；（2）个人在社会关系中的地位制约着他对新改革观念的接受程度；（3）改革是人与人之间相互影响的过程，是人际关系的调整与组合；（4）情意等非理性因素在改革中起着关键作用，它们总是改革的动力源泉。

该模式的程序是：（1）改革的设想与驱动力产生于人与人、群体与群体之间的相互影响；（2）条件好，对改革敏感或行动迅速的群体或个人应率先进行改革；（3）率先改革者会进一步影响其他群体或个人，从而引发更多或更大范围的改革；在这样相互影响中，改革迅速扩散、蔓延开来；（4）改革成效进一步强化为改革的热情和动机，使改革不断升华；（5）评价改革结果。

（四）中国基础教育改革的模式

关于中国教育改革的模式，专门的研究还不多。王宗敏、张武升著《教育改革论》开始对此问题有所涉及。根据教育改革的方体与领导方式，他们将我国的教育改革模式归纳为四种模式，即中央集中统一改革模式、地方教育部门和学校改革模式、横向联合改革模式、个体改革模式。这种分类与我们前面有关教育改革模式的定义是不相符合的，而且这种分类也存在着一个分类标准不统一的问题。在我们看来，中国的教育改革的模式实际上就是政府主导型的教育改革模式。

在政府主导型的改革模式中，每一项教育改革的决策基本上都是政府的"自主行为"，是政府"自主选择"的结果。在这里，"自主"是一个关键的概念。所谓"自主"是指教育改革的决策是政府制定的，而不是社会制定的。这种自主行为一旦引发，教育改革就会在一种"循环"中持续下去。其结果就是我们非常熟悉的教育体制改革。其决策模型如图所示：

---

① 波尔·达林.教育改革的限度[M].刘承辉,译.重庆:重庆出版社,1991:86.

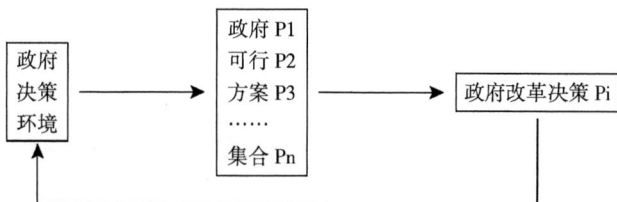

图 5-1 政府主导型教育改革决策模型

我国政府主导型教育改革模式的基本特征:(1）我国上世纪 80 年代以来所进行的政府主导型教育改革,目标着眼于教育发展。(2)理论基础。马克思主义的法理权威理论和社会主义的计划统一理论。按照马克思主义的法理权威理论,一个由人民选举的政府,代表了人民的利益,反映了人民的愿望,具有真正的权威力量,运用这一力量发动教育改革是行之有效的。按照社会主义计划统一理论,社会主义的本质特征之一就是计划性与统一性。代表人民意志的人民政府集中政府的力量开展教育改革。(3)我国的教育改革属于渐进式的、稳定压倒一切的、分步走的教育改革。(4)政府主导型教育改革的基本条件,包括:坚持党的领导权威;坚持对教育改革领导科学化;坚持教育改革领导的民主化。(5)评价标准:培养人才的数量与质量。

第六章 基础教育体制改革研究

随着社会主义市场经济体制的逐步建立,面对知识经济的严峻挑战,教育也面临着一场广泛而又深刻、艰巨而又复杂的伟大变革。在深化教育改革的过程中,体制性因素的影响越来越明显。研究、探索作为教育之基础的基础教育体制改革的理论与实践,对积极稳妥地推进教育体制改革和实施科教兴国、人才强国战略,对我国经济社会的振兴与发展,有着十分重大的意义。

第一节 基础教育体制改革概述

如果说,教育观念、教育思想的变革是教育改革的灵魂,教育内容、教育方法的改革是教育改革的核心的话,那么,教育体制的改革就是教育改革的关键。体制既然是关键,则不启动这个关键,其他方面的改革都将无法进行和深入。因而,基础教育体制改革作为整个基础教育改革与发展的关键,它触及到基础教育的方方面面,牵涉到社会的许多领域。

一、基础教育体制的涵义

(一)教育体制的含义及特征

体制,《辞源》解释为:"规定组织的机构和运行的纲领",《现代汉语词典》解释为:"国家机关、企业、事业单位等的组织制度",在英语中为"system",有"系统"、"体系"、"制度"的含义。从一般意义上讲,体制有两个最基本的要素:组织和组织原理。前者为实体,后者为实体的机理。正如人体一样,既有实体部分,还有使实体运转并发挥功能的彼此协调的系统。不同的体制有不同的内容,它要受到一定社会政治、经济、文化传统等各方面因素的制约,反过来也能对社会的变革和生产力的发展起到较大的影响。

教育体制,并不是一个国际上通用的概念,国际上一般只用"教育制度"(educational system)。直至现在,教育体制的含义在我国还是众说纷纭,没有形成比较一致的认识。

厉以贤先生在《现代教育原理》中认为,关于"教育体制"概念至少有三种不同的看法。一是把教育体制看作是"教育体系和教育制度的总称";二是把教育体制看作是"教育系统内部各要素的比例关系、组织程序、管理层次、学制形式的科学组合";三是把教育体制看作是"一个国家在一定社会制度基础上管理教育事业的制度、形式和方法的总体"。他自己则认为:"教育体制是指一个国家在一定政治、经济制度和科技发展水平基础上建立起来的办学形式、层次结构、组织管理的相对稳定的教育模式。"①

《中共中央关于教育体制改革的决定》对"教育体制"一词的含义也没有明确规定,但从其中的一些表述看,教育体制的范围还是清楚的。它指出:"要从根本上改变这种状况,必须从教育体制入手,有系统地进行改革。改革管理体制,在加强宏观管理的同时,坚决实行简政放权,扩大学校的办学自主权;调整教育结构,相应地改革劳动人事制度。还要改革同社会主义现代化不相适应的教育思想、教育内容、教育方法。经过改革,要开创教育工作的新局面,使基础教育得到切实的加强……""在高等教育体制改革的同时,按照理论联系实际的原则,在辩证唯物主义和历史唯物主义的思想指导下,改革教学内容、教学方法、教学制度,提高教学质量"。《中国教育改革和发展纲要》指出:"必须坚持教育的改革开放,努力改革教育体制、教育结构、教学内容和方法"。这些规定清楚地表明:我国的教育改革"必须从教育体制入手"进行改革,至于教育思想、教育内容、教育方法,乃至教学方面的内容、方法、制度等,并不归入教育体制的范围,而是用"还要"、"在体制改革的同时"等词语加以区别。

鉴于上述对"体制"和"教育体制"外延的理解,我们认为教育体制是指一个国家在特定的历史阶段建立起来的教育机构及其有效运行的教育规范体系的统一体。它是由教育的机构体系与教育的规范体系所组成的。前者是实体,后者是实体运行的机理。教育的机构体系包括教育的管理机构和教育的实施机构。教育的管理机构,指的是各级教育行政机构和学校内的管理机构。教育的实施机构,指的是各级各类学校。教育的规范体系,指的是建立并保证教育机构正常运转的规章制度,它规定着各级教育机构的职责权限和机构内人员的岗位责任。教育实施机构与一定的教育规范相结合,就构成了学校教育体制;教育管理机构与一定的教育规范相结合,就构成了教育管理体制,其中,教育行政机构与一定的教育规范相结合就构成了教育行政体制,学校内的管理机构与一定的教育规范相结合,就构成了学校内部管理体制。

通过对教育体制含义的阐述,不难发现教育体制具有如下四个方面的特征:

---

① 转引自:吴二持.教育体制改革在教育改革中的关键作用[J].教育导刊,1993,(12).

1.社会适应性与自身规律性的统一

《中国教育改革和发展纲要》指出:"教育体制改革要采取综合配套、分步推进的方针,加快步伐,改革管得过多、统得过死的体制,初步建立起与社会主义市场经济体制和政治体制、科技体制改革相适应的教育新体制。""教育体制改革要有利于坚持教育的社会主义方向,培养德智体全面发展的建设者和接班人;有利于调动各级政府、全社会和广大师生员工的积极性,提高教育质量、科研水平和办学效益;有利于促进教育更好地为社会主义现代化建设服务。"《中共中央关于教育体制改革的决定》指出:"在教育体制改革中,必须尊重教育工作的规律和特点,坚持实事求是,一切从实际出发。大政方针必须集中统一,具体办法应该灵活多样,决不可一哄而起,强制推行。"可见,教育体制的建立、完善,既要适应社会的发展和要求,也要遵循教育自身的发展规律,两者不可偏废。

2.稳定性与多变性的统一

由于教育自身所具有的长期性的特点,一个国家在一个新的教育体制建立后总是尽可能地保证其稳定,便于各级教育行政机构和教育实施机构能够适应并提高效率。同时既定的、现行的教育体制要想发挥积极作用,展现其优势或者暴露其不足,明确进一步完善的方向,也需要一个较长期的过程。这是教育体制稳定性的一面,但另外一方面,教育体制又总是会随着一个国家经济体制、政治体制、科技体制、文化体制等方面体制的变革而变革,表现出多变性的一面。所以,教育体制的稳定是相对的,变革则是永恒的,是稳定性与多变性的统一。

3.静态与动态的统一

从静态的角度看教育体制是指一个国家在特定的历史阶段建立起来的教育机构及其有效运行的教育规范体系,只是客观地呈现一个国家在特定历史时期的教育运行体制。若从动态的角度来看,一国的教育体制不仅包括现行客观存在的教育体制,还包括新的教育体制的建立、对旧的教育体制的修改与完善;不仅包括教育体制的制定与修改,还包括教育体制的贯彻实施等,所以现代社会的教育体制是静态与动态的统一,而且更多是从动态意义的角度去看待教育体制。

4.实体与程序的统一

一国的教育体制不仅规定相关管理部门、教育机构或其工作人员的实体权利,还规定了他们在享有这一权利时所必须履行的程序上的义务。即既规定了相关机构或人员的管理权限,也规定了行使这一权限所遵循的规范,体现了教育体制的实体权利与程序义务的内在统一。

(二)基础教育体制改革的内容

由教育体制的含义可以推出基础教育体制的含义:它是指一个国家在特定

的历史阶段建立起来的基础教育机构及其有效运行的教育规范体系的统一体。基础教育体制是一个广泛的概念,它包括基础教育办学体制、管理体制、招生、就业体制、投资体制以及相关的教育法制和国家人事劳动制度配套改革在内的、由相互关联的诸多因素构成的复杂系统。但就其主要内容来看主要包含基础教育管理体制、办学体制、学校内部管理体制、投资体制等四个方面。

1. 基础教育管理体制改革

"基础教育体制的改革,首先是基础教育的行政管理体制的改革。"[①]基础教育管理体制的改革,涉及到除中央决定的教育大政方针以外的众多教育范畴,如地方教育发展规划的制定与实施;地方教育发展的具体政策和制度的调整;地方财政用于教育事业费用的支出与划拨;规划和调整辖区内教育布局结构等。因此,基础教育管理体制的改革,对教育整体改革与发展所产生的影响和效应,已远远超出了行政管理体制本身,成为深化基础教育改革的主导性因素。

2. 基础教育办学体制改革

基础教育领域的办学体制问题,就是基础教育各级各类学校由谁来举办、谁来投资、谁来管理等问题。近十年的基础教育办学体制改革,使我国基础教育的办学主体构成、管理体制和运行机制发生了深刻的变化,市场取向的改革已对基础教育的办学模式产生了重大的影响,基础教育领域的学校构成不再是单一化的公立中小学,已初步形成了包括公立公办、民办、公民合办等在内的多种办学体制并存的格局。

3. 基础教育学校内部管理体制改革

"从一定意义上说,学校内部管理体制改革是国家政治、经济体制改革在基础教育领域的客观要求和具体反映,是教育体制改革与政治、经济体制改革的结合点。"[②]为了使基础教育学校能更好地适应社会主义现代化建设的要求,在加强国家对基础教育事业宏观管理的同时,实行简政放权,扩大学校办学自主权,使学校成为自我激励、自我约束、自我发展的相对独立的办学主体,逐步形成并完善以校长负责制、教职工聘任制、结构工资与岗位责任制等为主要内容的新型基础教育学校内部管理体制。

4. 基础教育投资体制改革

基础教育投资体制的改革,几乎与实行地方管理、分级办学的教育管理体制改革同步展开,它要解决的主要是基础教育办学经费的来源问题,经费的分摊比例问题,经费的管理、监督、保障等问题。

---

① 钱源伟.基础教育改革研究[M].上海,上海科技教育出版社,2003:100.

② 钱源伟.基础教育改革研究[M].上海:上海科技教育出版社,2003:152.

（三）基础教育体制改革的意义

1. 有利于基础教育发展规模的扩大与速度的提高

基础教育发展的规模和速度主要涉及教育投入问题，而教育投入体制和办学体制是否有利于调动各方投资教育、参与办学的积极性，这是制约基础教育发展规模和速度的关键因素之一。计划经济体制下，基础教育的投入和办学只强调由国家来负责，没有充分发动社会力量的参与，但是，国家的财力又有限，投入一直不足，直接导致基础教育发展缓慢。随着经济体制的改革，各种经济成份不断发展，中央和地方的财政体制也在调整，社会的教育需求日益高涨。显然，传统的基础教育投入体制和办学体制成为制约教育事业发展的"瓶颈"因素。《中共中央关于教育体制改革的决定》作出"把发展基础教育的责任交给地方"，"实行基础教育由地方负责、分级管理的原则"的决策，实质上是对基础教育的投入体制和办学体制进行重大的调整，这一体制上的改革，有力地推进了全国基础教育的发展。

2. 有利于学校发展的自主适应性

当外界环境发展变化时，作为基础教育系统基本构成单元——学校能自主地进行调节，才能保证基础教育系统整体的适应性。学校发展的自主适应能力主要与教育管理体制有关。在集权的体制模式下，学校是作为教育行政部门的附属物而存在，学校没有办学的自主权，因此，学校的办学出现了"千校一面"的局面，基础教育系统缺乏应有的生机、活力。在合理、科学的教育管理体制下，教育行政部门只管大政方针，学校成为办学的实体，可以依法自主办学，还可以根据社会发展和学校的实际，努力办出特色，主动适应外部环境的变化，形成基础教育百花齐放的局面。

3. 有利于校长、教师工作创造性和积极性的发挥

校长、教师工作创造性和积极性的发挥，主要涉及学校领导体制和学校人事分配制度问题。在相当长的时期里，校长在学校的行政、业务领导地位得不到确立，校长不能在办学过程中贯彻自己的办学思想，失去了创造性；教师人事制度是铁饭碗，分配制度是平均主义，教师工作缺乏危机感，缺乏科学的考评制度和激励机制，长此以往，教师的工作积极性难以调动。相反，学校领导体制实行校长负责制，再完善监督机制，将有利于充分调动校长工作的积极性，发挥其创造性；教师通过实行聘任制、工作考核制、结构工资制等，彻底打破"铁饭碗"和"大锅饭"以激发教师的工作积极性。

4. 有利于促进学生整体素质的提高

基础教育体制中的学校内部教育教学制度对学生素质的发展具有重大的影响。一般来说，实行学年制、统一教学计划、统一课程计划、统一考试等教育教学模式不利于学生个性、特长的发展，不利于学生创造精神和实践能力的提高；相反,适当实行学分制、选课制、校本课程、学生素质综合测评等教育教学模式,有利于尊重学生的主体意愿,促进其个性健康、全面的发展。

二、基础教育体制改革的影响因素

"影响教育体制的因素是多方面的,思想观念、政治体制、经济体制、文化科技体制、社会生产力发展水平、就业制度等,还有诸如人口的、民族的、历史文化传统的等因素,都会对教育体制形成影响和制约。"①概括起来主要有以下五个方面。

(一)国家的经济体制

"从制度来说,经济制度和经济体制决定教育的基本制度和体制。"②教育是以劳动力再生产和科学技术再生产为基本形式来体现其经济功能的, 它是国民经济有机整体的必要组成部分。因此,教育体制的基本模式和内容,是由经济体制所决定的,经济体制所有制结构制约着教育体制的所有制结构,如:开放式办学模式和多元化的投资渠道,就是市场经济所有制多元化的必然要求。可以说,有什么样的经济体制,就有什么样的教育体制。经济体制的改革,不仅要求教育体制随之改革,而且也为教育体制改革提供了必要的经济环境和经济条件。同时,教育体制对经济体制具有反作用。因此,二者应是同步、配套的。

(二)国家的政治体制

教育从来就受制于政治,教育是政治性的,是"合意的人工制品,而不是一套不言而喻的有价值程序"。③教育作为一项社会事业,深受政治的制约,任何社会的教育都体现着该社会的政治特征。从行政结构和管理权限的角度来看,一国的教育制度和体制往往就是该国政治制度和体制的翻版。一般来说,政治体制是中央集权制的, 教育体制尤其是教育管理体制和投资体制一般不大可能为完全的地方分权,反之亦然。另外,政治体制还对教育体制的改革起着定向、驱动和支持的主要作用。

(三)国家的科技体制

《中国教育改革和发展纲要》指出:"随着经济体制、政治体制和科技体制改革的深化,教育体制改革要采取综合配套、分步推进的方针,加快步伐,改革包得过多、统得过死的体制,初步建立起与社会主义市场经济体制和政治体制、科技体制改革相适应的教育新体制。"有学者认为,"科技政策、科技体制、科技管理逐渐构成了庞大而日趋完善的科技体系,并对教育产生了深刻的影响,使科学技术

---

① 吴二持.教育体制改革在教育改革中的关键作用[J].教育导刊, 1993,(12).

② 熊卫平.教育体制与经济体制关系之辨证思考[J].湖南教育学院学报, 2001,(3).

③ 转引自:吴志宏,冯大鸣,周嘉方.新编教育管理学[M].上海:华东师范大学出版社,2000:70.

与教育唇齿相依"。①

(四)本国的教育和文化传统

任何国家都有其自身的教育文化传统,在有些国家,这些传统被强有力地保存下来,并对教育体制产生决定性影响。如美国就是典型,美国是一个移民国家,其教育的发展有自下而上的特点,早期的移民初到美洲大陆时,由于村落散居,交通不便,各村镇只得自行办学。到了19世纪上半叶,由学校逐步发展到了学区,以后又在学区发展的基础上设立了州教育厅,最终建立了联邦教育部。故而在美国,教育历来被认为是地方的事情,中央政府不作过多干预,主要通过教育立法和拨款的方式进行宏观调控,由此形成了美国当前地方分权型教育管理体制的格局。我国的情形恰好相反,二千多年来的封建集权制深刻影响着我国现行教育管理体制高度集中的倾向。

(五)国际基础教育体制改革潮流

现代世界各国的教育正日益成为一个开放的系统,国际间教育上的相互影响越来越大。一国的基础教育体制改革往往受到国际基础教育体制改革潮流的"侵袭"。很多国家将他国的教育体制改革经验引入自己国家,以弥补自身的某些不足。一些国家常常在进行着基础教育体制的周期性变革,除了自身教育发展的需要外,往往与受到他国经验的鼓舞有关,以为他国的成功经验也一定能被自己国家所效仿。当然这其中既有成功典型,也不乏有失败的案例。

三、基础教育体制改革的基本走向

(一)基础教育经费投入走向合理分担

分级办学、分级管理体制建立在地方财政包干或分税制的基础上,它要求地方财政有相应的财力支撑。因此,分级办学、分级管理体制在经济发达地区易于落实,而且发挥的作用大。但是,对于经济欠发达地区或贫困地区,由于地方经济发展不快,财力有限,学龄人口多,发展基础教育的压力大,地方财力不堪重负,落实分级办学体制难度非常大。因此,对经济欠发达地区和贫困地区,发展基础教育不能仅仅通过实施分级办学、分级管理体制来解决问题,更应该体现政府调控的责任。发展基础教育是政府的责任,由于社会经济发展的不平衡性,全国范围内有贫困省区,省有贫困地县,市县有贫困乡镇,要推动这些地区基础教育的发展,中央、省、市各级政府应通过财政的转移支付的方式,实现基础教育经费投入的合理分担(主要视各级政府财力而定),改变各地基础教育投入不平衡的状况,重点支持经济欠发达地区基础教育的发展。

---

① 马和民,高旭平.教育社会学研究[M].上海:上海教育出版社,1998:206~207.

《中华人民共和国义务教育法》第四十四条规定："义务教育经费投入实行国务院和地方各级人民政府根据职责共同负担,省、自治区、直辖市人民政府负责统筹落实的体制。农村义务教育所需经费,由各级人民政府根据国务院的规定分项目、按比例分担。义务教育经费保障的具体办法由国务院规定。"

(二)义务教育管理体制走向"以县为主"

《2003～2007年教育振兴行动计划》指出:"进一步落实'在国务院领导下,由地方政府负责、分级管理、以县为主'的农村义务教育管理体制。县级政府要切实担负起对本地教育发展规划、经费安排使用、教师和校长人事等方面进行统筹管理的责任。"

《中华人民共和国义务教育法》第七条规定:"义务教育实行国务院领导,省、自治区、直辖市人民政府统筹规划实施,县级人民政府为主管理的体制。""县级以上人民政府教育行政部门具体负责义务教育实施工作;县级以上人民政府其他有关部门在各自的职责范围内负责义务教育实施工作。"

由此可见,在基础教育的具体管理方面(如人权、财权、事权、物权等)中央将会简政放权,降低基础教育管理的重心,除大政方针外,具体的管理权限主要交由县级人民政府管理。

(三)政府对基础教育管理走向效率

各级教育行政部门代表各级政府对教育事业实施管理,在教育管理体制中居核心地位。各级教育行政部门是否具备统筹当地教育发展的能力,是否具有较高的工作效率,是否形成合理的职能定位,这与教育行政系统管理权限的划分是否合理,机构设置是否科学有很密切的关系。我国基础教育的管理体制虽然经过了一系列的改革,但是仍然存在不少问题,从教育行政部门自身来看,主要是机构臃肿,人浮于事,办事效率不高;从各级教育行政部门纵向关系看,基础教育的管理权限过于集中在中央和省,而基层的管理权限缺乏;从教育行政部门与学校的关系看,教育行政部门的职能没有根本转变,对学校仍然是管得过多过细,学校缺乏必要的办学自主权。因此,教育行政机关机构的改革势在必行,教育行政部门要尽快实现由人治行政转向法治行政;由直接行政转向间接行政;由命令行政转向服务行政;由静态行政转向动态行政;由微观行政转向宏观行政。最终实现由低效行政转向高效行政。

(四)基础教育办学主体走向"一主多元"

《国务院关于基础教育改革与发展的决定》(2001年)指出:"基础教育以政府办学为主,积极鼓励社会力量办学。义务教育坚持以政府办学为主,社会力量办学为补充;学前教育以政府办园为骨干,积极鼓励社会力量举办幼儿园;普通高中教育在继续发展公办学校的同时,积极鼓励社会力量办学。"我国是穷国办大教育,教育投入长期短缺是客观事实。但是,教育投入是基础教育发展的物质基础,必须切实予以保证。教育从整体上来说是属于社会公共服务部门,尤其是基础教育,它关系每一个国民素质的提高,是现代社会中每一个社会成员所必须接受的教育。因此,投资和发展基础教育是任何负责任政府的基本职责,各级政府不能因为"教育产业化"、"教育市场化"的改革而推卸自己的责任,各级政府成为基础教育的投资主体是理所当然的。但是,随着社会主义市场经济的发展,社会分层消费的格局逐步形成,对教育服务的选择越来越成为一种习惯。另一方面,基础教育单一公办学校的办学体制不利于教育竞争格局的形成,减弱了教育教学改革的推动力。通过办学体制的改革还可以更多地吸纳社会资源,解决教育投入不足的问题。因此,基础教育的办学体制必将走向以政府投入为主体,各种社会力量参与办学的"一主多元"的格局。

(五)基础教育的学校内部管理体制改革走向活力

过去基础教育学校内部管理体制改革出现不到位的情况,主要是缺乏必要的配套环境和条件。近几年来,改革已全方位地展开,国家机关、国有企业、事业单位等的改革相继进行,工人下岗,机关人员分流,事业单位转制等,另外,社会保障、医疗、住房、教育等新的制度逐步建立。这为基础教育学校内部管理体制改革创造了一个相应的外部环境。在基础教育内部,教师的地位逐年得到提高,增强了职业的吸引力,出生人口下降和师范院校毕业生的增多,师资的供给关系大大改善,有些地方还出现了供过于求的情况。这为改革提供了适合的条件。《2003~2007年教育振兴行动计划》指出:"在普通中小学和中等职业技术学校,全面推行校长聘任制和校长负责制,建立公开选拔、竞争上岗、择优聘任的校长选拔任用机制,健全校长考核、培训、激励、监督、流动等相关制度。""依照按需设岗、公开招聘、平等竞争、择优聘任、严格考核、合同管理的原则,推行中小学和中等职业学校教职工聘任制度,实行'资格准入、竞争上岗、全员聘任'。"因此,今后基础教育学校内部管理体制的改革定会出现新的气象,学校组织的活力将会进一步增强。

第二节　基础教育管理体制改革

基础教育管理体制的改革一直是我国基础教育改革中十分重要和关键的内容。由于基础教育本身的地位和特点,基础教育管理体制的改革往往直接影响和决定着基础教育中其他领域的改革;基础教育改革和发展所取得的成就与存在的各种问题,也都直接或间接地与基础教育管理体制的改革有着十分密切的联系。因此,分析我国当前基础教育管理体制改革的特点及深化改革的思路是很有必要的。

一、基础教育管理体制的涵义

(一)基础教育管理体制的含义

基础教育管理体制是指基础教育领域中关于机构的设置、隶属关系以及权限划分等方面的制度。基础教育管理体制所要回答的问题包括：一个国家的基础教育管理权力如何确立和划分；中央和地方各自设置什么形式的教育管理机构；这些机构之间是否表现出一定的隶属关系；一个国家对基础教育的管理是分散管理还是集中管理等等。在这些问题中，核心问题是中央政府与地方政府、教育管理部门与学校围绕教育事权方面的权限划分。

如今所谓"教育管理体制"，原属于"教育行政"范畴。在行政学的意义上，行政体制是行政机构与本国其他国家机构之间以及行政系统中各级各类行政机构之间权力分配关系及制度的总称。其中各级各类行政机构，是这种体制的载体，而上述不同机构之间行政权力的分配，则是这种体制的核心。由于上述不同机构之间行政权力分配的制度不同，而形成不同行政体制的区别。自然，我们所关注的，主要是教育行政机构之间及教育行政机构与学校之间的权力分配问题，这一般属于宏观层面的教育管理体制问题，本节所要讨论的基础教育管理体制主要限于此。而微观层面的学校内部教育管理体制问题则在另外一节专门讨论。

(二)基础教育管理体制的功能

1. 领导和指挥的功能

相对于其他管理基础教育的制度来说，基础教育管理体制是牵一发而动全身的，如只有在管理体制上强调地方参与、学校自主，招生制度和分配制度的改革才有可能进行。基础教育管理体制的运行机制理顺了，就能更好地发挥各级政府对基础教育的领导与指挥功能，而不是无端干预和专制。

2. 权力分配的功能

基础教育管理体制解决的是中央和地方的关系、教育行政部门和学校的关系，这些关系归根结底是一种权限与利益关系。通过适当的教育管理体制，参与教育活动的各方按一定的游戏规则办事，明确各自的权利与义务关系，以此来保证教育活动的顺利进行。

3. 分工协作的功能

教育管理体制不但是各种教育力量在教育系统中发挥其作用的外在表现形式，同时也是彼此间分工协作的一种表现。基础教育管理体制强调的是各级政府、各级各类学校之间的分工与协作，而不是分家与各自为阵。

4. 提高效率的功能

为什么要研究基础教育管理体制,改革基础教育管理体制,根本的目的是要提高基础教育管理的效率。离开了效率原则,基础教育管理体制的改革就变得毫无意义。

(三)基础教育管理体制的基本类型

按照不同的划分标准,基础教育管理体制表现出不同的基本类型。

1. 中央集权制与地方分权制

这是根据中央和地方关于基础教育管理事权的分配关系来划分的。基础教育管理的中央集权体制一般来说是国家行政管理集权制的一个组成部分。在基础教育管理工作中,表现为中央政府及其教育行政部门直接领导和管理整个国家的基础教育事业,地方政府及地方教育行政部门主要以实施中央制定的教育法律、政策、规划和指令为己任。中央和地方的关系明显地表现为一种垂直的、领导与被领导的隶属关系。其优点主要是有利于统一国家的教育方针、政策;有利于制定统一的教育发展规划;有利于中央对教育事业发展的调节和调控等。其不足主要是不利于调动地方发展教育事业的积极性和责任感;地方缺少自主权和灵活性,客观上降低了教育管理的效率等。

地方分权制是指国家的教育事权由中央政府和地方政府分别执掌,以地方自主管理为主的制度。在这样的一种制度下,中央和地方有各自的职责范围,维持着一种相对独立的关系。其优点主要是有利于地方因地制宜地发展基础教育事业,促使教育适应于地方经济和社会发展的需要;有利于调动地方发展基础教育的积极性、主动性和创造性,提高基础教育管理的效率等。其不足主要是不利于国家制定统一的教育标准、教育规划,从而不易落实国家的教育方针、政策;各地既有条件不同,对基础教育事业认识不同,易于造成教育发展地区间的不平衡等。

2. 从属制和独立制

这是根据教育行政机关与政府之间的关系来划分的。基础教育行政管理从属制主要指各级基础教育行政管理机构是政府的一个职能部门,接受政府首长的领导,而不能成为脱离政府的独立组织。如我国的各级教育厅、局都是各级政府的一个职能部门,在各级政府首长的领导下,专司教育行政管理。其优点主要是有利于各级政府统筹规划,协调基础教育事业的发展与国民经济和社会发展之间的关系;有利于加强教育行政管理的权威性等。其不足主要是易于导致政府在实际工作安排中出现重经济、轻教育的情况;易于导致政府首长忽视教育规律而热衷于追求教育的短期效果等。

基础教育行政管理独立制,一般应用于地方教育管理,主要指地方教育管理机关不属于地方政府的一个职能部门,不接受地方政府首长的领导,脱离一般行政而独立存在。其优点主要是有利于避免外行领导内行,实现按教育规律办事;有利于避免同级一般行政对教育的不必要干扰等。其不足主要是不利于地方政府办教育的积极性;不利于教育事业同社会其他事业的协调发展等。

3.专家决策型制与非专家决策型制

这是根据基础教育管理决策权是否由教育专家掌握来划分的。教育管理专家决策型制一般要求教育行政首长具备一定的学历,且是从事过教育工作的专家。换句话说,在这种制度下,只有教育专家才能充当教育行政首长。其优点主要是有利于对教育事业进行科学管理,按教育规律办事等。其不足主要是容易将注意力局限于教育内部的各种关系,出现就教育论教育的情况,导致教育行政决策的片面性等。

教育管理非专家决策型制是指教育行政首长或领导者由非教育专家担任的制度。其优点主要是有利于密切教育与社会之间的关系,促进全社会关心教育事业的发展等。其不足主要是容易出现不顾教育的特点和规律而乱决策、瞎指挥的问题等。

二、基础教育管理体制改革的历史沿革

20世纪50年代:在改造旧教育、公布新学制的基础上,教育部于1952年颁发了《小学暂行规程(草案)》和《中学暂行规程(草案)》。其中规定,小学由市、县政府统筹设置,其设立、变更和停办视不同情况而定。公办和私立小学都由市、县教育行政部门统一领导。同时规定,中学由省、市文教厅遵照中央和大行政区的规定实行统一领导,其设立、变更、停办要报大行政区文教部备案,并转报中央教育部备查;省文教厅于必要时得委托学校所在地的专员公署、省属市或县政府领导。各级政府业务部门所办中学的设立、变更、停办,要分别报中央教育部备案,或由同级文教行政部门转报中央教育部备案。其日常行政由各主管业务部门领导。有关方针、政策、学制、教育计划、教导工作等事项受所在省、市文教厅局领导。1954年,政务院在《关于改进和发展中学的指示》中规定,中学实行统一领导、分级管理的原则,即省辖市内的中学由省辖市管理,县(市)内的中学逐步做到由县(市)管理。这说明,对中学的管理,一开始就有分级管理思想和做法。1958年,中共中央、国务院发布《关于教育事业管理权力下放问题的规定》,着手改变过去条条为主的管理体制,扩大地方教育管理权限。1959年又进一步明确提出,公办的一般全日制小学由公社直接管理,民办小学由生产大队直接管理。

20世纪60年代:1963年,中共中央转发《全日制小学暂行工作条例(草案)》和《全日制中学暂行工作条例(草案)》,要求各地讨论试行。其中,在总结研究前

一阶段工作的基础上,对中小学的领导和管理体制作出了新的规定,指出:"国家举办的全日制小学,由县(市属区)教育行政部门统一管理。""其设置和停办,由县(市)人民委员会批准。""全日制初级中学一般由县、市、自治区教育厅、局管理,也可以委托所在专区(市)或县(市)教育行政部门管理。"由此可以看到,在当时阶段,教育管理体制的主要方向是加强条条的领导作用,而对地方办教育的积极性鼓励不够。在1966年以后的10年中,由于"文化大革命"的影响,我国原先已逐步完善起来的中小学领导和管理体制遭到极大破坏,全国基础教育管理体制处于混乱状态,这对我国教育事业的发展不啻是一场灾难。

20世纪70年代后期:"文化大革命"结束后,教育部于1978年修订并颁发了《全日制小学暂行工作条例(试行草案)》和《全日制中学暂行工作条例(试行草案)》。其中规定,"全日制小学由县(市属区)教育行政部门统一领导和管理。社队办的小学,可以在县的统一领导下,由社队管理。""全日制中学原则上由县以上教育行政部门领导和管理。社队办的中学,可以在县的统一领导下由社队管理。"

20世纪80年代:80年代中期以来,我国基础教育管理体制又有一些新的变化,其中心是强调地方的责任。1985年颁布的《中共中央关于教育体制改革的决定》中明确提出:基础教育管理权属于地方,实行"地方负责、分级管理"的原则。除大政方针和宏观规划由中央决定外,具体政策、制度、计划的制定和实施,以及对学校的领导、管理和检查,责任和权力都交给地方。1986年,第六届全国人大第四次会议通过了《中华人民共和国义务教育法》,该法律规定,我国的义务教育事业,在国务院领导下,实行地方负责、分级管理的制度。至此,新时期中小学领导和管理体制的基本原则及改革方向正式确立。

20世纪90年代:"中共中央、国务院于1993年2月印发的《中国教育改革和发展纲要》标志着有中国特色社会主义教育体制建设进入了一个新的发展阶段。"①《中国教育改革和发展纲要》提出了20世纪90年代教育体制改革的目标,这就是"教育体制改革要采取综合配套、分步推进的方针,加快步伐,改革包得过多、统得过死的体制,初步建立起与社会主义市场经济体制和政治体制、科技体制改革相适应的教育新体制。"《纲要》强调:"深化中等以下教育体制改革,继续完善分级办学、分级管理的体制""中等及中等以下教育,由地方政府在中央大政方针的指导下,实行统筹和管理。国家颁发基本学制、课程设置和课程标准……省、自治区、直辖市政府有权确定本地区的学制……确定教学计划……省以下各级政府的权限,由省、自治区、直辖市政府确定。""县、乡两级政府要把教育纳入当地经济、社会发展的整体规划,分级统筹管理基础教育、职业技术教育……"

---

① 陆有铨.躁动的百年——20世纪的教育历程[M].济南:山东教育出版社,1997:898.

　　21世纪初期:2001年5月国务院印发《国务院关于基础教育改革与发展的决定》指出:"进一步完善农村义务教育管理体制。实行在国务院领导下,由地方政府负责、分级管理、以县为主的体制。""县级人民政府要强化对教师工资的管理,从2001年起,将农村中小学教师工资的管理上收到县"。2004年2月教育部印发《2003~2007年教育振兴行动计划》指出:"进一步落实'在国务院领导下,由地方政府负责、分级管理、以县为主'的农村义务教育管理体制。县级政府要切实担负起对本地教育发展规划、经费安排使用、教师和校长人事等方面进行统筹管理的责任。"2006年6月第十届全国人民代表大会常务委员会第二十二次会议修订的《中华人民共和国义务教育法》第七条规定:"义务教育实行国务院领导,省、自治区、直辖市人民政府统筹规划实施,县级人民政府为主管理的体制。县级以上人民政府教育行政部门具体负责义务教育实施工作;县级以上人民政府其他有关部门在各自的职责范围内负责义务教育实施工作。"

　　至此,我国当前的基础教育管理体制可以概括为:在中央政府宏观领导下,省级人民政府统筹规划实施,县级(市属区)人民政府为主管理的体制;各级政府指导、监督的作用与尊重学校自主办学的实体地位相统一的体制。

三、基础教育管理体制的特点及优势

(一)现行基础教育管理体制的特点

　　我国当前以县级人民政府为主管理和学校依法自主办学的基础教育管理体制呈现如下特点。

　　1. 基础教育管理重心上移呈现"合情化"

　　在实施以县为主的基础教育管理体制之前,在我国的广大农村地区,义务教育基本上是由乡、镇人民政府管理,而我国的国情是越往下,地方政府的财力越有限,从而导致长期以来的广大农村地区拖欠教师工资、挪用教育经费等不良现象,而且在"普九"的过程中乡级政府和义务教育学校还欠下了数额不小的一笔债。此时,将基础教育尤其是农村义务教育的管理权限上移至县级政府,较为符合我国的国情,也有利于避免乡级政府狭隘的地方主义。

　　2. 基础教育管理运行机制高效率化

　　受传统计划经济体制影响,先前的基础教育管理运行机制的低效率化突出地表现在各地区、各部门、各单位只争教育投入,不讲教育效率,不计成本效益,人浮于事,机构膨胀重叠,运作效率低下。受社会主义市场经济体制的影响,在现行的基础教育管理体制下,由于明确了各级政府的办学责任,建立了利益激励机制、管理目标考核制与竞争机制,建立了行政首长问责制等现代管理制度,从而

促进了基础教育管理运行机制高效率化。

3.基础教育资源配置社会化

传统计划经济体制封闭性、条块分割的弊端,使原本十分有限的教育资源的配置,走了一条低效率的非社会化的道路。在传统的基础教育管理体制下,国家包办一切教育事业,是通过各级政府、政府各职能部门及其所属的各类企事业单位来实现的,各地区、各部门、各单位为了自身的利益,各自为"政"、各自治"教"、各自办"校"。表面上轰轰烈烈,其实把国家办教育变形为行政办教育、部门办教育、企业办教育、事业办教育,造成低水平的重复建设,必然降低各类教育资源的利用效率。现行的基础教育管理体制,明确了各级政府的办学职责,强调省级政府的规划统筹,充分调动地方政府、各社会力量办学的积极性,实现基础教育资源配置的社会化、高效化。

4.基础教育机构专业化

教育机构行政化是传统基础教育管理体制的一个特征,教育行政与学校管理之间缺乏明确和规范的责、权、利界线,国家包办乃至直接控制学校的人、财、物,使政府的教育行政职能严重泛化,政校不分,导致教育机构的行政化,学校变成政府部门的附属物。现行基础教育管理体制明确了教育行政管理部门与学校之间的责、权、利界线,行政部门起宏观指导、协调、保障、监督等职能,而对于学校内部的教学事务、人事任免、分配制度则交给学校自主管理,不再直接干预。这样让基础教育机构从行政的附属中解放出来,依法自主地进行民主管理和高质量地教学,成为真正地教育人的专门场所与机构。

5.基础教育管理法治化

以往教育的地位和作用得不到法律的确认,教育经费的投入缺乏法律保证,教育管理也没有必要的法律监督,教育事业的发展主要取决于国家和政府领导人的重视程度,教育管理非法治化情况较为突出。现行的基础教育管理体制也被《教育法》、《义务教育法》等多部法律加以确认,并对确保基础教育管理体制的高效运行制定了相应的法律保障措施。最近修订的《义务教育法》的一个亮点就是让以往公众心中的"软法"变为"硬法",严格法律责任追求制度,从而为基础教育管理走向法治化轨道铺平了道路。

(二)现行基础教育管理体制的优势

"以县为主"的管理体制推行五年多来,其优势非常明显,尤其在发展农村的基础教育方面。根据统计对比[①],1995年,各级财政对农村教育投入共300亿,占农村教育总投入不到50%,2002年,各级财政投入共990亿,占农村教育总投入

---

①袁桂林.农村义务教育"以县为主"管理体制的利弊分析及前瞻性思考[M]//袁振国.中国教育政策评论:2004.北京:教育科学出版社,2004:287.

的 78%，使农村教育由更多地依靠农民办转到依靠政府办。

1. 明确管理权限和职责

明确了各级政府对基础教育的管理权限和职责，尤其是省级政府的规划统筹，县、乡镇、村各自的教育管理职责。初步实现人权、财权和事权"以县为主"，明确县级人民政府对农村义务教育负有直接领导和管理责任；乡镇负有支持、指导和监督责任；村民自治组织负有支持和监督责任。

2. 缓解基础教育经费紧张状况

教育经费由县统筹，有效缓解了基础教育经费尤其是广大农村基础教育经费的紧张状况。农村中小学教师工资由县财政统一按月发放。经济状况较好的县已基本实现城镇和乡村教师按照国家统一规定的工资项目和标准执行，有的县还兑现了省出台的津贴、补贴，教师收入明显增加。过去普遍存在的截留、挪用、平调农村中小学杂费收入发放教职工工资等情况基本得到克服。

3. 有利于积极调整学校布局，提高办学效益

"以县为主"管理体制使县域范围内农村中小学校结构布局重新规划调整成为可能。既适应了地方经济社会发展需要，提高了办学效益，又缩短了基建战线，缓解了基础教育投入的压力。

4. 有利于加强教职工队伍建设和管理，提高教师整体素质

县级教育行政部门可以根据省下达的中小学编制核定和管理的具体实施办法，结合辖区教育规模、班额、生源等具体情况，提出本地中小学教职工编制方案；依法按规定履行对中小学教师的资格认定、招聘使用、职务评聘、培养培训、交流考核等管理职能，归口管理中小学校长的选拔、任用、培训、考核、交流等工作；还可以设立教育人才管理中心，具体组织和协调全县教育系统人才资源配置，推动实施教师资格制度和聘用制度。这一系列的举措无疑既调动了教师的积极性，也为教师队伍储备了力量。

5. 有利于基础教育学校依法自主办学

现行的基础教育管理体制要求政事分开、政校分开，明确了教育行政管理部门与学校之间的责、权、利界线，行政部门起宏观指导、协调、保障、监督等职能，而对于学校内部的教学事务、人事任免、分配制度则交给学校自主管理，不再直接干预。这就为基础教育学校依法自主地进行民主管理和办学提供了制度保障。

四、基础教育管理体制存在的问题及改革思路

现行基础教育管理体制的优势虽然非常明显，但在实践运行中也存在着一些问题，需要引起各界的关注，需要我们进一步的深化改革与完善。

（一）现行基础教育管理体制实践运行中的问题

1. 对以县为主教育管理体制的认识尚不统一，导致县级财力薄弱的县"主"不起来

一些地方市、县、乡各级政府对实行新体制各有想法，不大积极，有的甚至认为新体制是换汤不换药。有的地方认为"中央转移支付、省市基本不付、县市不堪重负、乡镇如释重负"。"在现有 2869 个县级单位中，经济差距悬殊，经济富裕县份大多集中在东部：平原县只占全国的 31%，但 GDP 总值占全国的 46%；山区、丘陵县占全国的 69%，但 GDP 总值仅占全国的 54%。全国 GDP 在 5 亿元以下的县有 399 个，5 亿～10 亿元的 399 个，50 亿元以上的 254 个；相应的财政预算内收入 0.2 亿元以下的 319 个，0.2 亿～0.5 亿元的 528 个，2 亿元以上的 174 个。"[①]可见，在近四分之一的县级财力薄弱的县，拖欠教师工资问题、清偿"普九"债务问题等从乡转移到县，县级政府感到无能为力，对基础教育的财政"主"不起来。

2. 发展义务教育的责任不明确，导致乡镇、村两级办学积极性普遍下降

实际中，多数省、市、县、乡、村各级发展义务教育的责任尚未明确划分。省、市没有承担相应的责任，县和乡、村的责任划分不明确，造成基础教育管理交叉重复或脱钩脱节。投入"以县为主"，管理"以县为主"，乡、村领导普遍感到没有责任了，乡、村既无权，又无钱，"等、靠、要"的思想抬头，抑制了乡镇、村两级办学的积极性。

3. 拖欠教师工资问题还没有得到彻底解决，农村教师队伍稳定仍然令人担忧

"据统计，2002 年底全国有 24 个省市总共拖欠教师工资 154.41 亿元，主要在农村"[②]。"各地工资标准不统一……造成同一地区教师工资水平不同而且较低。河南、安徽有些县（区）内不同乡（镇）之间或县直学校与乡镇学校之间实行不同工资标准，相差 300 多元。"[③]由于县级财政"主"不起来或分配中的不平等，导致广大农村学校工作条件差，教师接受继续教育机会少，致使农村中小学骨干教师大量流向城市。同时，应届毕业生也不愿意到农村中小学任教，造成农村中小学教师数量不足、质量不高等等。

（二）现行基础教育管理体制深化改革的思路

1. 进一步明确各级政府在发展基础教育中的相应职责

"地方负责、分级管理"是为了明确地方政府举办教育的责任以及中央与地方政府之间进行合理分工。但是，管理地方化的同时，也使地方政府承担起对基

---

① 曾天山.以县为主基础教育管理政策研究[M]// 载于袁振国.中国教育政策评论:2005.北京:教育科学出版社,2005:90.

② 袁桂林.农村义务教育"以县为主"管理体制的利弊分析及前瞻性思考[M]// 袁振国.中国教育政策评论:2004.北京:教育科学出版社,2004:290.

③ 曾天山.以县为主基础教育管理政策研究[M]// 袁振国.中国教育政策评论:2005.北京:教育科学出版社,2005:94.

础教育资源投入的主要责任,而且容易导致"层层负责却无层负责"的推诿现象,让县级财政承担了不堪重负的压力。对于东部地区来说,县、乡两级财政保障能力都很强,管理体制改不改对农村义务教育影响并不大。但对于中西部省份来说,多数地区的县乡两级财力都十分薄弱,保障能力非常有限,所以,如果仅仅将农村义务教育投入由乡镇政府上移到县级政府,对于解决中西部贫困地区农村义务教育问题没有根本意义。为此必须进一步明确各级政府在发展基础教育中的相应职责,且这种职责主要是对教育经费的投入职责。对于贫困地区农村义务教育,中央和省级财政应承担投入的主要责任,县级政府承担投入的次要责任,其主要职责是进行管理并接受监督。对于贫困地区非义务教育(主要是高中阶段教育),根据收缴学费的情形由中央、省、市按一定比例分担,县级政府一般不承担经费投入义务,其主要投入应集中在义务教育阶段。对于发达地区,中央与省级政府的经费投入可适当降低,主要由市、县政府投入。

2. 建立符合不同类型地区的基础教育财政分担体制

基础教育的责任在各级政府,主要由政府财政来承担,并建立各级财政分担基础教育经费的体制,县级政府对基础教育尤其是义务教育的人权、事权和财权具体管理,但不是指财政投入只有县投入,应是由中央、省、市、县共同分担。那么如何分担呢?应该建立符合不同类型地区的基础教育财政分担体制。[①]具体来说包括,(1)在东部发达省份基础教育投入按生均成本进行分担。以省为单位,城乡一体统筹规划教育事业,城乡一视同仁,按照生均教育成本由县、市、省、中央四级财政分担教育经费。这样有利于在经济发达地区率先实现城乡基础教育均衡发展。(2)在中部地区基础教育投入按人均 GDP 进行分类分担。由于中部地区人均 GDP 较高的省市区和人均 GDP 较低的省市区差距很大,教育经费分担也应该有所区别。对于人均 GDP 低于全国平均水平的县,省级财政要给予保证和扶持,省财政要分担学校的公用经费、危房改造和教师津贴等。这个办法对缩小地区差距,切实解决欠发达地区发展基础教育的困难是有好处的。(3)在西部欠发达地区基础教育按经费需求的性质进行分担。基础教育经费一般由教师工资、公用经费和基本建设、危房维修等几部分组成。其中,教师工资占相当大的比例。如果教师工资由中央和省级财政负担(这尤其对解决农村义务教育学校教师工作态度和积极性有效),办公经费由省级财政分担,基本建设和危房维修由市、县、乡财政按比例进行分担,将会激发各级政府对基础教育尤其是农村教育投入的积极性。(4)在特别贫困地区基础教育投入主要由中央和省级财政分担,而对这些地区农村义务教育投入则完全可由中央和省级财政分担。

---

① 袁桂林.农村义务教育"以县为主"管理体制的利弊分析及前瞻性思考[M]// 袁振国.中国教育政策评论:2004.北京:教育科学出版社,2004:292~294.

3.合理配置教育资源,逐步实现县域教育的公平性

实现县域内中小学教育公平,县级政府首先要综合考虑和预测人口出生率、生源分布、劳动力转移、城镇化进程等因素对教育的需求和影响,在此基础上做好全县中小学发展规划,把危房改造和布局调整有机结合起来,提高资金使用效益。从提高农村中小学校长能力入手,加强培养、选拔和培训工作。通过制度建设和创新,提高农村中小学教师综合素质和敬业精神。经费分配上要改变过去那种向城镇学校倾斜的做法,重点加强农村中小学和薄弱学校建设。总之,县级政府要通过公平合理地配置教育资源,使全县义务教育逐步得到均衡发展,让农村的孩子也能接受到高质量的义务教育,并在此基础上逐渐推进整个基础教育的均衡发展,实现县域乃至更大区域的教育公平。

4.抓好农村中小学校长和教师队伍建设

师资队伍建设是确保基础教育管理体制改革赢得实效的依托。校长的选拔和任用,一定要打破校域、乡域限制,要立足县域甚至更大的时空范围选拔和配备。要通过行政或竞争上岗等方式从城镇中小学选拔部分年轻骨干教师到农村中小学担任校长,要设立农村中小学校长岗位津贴,以体现校长劳动的价值,使农村中小学校长的岗位也逐步具有吸引力。教师队伍建设要按照专业化的要求,全面实施教师资格制度,要提高农村中小学新录用教师的学历层次,原则上小学教师应有大专学历,初中教师应有本科学历。要严把教师入口关,对新进人员要逐步实行"凡进必考"制度,做到考试与考核相结合,确保优秀人才进入中小学教师队伍。要在严格定编、定岗、定责的基础上推行全员聘任制,建立和完善教师失业保险和养老保险制度,逐步在农村中小学形成职务能上能下、人员能进能出的选人用人机制。对体弱多病、长期不能坚持正常教育教学工作的人员要及时办理提前离岗退养手续;对不具备教师资格的人员要及时调整出教师队伍;对代课教师和各类临时人员要坚决清退。通过吐故纳新等方式,提高农村中小学教师职业道德和教书育人水平,增强教师岗位的竞争性,提高教师资源总体利用效率。

5.建立健全必要的保障措施

改革从来都不是自觉的行为,外界的迫切要求和主、客观刺激是改革的催化剂也是改革取得成功的保障。把农村基础教育摆在优先发展的地位;加强有关基础教育经费投入方面的立法;健全基础教育经费使用管理的监督机制;切实提高农村中小学教师的经济待遇和社会地位;落实乡镇和村在农村义务教育发展中的义务与责任;如此等等的保障措施需要抓紧制定并督促落实,否则发展高质量的基础教育就会成为一句口号。

实行"以县为主"的农村义务教育管理体制,是解决农村义务教育问题的治本之策,必须坚持。要做好宣传工作,使各级干部充分认识中央这一决策的重要

性和必要性。同时也要解决好实践中出现的一些问题,真正让中国基础教育体制改革在新世纪取得新成就。

第三节 基础教育办学体制改革

从传统的计划经济体制向社会主义市场经济体制的变革,单一的公有制经济转变为坚持以公有制为主体、多种所有制经济共同发展的经济格局,使基础教育赖以依存的社会经济基础发生了重要变化,促使基础教育办学体制的改革走上了历史舞台。

一、基础教育办学体制的涵义

(一)基础教育办学体制的含义

制度经济学认为,技术创新和制度创新是推动社会发展的"两个车轮",而制度创新更重要,因为,一个良好的制度,没有人会有人,没有技术会有技术,没有钱会有钱。必须指出,办学体制和办学机制都属于制度范畴。办学体制由两个要素构成。即:第一,办学者:由哪级政府负办学责任?第二,出资人:由哪级政府,或哪些政府出资?通常这两个要素是可以紧密结合,也可以适度分离的。办学者就是出资人,称为两要素紧密结合型办学模式;办学者并非出资人,称为两要素适度分离型办学模式。

两要素紧密结合型办学模式是按照属人主义原则建立的。其特点为负有办学责任的政府也就是教育资金的供给者,即"谁办学、谁给钱";按行政隶属关系划分学校,即"一级政府、一级学校"。两要素适度分离型办学模式是根据委托-代理原则建立的办学模式。即在多级政府职能交叉的情况下,应当根据属地主义行政原则委托某一级政府来承办,其他级次政府的责任是只承担经费,并以出资人身份参与管理。就是说,两要素适度分离型办学模式是一种由受托政府实施具体教育行政管理,并对委托人负责的"委托某一级地方政府办学,多级政府共担经费"办学模式。这一模式下的办学主体,可以是省级、县级或乡镇级政府,至于哪级政府更合适,则取决于对效率和公平的判断。应当说,办学体制模式本身无所谓优劣,惟适应国情者为上。

基础教育领域的办学体制问题,简单地说就是基础教育各级各类学校由谁来举办、谁来投资、谁来管理等问题。

为什么要改革基础教育办学体制?党的十四大确立了我国经济体制改革的目标是建立社会主义市场经济体制,为适应这一改革的深化,必须逐步建立起与之相适应的教育新体制,这其中就包括必须改革包得过多、统得过死的办学体制。只有这样,才能增强教育工作主动适应经济和社会发展的活力,满足社会对教育的多层次需求,走出教育事业发展的新路子。而办学体制改革的目的说到底则是为了繁荣我国的教育,特别是基础教育事业,争取多出人才,出好人才,以更好地为提高全民族的思想道德、科学文化素质服务。

从实践中看,这并不是讲空洞的大道理,基础教育办学体制改革的目标明确与否,是大不一样的,它直接影响、规范着民间举办普通中小学的指导思想、办学宗旨和有关方针政策。体制改革带有根本性,只能搞好,不能搞乱。只有明确了国家鼓励民间举办普通中小学的目的,从而在指导思想、办学宗旨等方面取得共识,才能回过头来很好地规范民间举办普通中小学的方针、政策,才能使教育行政部门的管理者知道为什么要鼓励和支持民间办学,也使民间办学者知道应该怎样办学,以避免走弯路,出现大的反复。总之,从一开始就要引导民间举办普通中小学走上基础教育办学体制改革的健康发展道路。

基础教育办学体制改革也有方向问题。国家鼓励民间办学,不是乱办学,不是谁想怎么办就怎么办。就我国教育事业的社会主义性质而言,确实有一个办学的政治方向问题。正如《中国教育改革和发展纲要》所言,"教育体制改革要有利于坚持教育的社会主义方向……有利于促进教育更好地为社会主义现代化建设服务"。办学体制改革是整个教育体制改革的有机组成部分,当然也不能例外。不能由于国家鼓励民间办学,或者民间办学享有较大的自主权,就可以淡化党的教育方针,或者背离国家规定的培养目标。在这样的大是大非面前,我们必须旗帜鲜明,不能有丝毫的含糊。值得指出的是,目前一些民间举办的中小学,办学指导思想不很端正,但提出的口号却很时髦,这不可取。民间办学同样要自觉贯彻党和国家的教育方针,全面提高教育质量,因此按照教育规律,依法踏踏实实办学最重要。

(二)基础教育多元化的办学主体

1. 政府办学

长期以来各级政府始终是我国基础教育办学的主体,这符合我国的国情,必须坚持,同时基础教育的公益性、普及性、基础性也决定了基础教育属于社会公益事业,所以投资兴办各级各类基础教育学校是各级政府义不容辞的责任。政府举办的中小学校又称公立中小学校,是指由政府使用公共财政支出举办,并由政府教育行政部门直接管理的学校。

2. 国有企业办学

在 20 世纪 80 年代至今,在国家财政还不充裕的情况下,许多企业,尤其是国有大中型企业分担了许多本该由政府来兴办基础教育的责任,成为一支不可忽视的办学力量。虽然从本质上说,国有企业举办的学校依然可以划归到"公办教育"里,但毕竟在那段艰难的特殊时期,企业分担了政府许多的职责(不仅办教育,还办养老院、医院、文化馆等),有点"企业办社会"的感觉。当前随着国有企业改革的不断推进,许多企业甩掉很多不必要的包袱,集中精力办企业,通过上缴利税来间接回报社会,在此趋势下许多的企业学校开始移交到地方各级政府统筹管理,随着国力的增强,国有企业开始慢慢地退出办学的历史舞台,但无论如何他们都曾经且还将在一段时期内成为基础教育办学的一支力量。

3. 社会力量办学

发展基础教育事业,国家负有重要的责任,但基础教育事业目前国家还不可能完全包下来,因此除了国家之外,社会力量也是一支重要的办学力量。《教育法》第二十五条规定:"国家鼓励企事业组织、社会团体、其他社会组织及公民依法举办学校及其他教育机构。"《民办教育促进法》第二条规定:"国家机构以外的社会组织或者个人,利用非国家财政性经费,面向社会举办学校及其他教育机构的活动,适用本法。"第九条规定:"举办民办学校的社会组织,应当具有法人资格。举办民办学校的个人,应当具有政治权利和完全民事行为能力。"由此可见,社会力量在这里主要指具有法人资格的企业事业组织、民主党派、人民团体、社会团体、学术团体以及国家批准的私人办学者。

(三)基础教育办学体制改革的特殊性

1. 基础教育办学体制改革的统一性

任何一个国家都有自己的社会经济发展目标,为了达到这一目标,国家要求其公民具有一个最低标准的科学文化素质。基础教育从"社会本位论"的角度看,反映的是国家对其公民素质的基本要求。不论学校是"公办"、"私立"还是"民营",各种办学形式的基础教育都必须统一服从服务于这一基本要求。为此,既要鼓励社会积极参与办学,又要加强政府的统筹力度,对基础教育统一规划、统一管理,既要鼓励办特色学校,又要统一规范教育教学内容。引导、监督各办学单位切实全面贯彻教育方针,严格执行国家教育法律法规和政策,坚持社会主义办学方向;坚持提高民族素质的宗旨,在教育思想上以大众教育、全民教育为方向;在教育内容上,以公民素质教育、基础文化教育为核心。

2. 基础教育办学体制改革的公益性

基础教育属社会公益事业,就其性质而言,是一种"纯公共产品",尤其是在义务教育阶段。发展基础教育应以政府办学为主体。改革基础教育办学体制,政府的基础教育办学责任不仅不能减轻,还要进一步加强。即使财政比较紧张,各级政府也要承担基础教育所需的基本经费,从而不仅使公办中小学在数量上占主导地位,还要使其具有较高的办学水平和教育教学质量。民办中小学和公办转制学校,其收费要保持合理性,既要考虑社会对教育的需求,又要考虑社会的承受能力;既要合理收费,又要保证不以营利为目的;学校接受的捐赠和收费办学的盈余应主要用于改善办学条件,促进学校发展。公办学校实行多种形式的转制作为基础教育办学体制改革的一种尝试,它不能从根本上解决基础教育发展中出现的各种问题,应把它看作是特定时期存在的解决经费困难的一项临时性措施。"民办公助"、"公办民助"等仅是公办中小学的一种补充办学形式,不可一哄而上盲目发展,应限制在一定的数量、一定的区域、一定的时限之内进行探索。在试验操作过程中,要反复论证、谨慎从事。

3. 基础教育办学体制改革的普及性

推进基础教育办学体制改革,要有利于基础教育在全体适龄儿童少年中的普及,要保证每位公民拥有平等的受教育机会。各级政府应不断巩固"普九"成果,提高"普九"水平。要通过办学体制改革,努力形成规范化、标准化教育的基本格局;要将通过实施办学体制改革节省和获得的经费按一定比例用于加强薄弱学校的建设,不断缩小乃至消除校际之间的差距。基础教育实行地方负责,调动了各级政府的办学积极性,极大地推动了基础教育的普及,但由于县与县、乡与乡之间经济状况的差异较大,基础教育投资能力存在较大的差异,在区域范围内基础教育普及水平也有很大差异。在深化办学体制改革过程中,要加大县级以上政府的宏观统筹力度,努力缩小因地区经济文化发展不平衡所造成的基础教育发展水平的地方差距。

4. 基础教育办学体制改革的系统性

改革基础教育办学体制,不仅为教育管理体制改革创造了条件、提供了机遇,同时,办学体制改革自身也迫切需要教育管理体制改革与之相配套。要以办学体制改革为契机,深化教育管理体制改革,进一步理顺政府与学校的关系,减少微观管理,加强宏观统筹。要深化学校内部人事制度、分配制度等项改革,扩大学校在用人、经费、教改等方面的自主权,调动领导、教师的积极性,增强学校的办学活力。此外,在办学体制改革过程中,还要积极调整学校布局,盘活教育资源,不断提高基础教育的办学效益。

二、基础教育办学体制改革的历史沿革

新中国成立以前,中小学中的私立学校占有很大的比例。20世纪50年代,伴随着国家对资本主义私人工商业的社会主义改造,在教育领域通过保护私立—维持私立—接管私立—取消私立的步骤,至1957年,形成了统一的公立公办中小学的发展格局,并一直维持到80年代后期。

1985年中央决定对基础教育实行"地方负责,分级管理"体制的同时,明确指出"地方要鼓励和指导国营企业、社会团体和个人办学"。这些文件的有关条文表明,鼓励和支持社会力量办学是党和国家一以贯之的方针。但是,在90年代以前,社会力量所发挥的办学积极性,大都限于向公立中小学捐资捐物,以减缓基

础教育经费长期短缺的窘境。

1993 年 2 月颁布的《中国教育改革和发展纲要》提出："国家对社会团体和公民个人依法办学采取积极鼓励、大力支持、正确引导、加强管理的方针。"1995 年 3 月，全国人大通过的《中华人民共和国教育法》第二十五条规定："国家鼓励企事业组织、社会团体和公民个人依法举办学校及其他教育机构"。特别是 1999 年，中共中央、国务院《关于深化教育改革全面推进素质教育的决定》指出："进一步解放思想、转变观念，积极鼓励和支持社会力量以多种形式办学"，"形成以政府办学为主体、公办学校和民办学校共同发展的格局。凡符合国家有关法律法规的办学形式，均可大胆试验。在民办教育方面迈出更大的步伐。"2002 年《中华人民共和国民办教育促进法》制定，并于 2003 年 9 月 1 日实施，为促进民办教育事业的健康发展，维护民办学校和受教育者的合法权益提供法律保障。至此，社会力量办学在属于国民教育制度内的基础教育领域中得到了迅速生长和发展，办学体制的改革由点到面，由大城市和沿海发达地区到内地，渐次铺开，使基础教育的办学、投资以及管理主体开始呈现多元化的局面。近十年的基础教育办学体制改革，使我国基础教育的办学主体构成、管理体制和运行机制发生了深刻的变化，市场取向的改革已对基础教育的办学模式和学校内部管理体制发生了重大的影响，基础教育领域的学校构成不再是单一化的公立中小学，已初步形成了包括公立公办、民办、公民合办（公转民办、公办民助、民办公助）等在内多种办学体制和管理体制并存的格局。

三、基础教育办学体制的特点及优势

（一）现行基础教育办学体制的特点

1. 办学主体"一主多元"

基础教育的公益性、普及性、基础性决定了基础教育属于社会公益事业，所以投资兴办各级各类基础教育学校是各级政府义不容辞的责任，现行的基础教育办学体制已经形成了以政府为办学主体，企业事业组织、民主党派、人民团体、社会团体、学术团体及公民个人等社会力量为办学补充的"一主多元"的形势。

2. 办学形式"一主多元"

现行的基础教育办学体制，使我国基础教育领域的学校构成不再是单一化的公立中小学，已初步形成了以公办学校为主、民办、公民合办（公转民办、公办民助、民办公助）等在内的多种办学形式并存的格局。

3. 办学经费多级财政分担

现行的基础教育办学体制明确了各级政府的办学责任，形成了中央、省、市、县四级财政合理分担的基础教育办学经费投入机制。同时广泛吸纳各种社会资金融入到基础教育办学中来。

4.学校办学自主权进一步扩大

现行的基础教育办学体制改革是伴随着基础教育管理体制改革进行的,随着改革的深入,"所有权"与"经营权"相分离,投资人与办学者、管理者相分离,各级教育行政部门从对基础教育学校的直接管理转向通过立法、监督等宏观调控手段为主的间接管理,使得学校的办学自主权进一步扩大。

(二)现行基础教育办学体制优势

1.有效地缓解了我国基础教育经费不足的矛盾

随着基础教育办学体制改革的不断深入,社会力量办学的积极性得到了极大的提高,大批的民办学校开始产生,吸引了广泛的社会资源,从而有效地缓解了我国长期以来基础教育经费投入不足的矛盾。

2.有效地满足了人民群众对教育的不同需求

由于民办学校办学层次和特色不同,总是能适应部分学生个性发展的需求,提升了民办学校在公众心目中的可信度,拓展了民办学校的生源,从而有效地满足了人民群众对教育的不同需求。

3.促进了学校间的良性竞争,推动了教育质量普遍提高

民办学校的产生、发展、壮大,不断"占领"了基础教育领域的生源市场,这样就促进和推动了公办学校提升自己的教育质量;同时,民办学校要想获得更大的发展,也必须以高质量求生存,因而使"公"、"民"学校之间的竞争步入良性循环的轨道,推动了整个基础教育质量的提高。

4.扩大了学校的办学自主权

随着基础教育体制改革的深入,"所有权"与"经营权"相分离,投资人与办学者、管理者相分离,各级教育行政部门从对基础教育学校的直接管理转向间接管理,逐步简政放权,使得学校的办学自主权进一步扩大。

5.丰富了学校的内部管理体制

民办学校一般都实行董事会领导下的校长负责制,教育行政部门与学校董事会或校长建立了协议承办的关系,对学校的利益主体、发展主体地位都给予不同程度地尊重,由于较少地受到政府部门的干预与制约,学校可以主动规划发展,发挥学校自身的优势和特点,寻求办学与管理的有效途径,在人权、事权、物权、财权等方面具有较大的改革探索与实践摸索,从而丰富了学校的内部管理体制。

四、基础教育办学体制存在的问题及改革思路

(一)现行基础教育办学体制实践运行中的问题

1.在社会力量办学的营利问题上的认识与实践有偏差

《民办教育促进法》第三条规定:"民办教育事业属于公益性事业,是社会主

义教育事业的组成部分。"第五十一条规定:"民办学校在扣除办学成本、预留发展基金以及按照国家有关规定提取其他的必需的费用后,出资人可以从办学结余中取得合理回报。取得合理回报的具体办法由国务院规定。"由此可见,社会力量办学不能以营利为目的,但为了保护其办学的积极性,可以给予适当的合理回报,这种回报与他们将资金投入产业部门的营利回报在性质上是有本质区别的,投资办教育属于公益性质,而投资办产业则属于商业性质,前者追求教育质量的最大化,后者追求商业利润的最大化。这点在理论上似乎已无障碍,但在实践中部分民办学校还是打着兴办公益事业的幌子,行营利之实,一旦发现无利可图时,则立即撤资,导致学校中途办不下去,影响了众多学生的正常学业,这在实践中的例子也不在少数了。

2. 对社会力量办学的审批不够规范

《民办教育促进法》第十二条规定:"申请筹设民办学校,举办者应当向审批机关提交下列材料:(一)申办报告,内容应当主要包括:举办者、培养目标、办学规模、办学层次、办学形式、办学条件、内部管理体制、经费筹措与管理使用等;(二)举办者的姓名、住址或者名称、地址;(三)资产来源、资金数额及有效证明文件,并载明产权;(四)属捐赠性质的校产须提交捐赠协议,载明捐赠人的姓名、所捐资产的数额、用途和管理方法及相关有效证明文件。"在实践的审批中,有的主管部门好大喜功,为了提高办学主体多元化的比例,或者为了某些不可告人的目的,草草地批准本不符合条件的举办者,尤其是在其经费筹措与管理使用、资产来源等方面的审查不够细致,导致一些不具备办学条件的民办学校匆匆上马,给以后的非正常中止办学留下了隐患;还有一些主管部门可能在观念上没有转变过来,抑或是某些部门或个人私利未能达到,对那些符合办学条件,本应批准设立的学校不予批准,痛失了吸引社会资金参与办学的良机。

3. 民办学校内部管理体制不够完善

一方面,由于民办学校办学者的成分复杂,许多并不是教育者或不曾从事过教育的人也在办学,内部管理混乱及不符合教育规律的现象时有发生。另一方面,由于经济利益的驱使,一些民办学校的举办者在学校的实际运行中存有诸如乱收学费、乱发文凭、乱招生等严重违反国家有关法律和政策的行为,同时由于较一般公立学校享有更多的办学自主权,而在学校内部管理体制方面随意度大,对教师、学生的合法权益不能有效地保障。

4. 对转制学校的审批和监管失范

公立学校转制(主要有公办转为民办、公办民营、公办民助等形式;出现了所谓"名校办民校"、"校中校"、"股份制学校"等多种学校类型)是推进基础教育办学体制改革,实现公立学校形式多样化的积极探索。但现实中对转制学校的审批和监管失范,导致国有资产的直接或间接、显性或隐性的流失;"名校"的转制或变相转制,反而刺激了不正当的择校行为愈演愈烈,使刚刚起步的民办学校陷入不公平的竞争环境中。

(二)基础教育办学体制进一步改革的思路

1. 严格法制,巩固办学主体多元化格局

总体上,要加强"依法治教",建立、健全有关法律法规,严格贯彻落实《教育法》、《民办教育促进法》等相关法律,保障基础教育办学主体多元化格局中各类学校、学校举办人、教师、学生等各方面的合法权益。

2. 区分义务教育和非义务教育,采取不同的教育投入政策和办学管理政策

基础教育办学体制改革,应坚持以地方政府办学为主,同时鼓励民间办学的方针。义务教育阶段,即小学和初中,更应坚持以地方政府办学为主,强调地方各级政府依法办好公办学校的责任。在非义务教育阶段,即高中(包括职业高中)和幼儿园,办学体制改革可更放开些,以形成政府办学为主、社会各界共同办学的新体制。

3. 规范、引导民办学校的健康发展

《民办教育促进法》第三条规定:"国家对民办教育实行积极鼓励、大力支持、正确引导、依法管理的方针。各级人民政府应当将民办教育事业纳入国民经济和社会发展规划。"第四条规定:"民办学校应当遵守法律、法规,贯彻国家的教育方针,保证教育质量,致力于培养社会主义建设事业的各类人才。"这为规范、引导民办学校的健康发展提供了法律依据。

4. 谨慎对待转制学校

"转制学校"有别于公办学校的特点在于:国有所有制不变,资金筹措,校长、教师招聘和学校内部管理参照民办学校的一套办法。"公立学校转制的核心内容是在国有教育资源所有制不变的前提下,通过教育资源的重组,转变投资体制、管理体制和运行机制,调动学校与社会的办学积极性,提高教育质量。"[1]应该说,当初转制的公立学校多是较为薄弱的学校,办学经费筹措较为困难的学校,通过转制盘活教育资源,调动社会力量参与办学的积极性。但发展到后期许多重点学校、名校也开始转制或办"校中校",以此来"合法"地收取高额的学费,从而使转制学校变了味,走了样,造成了许多的负面影响。为此,有关的教育行政部门应当保持清醒的头脑,谨慎对待转制学校,切记盲目跟风。2006年6月修订的《义务教育法》第二十二条规定:"县级以上人民政府及其教育行政部门不得以任何名义改变或者变相改变公办学校的性质。"从而在法律上确保了义务教育学校不得"非法转制",那么高中阶段的教育也应该依法对待,谨慎处理。

---

[1] 胡卫.摆脱困境的成功尝试——公立学校"转制"个案调查[J].教育发展研究,1999,(4).

第四节　学校内部管理体制改革

1985 年 5 月颁布的《中共中央关于教育体制改革的决定》指出："学校逐步实行校长负责制"，为现行学校领导体制的改革明确了方向。此后，中小学内部管理体制的改革开始启动，1993 年《中国教育改革与发展纲要》颁布以后，进一步推动了基础教育学校内部管理体制的改革，现已基本形成以校长负责制、教职工聘任制、校内工资制等为主要内容的现代学校内部管理体制，并将随着改革的深入逐步完善。

一、学校内部管理体制的涵义

(一)学校内部管理体制含义

学校内部管理体制，是领导和管理学校的根本制度，支配着学校的全部管理工作。体制合理，教职员工才能充分发挥积极性，高效率地进行工作；体制不当，教职员工的积极性就会受到限制或者压抑，工作效率就不高。学校内部管理体制改革就是对其陈旧部分加以革新以适应经济和社会发展需求的一种社会实践活动。学校内部管理体制改革是教育体制改革的重要组成部分，是社会主义学校管理制度的自我完善。学校内部管理体制改革就其实质来说是一场内外结合、综合配套的带有全局性的整体改革，它涵盖学校管理各个重要方面。

学校内部管理体制改革的主要特征有两点：一是以启动学校内部活力，形成高效运行机制，建立科学化、民主化、规范化、充满生机活力的有中国特色社会主义学校管理体制。二是以劳动人事和分配制度改革为切入点，使师生员工的积极性与创造性得以充分发挥，教育质量、办学效益不断提高。

(二)学校内部管理体制改革的主要内容

学校内部管理体制改革的主要内容包括：学校领导体制改革、人事制度改革、分配制度改革等。

1.学校领导体制改革

学校领导体制改革的基本内容是：实行校长负责制；确立学校党组织的政治核心地位；建立和健全以教职工为主体的教职工代表大会制度，加强民主管理和民主监督。实行校长负责制是学校领导体制改革、建立现代学校内部管理体制的关节点。

2.人事制度改革

全面推行教职工聘用(聘任)制是学校内部人事制度的一项重大改革，是优化教师队伍、提高教育教学质量的重要措施。实行教职工聘用(聘任)制，就是要在干部和教职工中形成能上能下、能进能出、人尽其才、任人唯贤、优胜劣汰的竞争机制,实现学校内部新旧管理体制和运行机制的转换。

3. 分配制度改革

要全面贯彻社会主义的按劳分配原则,克服平均主义,就必须进一步深化校内分配制度的改革。在国家政策指导下,扩大学校分配自主权,建立重实绩、重贡献、向优秀人才和重点岗位倾斜的分配激励机制。通过价值规律,充分发挥经济杠杆的作用,按照"效率优先、兼顾公平"的原则,积极探索建立以岗定薪、按劳取酬、优质优酬的岗位工资和岗位工作奖励为主要内容的校内分配制度。

二、学校内部管理体制改革的历史沿革

中华人民共和国成立 50 多年来,我国中小学内部的领导体制,经多次变革,实行过以下八种主要的管理体制。

(一)校务委员会制

建国之初,学校一般实行校务委员会制,由进步的教职员代表组成。这种体制,当时起了维护学校秩序,发扬民主,对学校进行初步改革的作用。但是这种体制,容易产生极端民主化和工作无人负责的现象,工作效率很低。

(二)校长责任(负责)制

1952 年 3 月,经政务院批准,教育部颁发了《中学暂行规程(草案)》和《小学暂行规程(草案)》,规定:中小学"实行校长负责制,设校长一人,负责领导全校工作"。校长负责制也就是校长责任制,校长由政府委派,直接对人民政府负责。学校一切问题,校长有最后决定权。但学校没有建立监督机构和制度,会造成校长个人独断专行。第一个五年计划期间,我国中小学主要是实行这种领导体制。这是建国后我国中小学第一次实行校长负责制。

(三)党支部领导下的校长负责制

1957 年整风反右后,中小学普遍建立党支部,否定了校长负责制,实行党支部领导下的校长负责制,党支部领导一切。在实行这种体制的过程中,由于党政职责不清,出现了党政不分、以党代政的现象,使行政机构和行政负责人难以发挥作用。

(四)当地党委和主管的教育行政部门领导下的校长负责制

20 世纪 60 年代初,教育部总结了建国以来教育工作的经验教训,于 1963 年 3 月,经中共中央批准,颁布了《全日制中学暂行工作条例(草案)》和《全日制小学暂行工作条例(草案)》,简称"中学 50 条"和"小学 40 条",提出中小学实行"当地党委和主管的教育行政部门领导下的校长负责制"。规定"校长是学校行政负责人,负责领导全校的工作","学校党支部对学校行政工作负有保证和监督的责任"。这是建国后我国中小学第二次实行校长负责制。实行这种领导体制后,学校党政干部之间,

职责分明,矛盾较少,行政机构的作用发挥较好,学校工作体现了以教学为中心。

(五)革命委员会制

"文化大革命"开始后,校长负责制受到批判,被指责为"修正主义教育路线的产物",并把校长负责制改为"革命委员会"制,连校长的名称也取消了。

(六)党支部领导下的校长分工负责制

1978年9月教育部下达修改稿《全日制中学暂行工作条例(试行草案)》和《全日制小学暂行工作条例(试行草案)》。修改的内容不多,但对学校领导体制作了重大修改,即把"当地党委和主管的教育行政部门领导下的校长负责制"改为"党支部领导下的校长分工负责制";把"学校党支部对学校行政工作负有保证和监督的责任"改为"党支部领导学校各方面的工作,学校的一切重大问题必须经过党支部讨论决定"。以后十多年来,中小学主要是实行这种领导体制。

(七)董事会领导下的校长负责制

20世纪90年代以来,为适应我国市场经济对学校教育管理体制的需要,借鉴国外现代学校管理体制的有益经验,出现了一种与计划经济时代单一的管理体制不同的新型的学校管理体制——董事会领导下的校长负责制。如国有民营学校的教育教学和经营管理的重大问题由董事会作出决策,但董事会并不负责日常管理和具体组织与实施工作,而是聘任校长具体负责。

(八)校长负责制

《中共中央关于教育体制改革的决定》(1985年)指出:"学校逐步实行校长负责制,有条件的学校要设立由校长主持的、人数不多的、有威信的校务委员会,作为审议机构。要建立和健全以教师为主体的教职工代表大会制度,加强民主管理和民主监督。学校中的党组织要从过去那种包揽一切的状态中解脱出来,把自己的精力集中到加强党的建设和加强思想政治工作上来;要团结广大师生,大力支持校长履行职权,保证和监督党的各项方针政策的落实和国家教育计划的实现。"《中国教育改革和发展纲要》(1993年)指出:"中等及中等以下各类学校实行校长负责制。校长要全面贯彻国家的教育方针和政策,依靠教职员工办好学校。"这是建国后我国中小学第三次实行校长负责制,也是对前两次的充实与完善。目前,我国公立中小学基本实行校长负责制,校长对学校的发展规划、教育教学、财务管理、人员聘任、后勤保障等工作负总责。

三、学校内部管理体制的特点及优势

(一)学校内部管理体制的特点

1."党、政、民"三维一体的学校内部管理模式

基础教育阶段现代学校内部管理模式主要是全面推行校长负责制,其完整

的内容应是校长全面负责同党组织保证监督、教职工民主管理的结合，体现了"党、政、民"三维一体的、各司其职、相互影响、相互监督的现代管理模式,其中,校长全面负责是关键、教职工民主参与是基础、党组织监督是保障。

2."进口、任用、出口""一条龙"把关的学校内部人事管理模式

基础教育阶段现代学校内部人事管理模式主要是形成能进能出、能上能下、平等竞争、全员聘任的制度,其主要内容包括:严把学校教师的进口关,在实行资格准入制度的基础上选拔优秀的教师充实到教师队伍中来;规范现职教师的任用与管理,采取按需设岗、平等竞争、严格考核、合同管理的原则做到人尽其才、才展其能;妥善安置落聘教职工,配合相关人事、劳动等部门及人才市场,在政府统筹下,通过多种就业渠道妥善安置,使其各得其所,发挥所长,形成能进能出的良性循环。

3."数量、质量、态度"一体的综合考评制度和物质、精神结合的双重激励制度

基础教育阶段,现代学校内部劳动分配制度模式主要是形成"数量、质量、态度"一体的综合考评制度和物质、精神结合的双重激励制度。其主要内容包括:全面评价教师的教育教学工作,将教师劳动的数量、质量、态度等均作为考核的指标,形成从"德、能、勤、绩"等多方面、多纬度对教师的劳动进行较为科学、公平、合理的综合考评;坚持物质激励和精神激励相结合的原则,反对"精神万能"和"拜金主义"两种极端,建立以物质激励为主及与其相配套的精神激励制度。

(二)学校内部管理体制的优势

1.有利于校长对学校内部事务全面负责,推进现代学校管理制度的建立

校长是学校的法人代表,应按有关规定行使职权、履行职责,并代表政府承担管理学校的全部责任。现行基础教育的学校内部管理体制从制度上确保了校长对学校的各项工作,包括教学、科研、行政管理等方面全面负责,如有权按照章程自主管理学校,有权组织实施教育教学活动,有权聘任教师及其他教育人员,有权管理学校的设施和经费等等。当然,真正的校长负责制是校长全面负责、党组织保证监督、教职工民主管理相结合的现代学校内部管理制度。几十年的改革实践表明,中等及中等以下各类学校实行校长负责制的领导体制是成功的,它理顺了学校里的党政关系,既保证了党的路线、方针、政策在学校的贯彻落实,又使校长的行政领导作用得到充分发挥,同时也调动了教职工参与学校管理工作的积极性,为现代学校管理制度的建立和完善进行了有益的探索和实践。

2.有利于打破"铁饭碗",形成激励竞争机制,推进校内现代人事制度的改革

《教师法》第十七条规定:"学校和其他教育机构应当逐步实行教师聘任制。教师的聘任应当遵循双方地位平等的原则,由学校和教师签订聘任合同,明确规

定双方的权利、义务和责任。"《2003～2007年教育振兴行动计划》进一步指出：
"进一步深化人事制度改革，积极推进全员聘任制度。加强学校编制管理，按照
'精干、高效'的要求，科学设置学校机构和岗位；实施教师资格制度。依照按需设
岗、公开招聘、平等竞争、择优聘任、严格考核、合同管理的原则，推行中小学和中
等职业学校教职工聘任制度，实行'资格准入、竞争上岗、全员聘任'"。

现行的基础教育学校内部人事体制正是在这样的法制背景下逐步建立和完
善起来的，有利于打破教师的"铁饭碗"，既能进得来又能出得去，职称能上能下，
形成激励竞争机制，为推进现代校内人事制度的改革作出了成功的尝试。

3. 有利于调动教职工的积极性，推进校内劳动分配制度改革

《中国教育改革和发展纲要》指出："要贯彻按劳分配原则，克服平均主义、论
资排辈的倾向，使贡献大的、教学质量高的教师有更高的工资收入。"《教师法》第
二十二条规定："学校或者其他教育机构应当对教师的政治思想、业务水平、工作
态度和工作成绩进行考核。"第二十四条规定："教师考核结果是受聘任教、晋升
工资、实施奖惩的依据。"《2003～2007年教育振兴行动计划》进一步指出："深化
学校内部分配制度改革，完善激励和约束机制。加强教师职业道德建设，将教师
职业道德修养和教学实绩，作为选聘教师、评定专业技术职务资格和确定待遇的
主要依据，实行优秀教师和优秀教学成果奖励制度。"

现行的基础教育学校内部分配体制正是在这样的法制背景下逐步建立和完
善起来的，实现了由以"课时工资"或"课时津贴"为主的分配模式，转向以包括课
时工资、绩效工资以及职务工资、岗位工资等在内的综合性收入分配模式，将教
职工的收入同他们的工作质量和工作成效结合在一起，走出了教育劳动分配上
"优劳优酬"的第一步，为推进校内劳动分配制度改革积累了成功的经验。

四、学校内部管理体制存在的问题及改革思路

(一)学校内部管理体制存在的问题

1. 校长负责制缺乏有力的监督，易导致校长专制

校长负责制的实施，改变了过去校长手中无权的状况，以现行的校长负责制
所拥有的各项管理权限来看，校长可以在贯彻国家教育法律法规和方针政策的
前提下，按照自己的办学理念和思路制定适合本校实际的办学目标和实施方案，
选择管理的方式和具体策略，并承担全面的职责。没有有力监督的权力最易导致
腐败，由于党组织的政治作用发挥不力(很多是校长、书记一人兼任)，教职工代
表大会形同虚设等原因导致校长的权力缺乏有力的监督，有些学校的校长负责
制就演变成为校长专制，学校大小事务全由校长一人说了算，民主集中制在此情
形下也是集中高于民主。

2.人事制度改革突破不了既有的框架,教师聘任制任重道远

实行教职工聘用(聘任)制,有利于学校内部机构的精简,提高管理效能;有利于促进教师队伍的优化,提高教育教学质量;有利于激励干部和教职工积极向上,增强学校凝聚力;有利于充分发挥人才市场的调节作用,促进人才合理流动。但目前的教师聘任制还处于起步的形式阶段,未能取得实质性的突破,未能打破教师资格终身制、职称能上不能下、教师能进不能出等传统的人事制度改革框架,真正意义上教师聘任制的实现任重而道远。

3.学校劳动分配制度改革出现物质至上、重量不重质等"功利主义"倾向

在实行结构工资制方面,为解决教师劳动"多劳不多得"的现象,实行"课时工资制",将教师的收入同授课时数挂钩,这对鼓励教师多承担教学任务是有一定的激励作用的,但简单地以教师的授课时数来决定教师的工资收入,事实上就默认了将授课时数或者说授课的数量作为衡量教师劳动付出的标尺,将教师劳动的特点大大简化了。忽略了对教育劳动成效具有决定意义的劳动态度、事业心和责任感等因素以及教育质量高低,导致了许多教师出现盲目追求物质利益,超"负荷"地上课,重量不重质的功利主义倾向。

(二)学校内部管理体制深化改革的思路

1.完善与校长负责制相配套的保障制度, 使校长负责制同教职工民主参与学校管理有机结合起来

实行校长负责制就是明确校长是学校的法人代表,对外代表学校,对政府主管部门承担学校管理的责任,对学校的教育、教学、科研和行政工作全面负责。这是校内领导关系结构方式综合体的反映,而不是校长个体地位和活动方式的体现。

学校党组织是学校政治领导的核心,是学校行政工作的指导、支持和监督者。因此,在实行校长负责制的同时,必须确立党组织在学校的政治核心地位,充分发挥其保证监督作用。

实行民主管理既是社会主义制度所决定的,也是管理民主化、科学化的必然要求;既是走群众路线的好方法,也是群众自我教育、自我管理的好形式;既是一种管理制度,也是一种领导艺术。校长负责制是一种高度的集中制,如果没有雄厚的、坚实的民主作为基础,这个集中制就会成为空中楼阁。因此,在实行校长负责制的同时,必须建立健全学校的民主制度。实践证明,教代会是教职工行使民主权利的机构,是教职工参与学校民主管理的基本形式。只有使校长负责制同教职工民主参与学校管理有机结合起来,才是提高学校决策的科学性、避免失误的重要制度保障。

2.继续推行中小学教职工聘任制改革,力争校内人事制度改革取得新突破

这里所说的继续推行中小学教职工聘任制改革,是实施《教师法》规定的社

会化的聘用(聘任)制,即改革固定的用人制度,破除教师职务终身制和人才单位所有制,按照"相对稳定、合理流动、专兼结合、资源共享"的原则,实行定编定岗、公开招聘、平等竞争、择优聘用、严格考核、合同管理。学校根据上级教育行政部门核定的编制和教学、科研、管理任务的需要,合理设置岗位,明确岗位职责、任职条件、权利义务和聘任期限,按照规定程序对各级各类岗位实行公开招聘、平等竞争、择优聘用,在充分挖掘学校内部潜力的前提下,鼓励校际之间互聘、联聘教师和向社会招聘兼职教师。学校教职工在平等自愿的基础上,通过签订聘用(聘任)合同,确立受法律保护的人事关系。落聘教职工的安置是实行聘用(聘任)制中的难点,要区别具体情况,按照"老人老政策、新人新办法"的原则,实事求是地做好工作,妥善安排,不能简单从事。但要想校内人事制度改革取得新突破,就要像当年的国有企业改革一样,就必须要忍住"阵痛",敢于让不合格的教师下岗,敢于为教师的合理流动营造公平的竞争氛围。《中国教育改革和发展纲要》(1993年)早就指出:"对超编人员,各级人事、劳动、教育部门和学校,要在政府统筹下,通过多种就业渠道妥善安置,使其各得其所,发挥所长。"

从整体看基础教育阶段教师的数量现已基本满足,而这必然要过渡到对教师质量的追求,教师择优汰劣机制的建立已为时不远。

3. 建立以物质激励为主的结构工资制及与其相配套的精神激励制度,同时加强教学质量的考核

在学校劳动分配制度的改革中,应坚持物质奖励与精神奖励相结合的原则,通过教师奖励制度、荣誉制度等的实施,建立以物质激励为主的结构工资制及与其相配套的精神激励制度。在现阶段的学校管理实践中,应对那些在学校各项工作中勤勤恳恳、任劳任怨、忠于职守、尽心尽责的教职工给予各种精神奖励,如授予荣誉称号,褒扬他们的业绩和精神,在日常工作中给予充分的尊重等,创设使教职工萌生强烈的事业心、崇高的使命感和奉献精神的校园氛围,使教职工劳动积极性的调动,不再局限于物质利益的动因,而是在基本物质利益得到满足的基础上,以精神力量作为提升教师劳动质量的动因。

同时要把教职工的工作质量与分配收入合理挂钩,其中主要包含教职工的出勤考核、教学成果考核、教改成果考核、教育科研成果考核和学生教育工作成果考核等,需要建立一整套科学、民主和具备可操作性的评价制度,全面科学的评价教育教学质量与学校劳动人事及分配制度之间的联系,以促使分配机制的建立成为提高教育教学质量的有效激励因素。

第七章 基础教育课程与教学改革研究

随着人类文明的进步和社会的变迁,学校应该"教什么"这一课程问题与学校应该"怎样教"这一教学问题逐渐成为人们日益关注的焦点,并吸引了一大批优秀的教育专家、一线教育工作者投身到探究科学课程与优质教学的伟大实践之中。承担着提高全体国民基本素质重任的基础教育在这种改革浪潮与热情的推动下,进行了一场前所未有的探索与实践并取得了阶段性的成果。

第一节 课程与教学改革概述

把课程理论与教学理论放在平列的水平来看,课程论侧重研究的是教学什么,教学论侧重研究的是怎样教学。或者说,课程论侧重研究提供哪些教育内容,怎样有效地组织这些内容,教学论侧重的是研究如何有效地教学这些内容的问题。

一、基础教育课程与教学的内涵

(一)课程的内涵及其理论

课程的定义随着社会的变化,其内涵和外延也是不断变化的。由于不同的教育主张和对课程的不同理解,对课程的定义也有所不同。概括起来,多种多样的课程定义主要可以归纳为以下三类。

1. 课程即学问或学科

把课程等同于学问或学科,是最早出现且流行甚广的一种观点。这种课程定义把课程内容与课程过程割裂开来,并片面强调内容,而且把课程内容仅限于源自文化遗产的学科知识,其最大缺陷是把课程视为外在于学习者的静态的东西,对学习者的经验重视不够。

2. 课程即目标或计划

这种课程定义把课程视为教学过程要达到的目标、教学的预期结果或教学的预先计划。如认为"课程是学习的计划","课程是一系列有组织的、有意识的学习结果"等。

这种课程定义把课程视为教学过程之前或教育情境之外的东西，把课程目标、计划与课程过程、手段割裂开来，并片面强调前者，其缺陷在于仅仅把课程局限于预期的学习结果，则必然会导致对某些非预期学习结果的忽视，也即忽视了学习者的现实经验。

3.课程即学习者的经验或体验

这种课程定义把课程视为学生在教师指导下所获得的经验或体验，以及学生自发获得的经验或体验。

这种课程定义超越了传统观念中从教师教的角度定义课程，而强调从学生学的角度确定课程内涵。这种课程定义的突出特点是把学生的直接经验置于课程的中心位置，从而消除了课程中"见物不见人"的倾向，消除了内容与过程、目标与手段的二元对立。但持这种课程定义的学者有忽略系统知识在儿童发展中的意义的倾向。

20世纪60年代以后，课程的含义被扩展了，以学科为中心的课程观受到了挑战，学校生活中那些非学科的经验也受到了重视，研究者认为这些经验对学生的态度、动机、价值观的形成和发展也有明显的作用。当代课程观注重学习者在学校环境中的全部经验。另一方面，把课程主要看作是教程而不重视学程的静态课程观也受到了挑战，课程不再被看作是单向的传递过程，而是双向的流动实践过程。

由此可见：第一，课程是一个发展的概念，它是为实现各级各类学校的教育目标而规定的教学科目及它的目的、内容、范围、分量和进程的总和，包括为学生个性的全面发展而营造的学校环境的全部内容。第二，尽管如此，教学的科目、课业的结构及其进程作为课程的基本内容，一般还是被认同的。

不同的课程专家、学者，由于其对课程的定义不同，由于其知识背景、经历不同，导致其对课程所要实现的目标追求也不同，概括起来对于课程目标的制定一般要考虑三方面的因素：1.学科的逻辑，即学科自身知识、概念系统的顺序；2.学生的心理发展逻辑，即学生心理发展的先后顺序、不平衡特征、差异特征等的规律；3.社会的要求，比如社会经济、职业的需求等。它们分别对学校课程产生影响。不同时期、不同的人对这三种因素的强调程度不同，便构成了不同的课程主张或不同的课程流派，从而形成了课程理论发展历史上有代表性的三大课程流派：学科中心课程论；人文主义（人本主义）课程论；社会再造主义（社会改造主义）课程论。

（二）教学的内涵及其理论

目前，国内学术界对"教学"一词有不同的理解和认识，一般可以从广义和狭义两个层面来认识和理解教学这个概念。从广义上讲，教学是指教育者指导学习者所进行的一切有目的的学习活动。教者的行为会使学习者的行为产生一些变化。狭义上说,教学特指在学校中教师引导学生进行的一切学习活动。其中,教师有目的地进行教,以引导学生学习知识,形成技能、态度、能力,使其获得发展。

"教学理论是关于教学情景中教师行为(如引起、维持和促进学生学习)的规定或解释。它关注的是一般的、规律性的知识,旨在指导教学的实践。"①

教学理论的形成经历了漫长的历史阶段,从教学经验总结,到教学思想成熟再到教学理论的形成。赫尔巴特在1806年出版了《普通教育学》,提出了著名的教学形式阶段理论,即清楚、联想、系统和方法。后其提出的教学四阶段被他的学生补充与修正,改造为五阶段,即预备、提示、联想、概括与应用。这样就形成了对世界教学理论与实践产生深远影响的赫尔巴特学派教学理论,并分两条主线进行传播:一条是哲学取向的教学理论,一条是心理取向的教学理论。心理取向的教学理论随着心理学派别的分歧和论争,相应地产生行为主义教学理论、认知教学理论、情感教学理论和建构主义教学理论。

目前,国内学术界对课程与教学的关系有不同的理解和认识,主要有包容说、并列说、交叉说、交叉并列说等。②对于课程与教学关系的这四种观点,我们在这里不想做详细的评论。但我们有必要指出,课程与教学这两个概念孰大孰小的争论是没有多大意义的。课程与教学显然是有联系的,这是毫无疑问的。对于两者的关系下列几点似乎已经达成了共识:第一,课程与教学虽然有关联,但又是各不相同的两个研究领域。课程强调每一个学生及其学习的范围(知识或活动或经验),教学强调教师的行为(教授或对话或导游)。第二,课程与教学肯定存在着相互依存的交叉关系,而且这种交叉不仅仅是平面的、单向的。第三,课程与教学虽是可以进行分开研究与分析的领域,但是不可能在相互独立的情况下各自运作。第四,鉴于课程与教学有着胎联式的关系,"课程 - 教学"一词也已经被人们接受,且被广泛采用。③

二、基础教育课程与教学改革的历程

新中国成立以来,我国共开展了八次比较大的基础教育课程改革,与此相适应的是教学改革尤其是教学内容与方法的改革也渐次推进。

第一次课程与教学改革(建国初期):新中国成立初期,百废待兴,全国没有统一的教学计划,1950年以教育部的名义颁发了《中学暂行教学计划》和《中等

---

① 袁振国.当代教育学[M].北京:教育科学出版社,2004:164.

② 李定仁,徐继存.教学论研究二十年[M].北京:人民教育出版社,2001:126 ~ 127.

③ 施良方,崔允漷.教学理论:课堂教学的原理、策略与研究[M].上海:华东师范大学出版社,1999:23 ~ 24.

学校暂行校历》。1951年政务院颁布了改革学制的命令,重新规定了中小学的学制,规定小学实行五年一贯制,取消初高两级分段制,中学修业年限为六年,分初高两级,各三年。这个决定规定的学制当时完全统一实现还有困难,所以,1952年教育部又颁发了《四、二旧制小学暂行教学计划》。1952年由教育部报经中央人民政府核准,公布了《小学暂行规程》《中学暂行规程》,这是新中国成立以后颁发的第一个全面规范中小学课程的政府文件,它明确了中小学的性质、任务及培养目标,规定了学校的课程设置、组织管理体制、教学计划、教学原则或教材、升留级制度等,初步奠定了新中国中小学课程的框架。这个计划受苏联中小学课程影响较大,课程设置为单一的必修课,实行全国统一的教学要求。

第二次课程与教学改革(1953～1958年):1953年我国开始执行国民经济第一个五年计划,毛泽东主持中共中央政治局会议讨论教育工作,决定抽调大批干部编写教材,并成立语文和历史两个教学问题委员会,分别研究语文、历史教学和教材的编写方针和原则,如语言和文学分编教材问题,中国历史分期问题等。根据颁布的中小学学制、培养目标、教学计划及有关规定,人民教育出版社于1954年开始编写新的中小学教材,1956年,这套教材编写完毕,于同年秋季开始出版发行,适用学制为12年制。1957年根据教育部指示,这套教材内容作了精简。1953年至1958年,教育部几乎每年都要颁发一个新学年的教学计划(主要内容是课程表和说明),根据当时社会政治、经济形势的变化对课程作一些调整,变动最多的是政治和外语。

第三次课程与教学改革(1959～1962年):1959年5月中共中央转发了教育部党组《关于编写普通中小学和师范学校教材的意见》。教育部决定重新编写中小学通用教材。1960年下半年开始,人民教育出版社根据缩短学制、提高程度的指示精神,编写10年制中小学教材,主要是去掉重复、繁琐的内容;去掉脱离政治、脱离实际(生产和师生水平)的内容;去掉教材中陈腐落后和不科学的部分。这套教材从1961年起陆续出版发行,供试验10年制的学校选用。

第四次课程与教学改革(1963年):1963年,在总结了1958年"教育大革命"的经验教训后,中共中央颁发了《全日制小学暂行工作条例(草案)》和《全日制中学暂行工作条例(草案)》,教育部根据这两个条例,重新制定了教学计划,即《全日制中小学教学计划(草案)》,新的教学计划对文化课、政治课和生产知识课,对教生产劳动和假期,都作了必要的安排,确立了以"双基"(基础知识和基本训练)为重点的课程模式。各学科根据编写的教学计划,制定了教学大纲,编写新教材。1964年初,毛泽东发表了关于中小学教育的"春节讲话","提出学制可以缩短","课程可以砍掉一半",接着又开展了"文化大革命"。因此,1963年新的教学计划以及各科的教学大纲、教材并没有全面实行。

第五次课程与教学改革(1978年):1978年,教育战线拨乱反正。教育部制定了《全日制十年制中小学教学计划试行草案》,规定中小学实行十年制,小学五年,中学五年。这个试行草案以及相配套的教学大纲和教材,吸取了国际中小学课程改革的经验和教训,进行了教学内容现代化的改革。这套教材开始编写于1977年,各科教材第一册从1978年秋就开始面向全国供书,适用学制为10年制。这套教材,对于拨乱反正,正本清源,提高教育质量,稳定社会秩序,作出了不可磨灭的贡献。

第六次课程与教学改革(1981~1984年):1981年,教育部对《全日制十年制中小学教学计划试行草案》中的小学部分作了修订,调整了教学时间和课程设置,将"政治课"改为"思想品德课",恢复地理和历史课,增设了劳动课,外语课改为有条件的学校在四、五年级开设。1984年教育部提出了"关于全日制六年制小学教学计划的安排意见",并分别颁发了《全日制六年制城市小学教学计划(草案)》和《全日制六年制农村小学教学计划(草案)》,对城市小学和农村小学的数学、外语、自然常识、劳动课程分别提出了不同的要求。根据邓小平同志"要办重点小学、重点中学、重点大学"的精神,1981年教育部颁发了《全日制六年制重点中学教学计划》,这个教学计划规定,从高中二年级开设选修课,并将劳动技术教育列入正式课程。这个计划首次提出分科性选修,分为侧重于文科、理科的两类教学计划,高二分流。从此时起,开始形成高中文、理分流的办学模式。在当时中断了10年正常教育的情况下,该教学计划对恢复正常的教育秩序,提高教学质量,起了积极的作用。

第七次课程与教学改革(1986~1992年):1986年,第六届全国人大四次会议通过了《中华人民共和国义务教育法》,规定全国分批分期普及义务教育。刚成立的全国中小学教材审定委员会审查并通过了修订后的18个学科的教学大纲。根据新大纲的规定,各科教材又作了一次大修订,有些教材重新编写,适当降低难度。1988年国家教委颁发了《义务教育全日制小学、初级中学教学计划(试行草案)》,根据该教学计划,国家教委组织编订了各学科的教学大纲(初审稿),这些教学大纲都通过了全国中小学教材审定委员会的审议。同年,国家教委对教材编写工作做了规划,一些地区和单位按大纲初审稿编写了多套教材,在教材试验的基础上,又对大纲作修改,形成了24个学科义务教育教学大纲(试用),1992年在广泛征求意见的基础上进行了修改,并将"教学计划"更名为"课程计划"。这个课程计划第一次将小学和初级中学的课程统一设计,并且根据各学校学制的不同情况,将课程计划中的课程表分为"六三制"和"五四制"两种。在课程表中将全部课程分为两大类:学科类和活动类,课程表中还留有空间让地方安排课程。

第八次课程与教学改革(2001年至今):为贯彻《中共中央国务院关于深化

教育改革全面推进素质教育的决定》(1999年)和《国务院关于基础教育改革与发展的决定》(2001年),教育部决定,大力推进基础教育课程改革,调整和改革基础教育的课程体系、结构、内容,构建符合素质教育要求的新的基础教育课程体系,并于2001年6月印发了《基础教育课程改革纲要(试行)》,从而在世纪之交开始了新一轮的基础教育课程与教学改革。与以往的课程与教学改革相比,新一轮的基础教育课程改革有着明显不同。表现在第一,本次基础教育课程改革被视为政府行为,党中央和国务院给予了高度重视,并由国家财政拨款开展新课程的研究和实验。第二,本次基础教育课程改革具有很强的系统性,它改变了以往片面强调教科书更新的简单做法,特别注意从课程理念、课程目标、课程结构、课程内容、教学过程、课程管理、课程评价等方面入手进行系统化的课程改革。第三,本次基础教育课程改革特别强调大学学术力量的参与,从而保证了课程改革的高质量。

回顾我国基础教育课程与教学改革的历程,我们不难发现:第一,课程总是随着社会的发展而发展,课程改革是一种持续的行为,不断完善的行为,也是一个问题解决的过程。第二,对课程的关注也是一个发展的过程,由早期关注课程的某个方面改革到关注课程的整体改革,如最早关注的是学制问题,接着是课程教学计划,然后是教学大纲与教材,再是课程目标、课程实施、课程评价、课程结构等综合、整体化的改革。第三,课程改革的周期逐渐走向相对稳定、合理,避免了早期受政治或重大社会事件的影响而随意改革课程的现象。第四,在课程改革的推进实施策略方面更加科学、理性,贯彻"先立后破,先实验后推广"的工作方针,分层、滚动推进新课程改革的实施。

三、基础教育课程与教学改革的重点

(一)我国当前基础教育课程改革的重点

我国新一轮基础教育课程改革将分为两个阶段实施:2000～2005年,完成新课程体系的制定、实验和修订;2005～2010年,逐步在全国全面推行新课程体系。本次课程改革努力在以下六个方面取得重要进展。

1.明确区分义务教育与非义务教育,建立合理的课程结构,更新课程内容

义务教育阶段的课程应体现普及性、基础性和发展性。义务教育的课程要面向每个学生,其标准是绝大多数学生能够达到的。课程内容和要求应该是基础性的,不能任意被扩大、拔高。课程应具有发展性,着眼于学生的终身学习,适应学生发展的不同需要。课程内容和课程结构的改革与实施强调密切联系学生生活和经验,加强课程与社会科技发展的联系,为学生的终身发展提供必备的基础知识、基本技能和良好的情感态度与价值观,以创新精神和实践能力为核心,重视

发展学生搜集处理信息的能力、自主获取新知识的能力、分析解决问题的能力、交流与合作的能力。

这次课程改革采取九年一贯整体设置义务教育阶段课程的方式，构建分科课程与综合课程相结合的课程结构。在综合科学技术发展和对自然、社会整体认识的基础上，对教育内容进行更新，构建自然科学与社会科学的综合课程，小学阶段以综合课程为主，开设语文、数学、外语（3年级起）、品德与生活（1～2年级）、品德与社会（3～6年级）、科学、艺术（或音乐、美术等）、综合实践活动、体育与健康等课程。初中阶段综合与分科并行，开设语文、数学、外语、思想品德、历史与社会（或历史、地理）、科学（或物理、化学、生物）、艺术（或音乐、美术）、综合实践活动、体育与健康等，供学校选择。

改革和建立分科课程，加强课程内容的综合性，淡化学科界限，加强课程内容与现实生活和学生经验的联系，增进各学科之间的知识和方法上的联系。

为培养学生的创新精神和实践能力，加强课程与社会、科技、学生发展的联系，从小学三年级至高中设置综合实践活动为必修课程，其内容包括信息技术教育、研究性学习、社区服务与社会实践、劳动与技术教育，发展学生解决实际问题的能力。

高中阶段以分科课程为主。普通高中在科目上应多样化，内容和要求上应有层次性，要创造条件积极开设技术类课程。学校在保证开设必修课程的前提下，使课程结构具有较强的选择性。

这次课程改革突出思想品德教育、信息技术教育、科学教育、环境教育、艺术教育以及综合实践活动等。重视科学教育，全面提高学生的科学素养，特别是科学方法、科学态度、科学价值观的教育，以及通用技术、职业意识和创业精神的教育；农村中学课程内容要为当地的经济社会发展服务，在基本达到国家课程要求的同时，设置农业技术教育课程，试行通过"绿色证书"教育及其他技术的培训获得"双证"的模式；城市中学要开设适宜的职业技术课程。

2. 突出学生发展，科学制定课程标准

传统的教学大纲较多以学科体系为中心来表述本学科的知识点和教学要求。对能力和教学要求往往采用"初步了解"、"理解"、"掌握"、"运用"等抽象的方式，对教师具体了解学生应达到什么程度缺乏明确的指导。

这次课程改革力图通过制定课程标准的形式，在学生知识、技能、态度、能力的发展方面具体化，从而明确制定我国基础教育各门课程的基本标准，初步建立起我国基础教育的课程标准体系。第一，在课程目标上，要求从知识与技能、过程与方法、情感态度与价值观等多方面设计具体的课程。第二，在课程内容上，注重密切联系学生的生活和经验以及社会、科技发展的现实，强调学生经验、学科知识和社会发展三方面内容的整合。第三,在课程要求上,课程标准不仅仅结合知识点明确具体的结果性目标,每个学科都结合本学科的特点,明确提出了一系列过程性目标、经验性目标,以期学生在获得知识的同时学会学习,并形成正确的价值观。课程标准还对教学过程、教材编写和学生学习质量的评估明确了具体要求。

3. 加强新时期学生思想品德教育的针对性和实效性

加强思想品德教育,强调在向社会主义市场经济转变的过程中,对学生道德、行为、人生观、世界观、价值观及思想政治素质的培养;强调德育在各学科教育环节的渗透,改进教育教学方法,注重实践环节,增强思想品德教育的针对性和实效性。这些主要通过以下几方面来实现。

(1)加强德育课程建设

根据中小学生不同年龄段的特点,遵循由浅入深、循序渐进的原则,确定不同教育阶段的德育内容和要求,研制《品德与生活(1~2年级)课程标准》、《品德与社会(3~6年级)课程标准》以及《思想品德(7~9年级)课程标准》。

(2)各门课程渗透德育

各门课程要结合自身特点,对学生渗透爱国主义、集体主义、社会主义和世界观、人生观、价值观以及科学精神、科学方法、科学态度等方面的教育。

(3)设置综合实践活动为必修课

综合实践活动由研究性学习、社会实践与社区服务和劳动与技术教育、信息技术教育等方面内容组成。它设置的宗旨是改变学生的学习方式,培养学生的创新精神与实践能力,培养学生关心国家命运,培养爱国主义精神,形成社会责任感,加强学校教育与社会、科技、学生发展的联系,加强德育的针对性和实效性。

4. 以创新精神和实践能力的培养为重点,建立新的教学方式,促进学习方式的变革

新课程强调教学过程是师生交往、共同发展的互动过程。在教学过程中要处理好传授知识与培养能力的关系,注重培养学生的独立性和自主性,引导学生质疑、调查、探究,在实践中学习,使学习成为在教师指导下主动的、富有个性的过程。教师应尊重学生的人格,关注个体差异,满足不同需要,创设能引导学生主动参与的教育环境,激发学生的学习积极性,培养学生掌握和运用知识的态度和能力,使每个学生都能得到充分的发展。

5. 建立促进学生发展、教师提高的评价体系

新课程的评价强调:评价功能从注重甄别与选拔转向激励、反馈与调整;评价内容从过分注重学业成绩转向注重多方面发展的潜能;评价技术从过分强调量化转向更加重视质的分析;评价主体从单一转向多元;评价的角度从终结性转

向过程性、发展性,更加关注学生的个别差异;评价方式更多地采取诸如观察、面谈、调查、作品展示、项目活动报告等开放的及多样化的方式,而不仅仅依靠笔试的结果;更多地关注学生的现状、潜力和发展趋势;新的评价方式强调可操作性,力求评价指标简明、方法易行,使第一线教师容易使用。

6.制定国家、地方、学校三级课程管理政策,提高课程的适应性,满足不同地方、学校和学生的需要

建立三级课程管理模式的目的是进一步简政放权,加大省级人民政府发展和管理本地区教育的权力以及统筹力度,促进教育与当地经济社会发展紧密结合,继续完善基础教育由地方负责、分级管理的体制。在课程的开发与管理上,改革过去国家管理过于集中的做法,通过这次课程改革,逐步放权,以有效提高课程为当地经济服务的适应性。

(二)我国当前基础教育教学改革的重点

当代社会正从工业社会向信息社会转型,当代教育正从专才教育向通识教育转变。从重心转移的角度看我国当前基础教育教学改革的重点主要体现为实现以下六大转变。

1.从重视教师向重视学生转变

随着社会的发展,传统的"教师中心说"受到越来越深刻的批判。人们看到教师并不是支配课堂教学活动的绝对权威,学生虽然是教育的对象,但却是学习活动的主体和主人。教师当然重要,但更重要的是学生的发展。因此,研究学生身心发展的规律,研究学生在课堂情景中的学习规律,并遵循这些规律组织、安排教学,成了当代流行的一般教学观念和教学行为。

2.从重视知识传授向重视能力培养转变

当代社会,由于科学技术的飞速发展导致"知识爆炸",知识经验陈旧周期加快,掌握全部或大部分知识既不可能也失去了必要性,重视知识传授的教学观受到了严峻挑战。因此,教学的主要任务不再只是知识的传授而是学生能力的培养,着重培养学生学习、掌握和更新知识的能力,即"授人以渔"。

3.从重视教法向重视学法转变

在现代社会,人们深刻地认识到,仅仅重视教法已落后于时代的客观要求,教学过程实质上应该是学生主动学习的过程,教学设计的实质是学生学习目标、学习内容、学习进程、学习方式、学习辅助手段以及学习评价的设计。目前,各种流行而且影响较大的教学方法,比如问题解决法、发现学习法、掌握学习法等,无不渗透出重视学法的精神。

4.从重视认知向重视发展转变

在当代社会,人们发现知识甚至智力并不是影响人生成功与否的重要因素,

最重要的因素是人的情感,进而提出了"情感智慧"的新概念,与已有的认知智慧概念相互对应、统一。同时,教学中重视体质发展也成了一个迫切的现实问题。超越惟一的认知,重视儿童身体、认知和情感全面而和谐发展,成了现代教学观念的基本精神。

5.从重视结果向重视过程转变

在现代社会,人们意识到教学结果是重要的,但更重要的是教学过程中学生的切身体验,学生的认知体验、情感体验以及道德体验等等,正是这种体验决定着教学的最终结果。因此,第一,强调激发学生的兴趣,力求形成学生强烈的学习动机和乐学、善学的学习态度。第二,强调在教师启发引导基础上,让学生通过独立思考获得对基础知识的领悟和技能、技巧的习得形成。第三,强调"知—情"对称,注重学生在学习过程中对寓于知识经验中的情感的充分觉察和体验。第四,注重教学方法的灵活多样以及多种方式和方法的综合应用,为儿童设计出合乎年龄特点的活动,促使学生在学习过程中得到充分发展。

6.从重视继承向重视创新转变

在现代社会,人们认为教学的重要功能就是创造文化,学生的主要任务就是通过掌握知识经验,形成创造文化和创新生活的能力。无论是重视学生、重视能力、重视学法,还是重视发展、重视过程,都是重视创新的体现。

第二节　基础教育课程改革

新世纪之初,我国建国以来的第八次基础教育课程改革在党中央、国务院的直接领导下,正以世人瞩目的迅猛之势在全国顺利推进。这次改革,步伐之大,速度之快,难度之大,都是前七次改革所不可比拟的。它将实现我国中小学课程从学科本位、知识本位、社会本位向关注每一个学生发展的历史性转变。那么,1992年我国刚刚颁布了九年义务教育全日制小学、初级中学(各科)教学大纲(试用),时隔八年,为何又要进行如此大规模的课程改革?是否有必要?本次新课改有着怎样的一种改革背景呢?它所要追求的目标是什么?

一、基础教育新课程改革的背景

(一)新课程改革是对20世纪世界基础教育课程改革的回应与超越

教育改革是永恒的主题,社会在不断变革,就要求教育也不断改革。20世纪的100年中,在世界范围内有3次较大的教育改革,每次改革都发端于社会发展迅速的美国,然后波及整个世界。

第一次教育改革发生在20世纪初。以杜威进步主义教育思想为代表的现代教育批判了传统教育的课堂中心、课本中心、教师中心,提出活动中心、儿童兴趣中心、儿童中心的主张,要求课程必须能适应社会生活的需要,强调课程教材要与儿童生活经验相联系,从而掀起了影响美国乃至世界范围内的教育改革,"解放儿童"、"回归生活"、"实用"等成为当时的流行语,但到了第二次世界大战结束后,这种忽视系统知识的传授,忽视基础理论研究的教育实践受到了批判,并酝酿了新的教育改革。

第二次教育改革发生在 20 世纪五六十年代。50 年代后期,美国学术界许多人士对"生活适应"的功利主义教育提出了强烈的批评,同时批评当时的课程内容只反映了 19 世纪的科学成果,没有反映 20 世纪科学所取得的成就,强烈要求改革。1957 年苏联的人造卫星上天,促进了这次改革,1958 年美国国会通过了"国防教育法",提出加强数学、科学、现代外语三门基础课程,于是出现了新数学、新物理等一系列新教材。这些教材由于太深太难不能为教师和学生接受,到20 世纪 70 年代初就被弃之不用,但它影响到世界各国的教育改革。

第三次教育改革是 20 世纪 80 年代初开始的,改革的动力来自教育的外部和内部的因素。教育的外部因素是科学技术的迅猛发展;教育内部的因素一方面是中等教育的普及和终身教育思潮的兴起,另一方面是中小学教育质量的下降。1983 年美国国家教育优异委员会发表了《国家处在危机之中:教育改革势在必行》,建议改革学校课程,设立"国家标准"和"州标准",提高中小学教育质量,旨在使美国的教育克服"平庸"而达到教育的"优异"。

综观 20 世纪三次世界范围内的教育改革,我们不难发现,课程改革是改革的重要方面,处于改革的核心地位。中国在新世纪之初作出课程改革的决定是对世界基础教育改革浪潮的回应,同时也必须在此基础上实现超越,体现我国的国情和特色,促进我国整体教育质量的提高。

(二)新课程改革是对我国加入 WTO 后基础教育面临新挑战的应对和新机遇的把握

伴随入世后中国与世界经济的一体化,我国的基础教育也面临着前所未有的冲击与挑战,同时也给我国的基础教育带来了新的发展机遇。

挑战与机遇并存,入世后我国基础教育所面临的挑战与机遇主要表现在:对基础教育一些传统思想观念的冲击与国外基础教育方面新观念的借鉴并存;对基础教育的办学体制改革提出了新的难题与进一步推进基础教育办学主体多元化并存;对基础教育的课程、教材的编制提出了新的要求与吸收国外新课程、新教材的先进理念并存;对稳定基础教育的师资队伍提出了更高的要求与吸引国外优秀师资来国内任教的并存;对保障基础教育的生源构成了威胁与吸引国外良好生源并存;对基础教育传统教育教学方法手段提出了新要求与更新教育教学方法并存;对基础教育德育工作的挑战与对国外德育新理念的借鉴并存。如此等等既给我国基础教育发展带来新的挑战,也带来了新的发展机遇。

(三)新课程改革是对我国社会经济发展(尤其是知识经济发展)的适应与促进

从技术进步和生产力发展的角度看,自有文明史以来,经济发展大致可以划分为三个阶段:劳力经济阶段、(自然)资源经济阶段和智力(知识)经济阶段。知识经济就是指建立在知识和信息的生产、分配和使用基础上的经济,它是知识的资本化,知识是决定经济增长的关键因素。创新是知识经济最本质的灵魂。

知识经济强调对知识和信息的占有和应用,创新成为对一个人的基本要求。生活在知识经济社会的人需要三张通行证:学术性通行证,包括读、写、算的能力;职业性通行证,就是急速发展的世界上工作所需要的职业素养和技能;开拓技能的通行证,强调思维、规划、合作、交流、组织、解决问题和追踪等不同的能力。可见,知识经济时代对人的素质的要求非常全面,因而对教育的影响及冲击也是多方面的。

(四)新课程改革是我国在新时期全面推进素质教育的迫切需要

我国是人口大国,还不是人口强国,全面推进素质教育是我国应对日益激烈的国际竞争的需要,面对新世纪的挑战和激烈的国际竞争,提高国民的基本素质,把沉重的人口负担转变成为巨大的人才资源是教育的责任,尤其是基础教育的责任,这已经成为世界各国的共识。当前我国素质教育的实施还未取得突破性进展,一些地方开展素质教育还是号召多而落实的措施少,一些学校对素质教育的理解和实施存在简单化、片面化的倾向,个别地方应试教育愈演愈烈。如何使素质教育能够扎实有效地推进并力争取得突破性进展,这是近年来广大教育工作者和全社会十分关注并努力探索的问题。在新的时代背景下,课程改革被旗帜鲜明地摆到促进素质教育取得突破性进展的关键环节的位置上。《国务院关于基础教育改革和发展的决定》明确提出"加快构建符合素质教育要求的新的基础教育课程体系。"

(五)新课程改革是对我国当前课程发展现状中存在的问题的反思与完善

随着我国改革开放和社会主义现代化建设进入新的时期,面对日新月异的科学技术的发展,现行基础教育课程存在的问题、弊端明显地凸现出来。教育观念滞后,人才培养目标同时代发展的需求不能完全适应;思想品德教育的针对性、实效性不强;课程内容存在着"繁、难、偏、旧"的状况;课程结构单一,学科体系相对封闭,难以反映现代科技、社会发展的新内容,脱离学生经验和社会实际;学生死记硬背、题海训练的状况普遍存在;课程评价过于强调学业成绩和甄别、选拔的功能;课程管理强调统一,致使课程难以适应当地经济、社会发展的需求和学生多样化发展的需求;基本上都是必修课,选修课太少,基本上都是文化基础课,缺少职业技术课,课程门类过多,周课时量过大,各门学科的课时比重不协调;人文社会科学比重过低等。

综上所述,我国当前基础教育的新课程改革是既受到来自社会经济和文化发展等外部因素的影响与制约,也受到来自教育和课程内部一些因素的影响与制约,所有这些就决定了本次基础教育课程改革不可能只是以往课程的修修补补,而是在新的理念指导下进行的全面彻底的改革。

二、基础教育课程改革的目标

(一)新课程改革的总体目标

《基础教育课程改革纲要(试行)》指出:基础教育课程改革要以邓小平同志关于"教育要面向现代化,面向世界,面向未来"和江泽民同志"三个代表"的重要思想为指导,全面贯彻党的教育方针,全面推进素质教育。

新课程的培养目标应体现时代要求。要使学生具有爱国主义、集体主义精神,热爱社会主义,继承和发扬中华民族的优秀传统和革命传统;具有社会主义民主法制意识,遵守国家法律和社会公德;逐步形成正确的世界观、人生观、价值观;具有社会责任感,努力为人民服务;具有初步的创新精神、实践能力、科学和人文素养以及环境意识;具有适应终身学习的基础知识、基本技能和方法;具有健壮的体魄和良好的心理素质,养成健康的审美情趣和生活方式,成为有理想、有道德、有文化、有纪律的一代新人。

(二)新课程改革的具体目标

《基础教育课程改革纲要(试行)》指出:

1.改变课程过于注重知识传授的倾向,强调形成积极主动的学习态度,使获得基础知识与基本技能的过程同时成为学会学习和形成正确价值观的过程。

2.改变课程结构过于强调学科本位、科目过多和缺乏整合的现状,整体设置九年一贯的课程门类和课时比例,并设置综合课程,以适应不同地区和学生发展的需求,体现课程结构的均衡性、综合性和选择性。

3.改变课程内容"难、繁、偏、旧"和过于注重书本知识的现状,加强课程内容与学生生活以及现代社会和科技发展的联系,关注学生的学习兴趣和经验,精选终身学习必备的基础知识和技能。

4.改变课程实施过于强调接受学习、死记硬背、机械训练的现状,倡导学生主动参与、乐于探究、勤于动手,培养学生搜集和处理信息的能力、获取新知识的能力、分析和解决问题的能力以及交流与合作的能力。

5.改变课程评价过分强调甄别与选拔的功能,发挥评价促进学生发展、教师提高和改进教学实践的功能。

6.改变课程管理过于集中的状况,实行国家、地方、学校三级课程管理,增强课程对地方、学校及学生的适应性。

三、基础教育课程改革的发展走向

随着知识经济的到来和科学技术的迅猛发展,世界教育的基本理念正在发生深刻的变化。随着对教育民主化、国际理解教育、回归生活教育、教育的可持续发展、个性化教育、创新教育等的强调,现代课程发展的基本理念也呈现出许多新的特点和趋向。与此相适应,我国当前的基础教育课程改革也蕴涵着新的发展走向。

(一)课程政策走向民主

在课程政策的改革实践中,各国一般都致力于在国家课程、地方课程和学校课程之间寻找适合本国情况的平衡点。一方面, 过去强调地方和学校分权的国家,现在开始注重确立国家课程标准,例如美国。另一方面,过去强调中央集权的国家,现在开始注重地方和学校的课程决策权力,例如俄罗斯。尽管大多数国家的课程政策开发与允准依然是中央集权的, 但在课程政策开发中出现尽可能征询多方面意见的趋势, 对课程实施问题的决策制定则倾向于下移到地方和学校一级。我国一直比较重视中央对课程的统一决策,20 世纪 80 年代以来,进行了课程多样化的改革尝试。这次课程改革的一个重要目标就是为了保障和促进课程对不同地区、学校、学生的适应性,实行有指导的逐步放权,建立国家、地方和学校的课程三级管理模式。

(二)课程价值取向走向全面发展

进入 20 世纪 90 年代以后,全球经济、科技、社会和文化的根本性变化对教育产生了前所未有的冲击,世界各国掀起了新一轮的课程改革热潮。这次课程改革的一个显著特点就是以学生为本,着眼于学生的全人发展,反对权威主义和精英主义,要求所有学生都得到全面发展。这种着眼于全人发展的课程价值取向要求注重课程目标的完整性,强调学生的全面发展。我国当前的基础教育课程改革就强调课程要促进每个学生身心健康发展,培育良好品德,培养终身学习的愿望和能力,处理好知识、能力、态度、价值观的关系,克服课程过分重视知识传承的倾向。

(三)课程设计走向综合

现代课程发展的一个基本理念就是强调全人发展的课程价值取向,因此,学生以及学生的全面发展应当成为整合各种课程设计取向的中心, 学科与社会应该为这个中心服务。这是转变课程设计取向的关键,也是一个国际趋势。同时,在基础教育的不同阶段,实现课程设计取向整合的策略应有所差异。在幼儿园和小学阶段,课程的设计应以学生的兴趣为基础,最大限度地谋求学生的自然性之发展;在中学阶段,课程的设计应以社会为中心,但目的不是把学生培养成社会的"工具",而是要最大限度地谋求学生的社会性之发展。

总之,当前我国基础教育的课程设计理论取向正在发生根本性的转变,新课程改革的课程设计取向正是以学生的全面发展为核心,把学生本位取向、学科本位取向和社会本位取向辩证地整合起来,张扬学生个性全面发展的课程设计理念。

(四)课程内容走向科学与人文的整合

1996 年 4 月,国际 21 世纪教育委员会向联合国教科文组织提交了《教育——财富蕴藏其中》的重要报告,其中指出:"教育应围绕四种基本学习加以安排,可以说,这四种学习将是每个人一生中的知识支柱:学会认知,即获取理解的手段;学会做事,以便能够对自己所处的环境产生影响;学会共同生活,以便与他人一道参加人的所有活动并在这些活动中进行合作;最后是学会生存,这是前三种学习成果的主要表现形式。"[①]因此,为了迎接 21 世纪的挑战,教育必须重新确定新的目标,树立新的理想。这种教育新概念必须坚决重申一个基本的原则:"教育应当促进每个人的全面发展,即身心、智力、敏感性、审美意识、个人责任感、精神价值等方面的发展。应该使每个人尤其借助于青年时代所受的教育,能够形成一种独立自主的、富有批判精神的思想意识,以及培养自己的判断能力,以便由他自己确定在人生的各种不同的情况下他认为应该做的事情。"[②]尽管该报告对课程问题的论述相对较少,但它指出在人类社会正向知识社会过渡,科学发现、技术革新、知识应用变得日益重要的同时,更应该强调"在这个过程中的伦理问题也同样不应忽视"。正是基于这种认识,该报告还多次提到在伦理与文化、科学与技术、经济与社会等方面教育的重要性,从而体现出整合科学主义与人本(人文)主义课程内容的取向。

(五)课程实施走向缔造

相对于忠实取向的课程实施而言,课程实施的缔造取向关注的是师生的课程建构问题,认为师生不仅是课程的实施者更是课程的缔造者,他们应当关注课堂中自然、随机发生的课程问题,应特别注重课程实施过程中的意义诠释、文化背景、价值认同等。这种取向是建立在课程实施者个人的教育观念之上的,强调

① 国际 21 世纪教育委员会.教育——财富蕴藏其中[M].联合国教科文组织总部中文科,译.北京:教育科学出版社,1996:75.
② 国际 21 世纪教育委员会.教育——财富蕴藏其中[M].联合国教科文组织总部中文科,译.北京:教育科学出版社,1996:85.

批判性对话和主体意识的觉醒,因而,其成败的关键与课程实施者的课程设计能力关系很大。这种取向是目前课程实施的主要发展方向。

缔造取向的课程实施是最具有创新性与实践性的,它非常强调在课程实施的过程中要充分发挥师生的自主性、能动性和创造性,特别是要求教师具备较强的课程设计能力,把教师看作教育研究者和课程设计者,要求教师关注课程实施的过程,反思课程实施的实践,修订课程实施的具体方案,寻求课程目标实现的最大化。

(六)课程评价走向发展

《基础教育课程改革纲要(试行)》指出:"建立促进学生全面发展的评价体系。评价不仅要关注学生的学业成绩,而且要发现和发展学生多方面的潜能,了解学生发展中的需求,帮助学生认识自我,建立自信。发挥评价的教育功能,促进学生在原有水平上的发展。"课程的评价不仅要关注对学生评价的结果,更要诠释对学生评价的过程,不仅要立足于学生的当前水平,更要放眼于学生的未来发展。总之,以评价来引导学生、激励学生、发展学生应是当前课程评价改革所要高度关注的。

四、基础教育课程改革之反思

(一)在知识的系统性和学生的兴趣之间寻找平衡点

多年来,我们似乎已经习惯了非左即右的思维定势,当然也吃够了形而上学的苦头。冷静地反思我们的教育,特别是作为课改直接实施者和直接利益关涉者的教师,如何在知识的系统性和学生的兴趣需要之间寻找一个中间地带,寻找一个平衡点,真正将两者统一到教学实践中去,是课改实践中急需解决的一个课题。不解决这个问题,将会使课改流于形式,就会出现轰轰烈烈搞课改、扎扎实实搞应试的局面。这固然需要我们在教学工作中去探索、去实践,但更需要在课程内容的性质、结构、教学方法、教学组织形式特别是考试方法、评价体系等多方面创造条件,使真正搞课改的教师尝到课改的甜头,看到前途和希望;使搞应试教育的教师能真正反思,融入到课改大潮中去。

(二)基础教育应当着眼于基础

面对新课程、新教材的众多创新之处,教师一定不要忘记中小学是"基础教育",无论课程怎么改,打牢基础始终是中小学阶段的首要任务。那么基础教育的基础是什么呢? 基础教育的基础应是:1.奠定好儿童、少年健康身体的基础。2.奠定好公民品德素养的基础。3.奠定好专门人才的基础。4.奠定好从事劳动的基础。①

(三)知识在发展中的作用

知识的传授不是发展智力、能力的障碍物,而是人全面发展的基石和轴心。

---

① 孙喜亭.基础教育的基础何在? [M]// 孙喜亭.教育问题的理论与求索.北京:人民教育出版社,2004:546~560.

基础教育必须以基础学科的基础知识为中心组成它的课程体系。基础教育若因学了其他许多东西(如学会做饭、缝衣等,当然会了比不会好)而失去基础性的知识,那样的基础教育是不可想象的。当前的基础教育改革一定要防止从唯知识至上的极端走向唯能力至上的极端,能力固然重要而且也极具诱惑力,但能力是不能凭空而来的,它的获得与提升离不开知识这个基础,否则能力的培养也只能是空中楼阁,可望不可及。高分并不必然导致低能,两者之间没有因果关系,只是知识本身的内涵、获取知识的方法与过程、获取知识的目的等所影响的。可以说,基础知识学好了,才有智力、能力,才能创新,才有智慧、才华,才能生存和发展,才能工作和升学深造。否则必将得不偿失,迎着知识经济的时代,学好基础知识,才是素质教育的根本所在,也是新课改的研究起点。

(四)课程改革应当能够促进教师发展

课程的改革是一个不断发展、永不停歇的过程,"变是永恒的不变",这就要求教师不断更新自己的观念和实践,做一个反思的实践者。

总之,新一轮基础教育课程改革已经成为全社会关注的焦点,成千上万的教育工作者正以极大的热情和高度的历史责任感投身到这场改革潮流之中。在这场改革的大潮中,课程评价制度(主要是人才评价与选拔制度)的变革是先导,课程内容的变革是基础,课程实施者(主要是校长、教师)的变革是关键,学生的发展是核心,科学、合乎国情的课程理论和现实、民主的课程管理制度是保障,良好的社会舆论和宽容是催化剂。惟有此,才能确保当前我国基础教育阶段新课程改革取得阶段性成果乃至最终目标的实现。

第三节　基础教育教学改革

当前我国基础教育新课程改革的美好追求都必须要在学校的教学过程中加以贯彻落实,以课堂教学为主要纽带来实践新课改的理念。自20世纪80年代以来,教育界人士对诸多教学问题与教学现象作出了新的探索与改革,也取得了相当多的有价值的成果。但从总体来看,当前我国基础教育的教学仍存有不少的问题,需要在实践中继续深化教学改革,提高教育质量。

一、基础教育教学改革的背景

(一)当前我国基础教育教学改革的宏观背景

1. 科学技术的飞速发展是推动教学改革的根本动因

人类历史上经历了三次技术革命,三次技术革命尤其是以原子能、电子计算机等的广泛应用为标志的第三次技术革命,使社会生产和人类生活发生着日新月异、翻天覆地的变化,给教育教学带来了严峻的挑战,成为推动基础教育教学改革的根本动因。主要表现在:(1)科学技术的飞速发展,使知识总量激增。这种知识量扩充的无限性与课堂教学内容的有限性的矛盾、科学知识的更新速度加快与教材相对稳定性的矛盾,形成对学校教学的严峻挑战,如何组织教学过程,使学生在最短的时间内,掌握更多的知识;如何培养学生独立获取知识的能力和发展学生的智力,以适应瞬息万变的科学技术发展的需要,就成为当前教学改革十分关注的问题。(2)学科间的渗透和交叉,对人的知识结构提出了新的要求。这种学科间的渗透和交叉、综合和分化,这种创造性人才所必需的知识结构,就向学校教学提出了新的要求,如何设置专业,调整课程结构,处理好专与博的关系,以适应现代科学的分化与综合的发展趋势;如何使学生具备广博雄厚的知识基础和融会贯通的能力,以适应纷纭复杂、瞬息万变的社会需要。(3)现代科学技术在生产上得以广泛应用,对劳动者素质提出了更高的要求。即怎样加快普及义务教育的步伐,延长普及义务教育的年限,使学校既能培养各种高级和中级科学技术人才,又能培养大批高质量的熟练劳动者;怎样随着科学技术革命的发展,改变旧的教学观念,使人学会学习,终生不断更新知识,提高技能,以适应工作变换和社会发展的需要。这既是未来知识经济时代对人的素质的基本要求,也为当代教学论提出了新的挑战。

2. 各国间的竞争形势加速了教学改革的步伐

如果说,20世纪以前,教育对社会发展的重要性还没有成为主要议题的话,那么,进入20世纪70年代以后,这种重要性就显得越来越突出了,世界各国从来没有像现在这样关注着教育的革新和发展,十分重视教学的改革,把教育作为发展经济、增强实力的战略途径,把教学作为这一途径的强有力的抓手。由于基础教育的基础性、全局性、公益性地位,其在提高整体国民素质方面发挥着举足轻重的作用,所以各国政府纷纷以加强基础教育的教育教学改革,提高基础教育的质量作为整个国家教育改革的关键。如20世纪90年代以来,美国各届总统与联邦教育部都积极关注教育改革,对美国基础教育发展有了很大推动。美国"促进科学学会"制定的《普及科学——美国2061计划》,希望从1985年哈雷彗星接近地球到2061年再次接近地球时能使美国科技教育达到高水平,并在国际竞赛中取得显赫业绩。走向21世纪的美国基础教育改革十分注重基础科技教育,认为科学、数学和技术将成为教育今日儿童面向明日世界的基础,也是保证美国未来竞争的关键,"改进数学、科学、技术的教学,以加强学生的科技素养"的教改主张被积极地贯彻于基础教育改革中。

日本历来重视基础教育,战后每隔十年对基础教育课程进行一次改革。进入20世纪90年代以来,为迎合基础教育国际化趋势,提高日本国民的整体素质,发展学生的个性本能与创造性,日本进行了新一轮课程改革,以提高课堂教学效率。1998 年文部省修订了从幼儿园到高中的学习指导纲要,以推进课程与教学改革。主要内容包含:培养学生自己思考、自己学习的能力;创建良好的学习环境,使学生掌握基础知识,发展个性;开展特色教学、创办特色学校;严选教育内容,使学生掌握最基础的知识;充实个别指导,重视体验性、问题解决式学习。增加综合学习时间,扩大学生选择学习的幅度是日本中小学新课程改革突出强调的。在课堂教学上为保证学生学好基础知识,推行 20 人小班化教学;加强教室装备,以适应开展信息技术教学;对全国学生进行学习情况普查等改革举措。

德国教育事业发达,国家历史上的三次振兴(19 世纪初、两次世界大战后)均归功于高质量的教育,是世界教育史上教育兴国的范例。德国走入 21 世纪的基础教育改革的主要内容有四方面。(1)下放学校自主权,提高教学质量。20 世纪末 21 世纪初,联邦教育研究部启动了一项"进一步扩大办学自主权,提高教学质量"的改革计划。(2)强调实验教学环节与综合能力的培养,鼓励学生自主学习。(3)正确处理现代信息技术与传统教学方式的关系。(4)推行"双元制"职业教育,加强职业教育与普通教育的融通。

可见,在新的世纪,各国间由于政治、经济、军事上竞争的需要,无一例外地进行全面而又深刻的基础教育教学改革,以期实现在国际上的领先地位。

3. 当前我国基础教育新课程改革是推动教学改革的直接动因

在世纪之交,我国启动了基础教育的新一轮课程改革,与以往的课程改革不同,本次改革具有很强的系统性,它改变了以往片面强调教科书更新的简单做法,特别注意从课程理念、课程目标、课程结构、课程内容、教学过程、课程管理、课程评价等方面入手进行系统化的课程改革,把课程改革作为一个系统工程,着眼于新课程体系的建立。这些美好的课改追求都必须要在学校的教学过程中加以贯彻落实,以课堂教学为主要纽带来实践新课改的理念,为此,《基础教育课程改革纲要(试行)》(2001 年)强调:"教师在教学过程中应与学生积极互动、共同发展,要处理好传授知识与培养能力的关系,注重培养学生的独立性和自主性,引导学生质疑、调查、探究,在实践中学习,促进学生在教师指导下主动地、富有个性地学习。教师应尊重学生的人格,关注个体差异,满足不同学生的学习需要,创设能引导学生主动参与的教育环境,激发学生的学习积极性,培养学生掌握和运用知识的态度和能力,使每个学生都能得到充分的发展。"

(二)当前我国基础教育教学改革的微观背景

1. 基础教育教学的现存问题为教学改革提供了现实基础

教学是一项极其复杂的人类特殊活动,其发展总是在传统与变革的相互作用中进行的。自 20 世纪 80 年代,尤其是提倡与推行素质教育以来,教育界人士对诸多教学问题与教学现象作出了新的探索与改革，也取得了相当多的有价值的成果。但从已经进行的教学改革来看，当前我国基础教育的教学仍有很大一部分没有脱离应试教育的轨道，只是局部地、单项或操作性地修修补补，尚未能构建起一种促进学生各项素质整体发展的教学新体系。从总体上看，当前我国基础教育教学的问题主要表现在教学目标、教学内容、教学组织形式、教学方法、教学评价等方面。其中，(1)教学目标确定方面偏重知识与技能的获得，忽视学生创造力与情感因素的培养。(2)教学内容方面体现出陈旧、繁多、深奥、脱离学生生活实际等问题。(3)教学组织形式方面基本是"班级授课制"一统天下，即使是这样也偏离了班级授课制的一般要求，班级的人数过多，许多"重点校"的班级人数超过50人，小班化教学无疑成了奢望，而这也更加加剧了班级授课不利于因材施教的缺陷。(4)教学方法重教师单向传授而轻学生学法指导，重注入灌输轻启发诱导，重教师讲解轻学生实践体验等。(5)教学评价重终极性评价轻发展性评价，重选拔性评价轻激励性评价，重结果评价轻过程评价等。

所有上述问题的形成不是短期的，而是长期以来，甚至是伴随着教学活动产生的，似乎是教学活动所无法避免的问题(或说是教学活动所无法回避的问题)，因为教和学永远是教学活动的基本矛盾，教学改革只能缓和这些矛盾而无法消除这些矛盾，否则就消除了教学活动本身。不论怎么说，当前基础教育教学的现存问题为新一轮的教学改革提供了现实基础，提供了针对性，提供了改革的切入口。

2. 相关学科的新成果为基础教育教学改革奠定了科学基础

近几十年来，教学理论的相关学科发展很快，并取得一些新的研究成果。这些新成果对基础教育教学改革也有很大的影响，为其奠定了科学基础。这些相关学科的研究成果及其对教学改革的影响主要有：

(1)脑科学研究成果的启示

脑科学的新成果对教育具有很大启示。首先，要发挥教育作用，挖掘人脑潜力。目前国内外较为一致的看法是，我们只用了脑潜力的五分之一，国外有的学者甚至认为，未曾利用的大脑潜力高达90%。其次，要注意左、右脑潜能的双重开发。比如，在教学目标上，过分重视语言、逻辑思维能力和记忆力的训练，而忽视直觉思维能力、发散思维能力和想象力的培养；在课程设置上，过分重视语言和数理学科，而忽视甚至排斥艺术、体育、劳动教育等操作类课程；在教学方法上，过分重视以课堂讲授为主的言语教学方法，即使音乐、舞蹈、艺术等课程也逐渐倾向于言语化了，等等。这也就容易造成学生的片面发展。因此，开发右脑，重视右脑训练，使学生全面发展，已成为教学改革的重要任务之一。

(2)心理学研究成果的渗透

20世纪50年代以来，心理学发展迅速，硕果累累，一些新成果逐步渗透到教育科学的研究领域,并对基础教育教学改革产生了重大的影响,仅举以下几例加以说明。

①维果茨基的心理学理论及其对教学的见解

苏联心理学家维果茨基在其心理学理论的基础上论述了教学与智力发展的关系,提出了"最近发展区"的概念。他主张教学不应以业已成熟的东西为目标,而应以要求其发展的东西为目标,着眼于儿童的"最近发展区",使教学走在发展的前面。

②新行为主义心理学的研究成果及其在教学中的应用

美国当代心理学家斯金纳主张心理学应以行为的研究为主要任务,并在其理论的基础上创造了"教学机器",设计出"程序教学"的完整方案。在教学过程中,使用程序教学机编制直线式和分枝式两种程序,把教学内容划分成基本独立的学习问题,学生借助于程序教学机和教材,以自学为主。这种程序教学虽有机械刻板的一面,但它为计算机教学的发展奠定了基础,也为教学个别化提供了条件。

③认知心理学的新发展及其对教学研究的促进

在现代西方心理学的发展中,皮亚杰的发生认识论和信息加工的认知心理学成为当代西方心理学的主流,其中,对教育产生重大影响的是皮亚杰的发生认识论。他认为在环境和教育的影响下,也就形成了儿童心理发展的不同阶段。教学应按儿童的不同年龄阶段进行,要发展儿童的主动性,注重儿童的实际行动,把发展儿童的智力作为教学的根本任务,等等。

④建构主义学习理论及其对教学的启示

建构主义学习理论对于我们认识教学过程有许多新的启示。它告诉我们,学生知识的重组、改造和丰富是通过自主建构而实现的,学生在学习中的作用是十分重要的。只有认识学生学习的建构性,才能真正认识学生的主体性。这对于我们揭示传统教学的弊端具有积极意义。

3. 近年来进行的教学改革与实验为基础教育教学改革提供了实践基础

邓小平在 1983 年为北京景山学校的题词"教育要面向现代化、面向世界、面向未来",给全国中小学教师及教学工作指明了教育发展的方向,促进了中小学教学改革与实验的热潮。近年来,在大量介绍与引进国外各种教学理论和方法,积极总结和整理国内教学经验的条件下, 全国各地出现了各种教学改革与实验的尝试,有的以教学中的某一问题或某一学科作为对象进行单项改革与实验,如辽宁盘锦市魏书生的语文教学改革实验,上海顾泠沅的数学教改实验,中科院心理研究所卢仲衡的数学自学辅导实验等;有的以学生的德、智、体、美等整体发展作为目标,进行整体性教学改革和实验,如哈尔滨安静小学的全面提高学生素质的整体改革;杭州天长小学的小学最优发展综合实验;上海实验学校的中小学教育体系整体改革实验；北京师范大学裴娣娜教授等人开展的儿童主体性发展的整体教学改革实验等。

近年来在基础教育界所有进行的教学改革与实验,无论成败与否,效果明显与否,都是对提高中小学教育教学质量、探索教学改革有效形式的有益实践,为进一步、全方位推进基础教育教学改革提供了丰富的正反两个方面的经验与教训,丰富了教学改革的实践基础。

二、基础教育教学改革的发展趋向

(一)教学目标日趋全面化

教学目标的确定,反映了一定社会生产和科技发展的客观要求。在社会缓慢发展时期,生产力低下,科学技术不发达,社会所拥有的知识量也极其有限,因此,当时学校教学任务是让学生掌握更多的知识,把学生培养成博闻强记的人。随着社会的发展、科技的繁荣,仅有丰富的知识已不能适应时代的要求,尤其在当代生产力高度发达的形势下,培养的人才不仅要有扎实的知识基础,而且要具备创新能力,健全的个性,以及良好的品德。因此,让学生全面和谐地发展,以培养符合现代社会需要的人才,成为当代学校教学的重要任务和追求目标。表现为:(1)掌握知识与发展智能的统一;(2)认知因素与非认知因素发展的协调;(3)身心发展的和谐。

总之,学生的知识、技能、智能、情感、思想品德、体力等等,并不是一部分一部分割裂地、孤立地培养的,而应始终置于综合训练之中。因此,我国政府明确提出深化教育教学改革,全面推进素质教育,其根本目的在于使人全面和谐地发展,塑造人的健全、完美的个性。

(二)教学内容注重适合性、现实性、基础性与时代性

1.注重内容的适合性

所选用的教学内容应符合学生认知水平与心理特点。依据学生的年龄特点与认识事物的规律,整体规划教学的内容。

2.注重内容的现实性

所教的内容应密切联系学生现实生活或社会生产生活实际。教学中呈现给学生的未必都是已成定论的认知事实,可以是各类源于现实生活事件或现象并具有一定探索价值的问题情境,使学生在解决问题的过程中,感受到具体知识在现实生活中的应用价值。

3.注重内容的基础性

所教的内容从其学科体系上看是要求掌握的最基本的内容。学生在基础教

育阶段打下较为扎实的学科知识基础,将有利于其在今后的学习中更快、更容易地进一步深造。

4.注重内容的时代性

所教的内容还应考虑到时代的特征,具有前瞻性与发展性。随着时代的不断发展,科技知识不断更新,这必将要求我们的教学内容紧跟其步伐,不断渗透最新的科技知识,剔除陈旧、落后的内容。

(三)教学组织形式注重多元化、综合化、合作与交互的多边性

1.教学组织形式的设计倾向于多元化

从历史的角度看,教学组织形式虽然经历了"个别教学—班组教学—班级教学制"这一过程,但多种形式往往都是并存发展的。所以,未来教学组织形式也必然呈现出多元化状态,即班级教学、小组教学和个别教学等形式均有其适用的范围和生长的土壤。而且,在这种多元化的形式中,小班化教学将更加焕发出其旺盛的生命力。

2.注重综合化

即应考虑不同教学组织形式在运用效果上的整体优化。一切教学组织形式都是相对的,各有利弊,都有各自的特点和最适用的范围。所以,在具体应用时,应视需要灵活选用,力求实现不同教学组织形式的合理结合与有机综合,以达到教学效果上的整体最优化。

3.注重交互作用的多边性

即教学组织形式上注重生生、师生、师师之间的交互作用与多边活动。也就是说,在设计教学组织形式时,除了考虑师生互动外,还应充分利用生生之间互动的非常重要的人力资源,突出教学中各动态因素之间的多边互动,培养师生、师师,尤其是生生之间密切合作与资源共享的意识与行为。

(四)教学方法整体优化

国内外一些教育家和一些优秀教育工作者在教学改革的实验中,倡导和创造了一系列新的教学方法,如问题教学法、暗示教学法、范例教学法、"探究和研讨"教学法、局部探求法等等。这些教学方法把自学、讲授、问题、实验、讨论、练习等多个因素按照一定的规律排列组合起来,形成一个整体结构和系统,它既是为了完成一定的教学任务,师生在共同活动中采用的相互联系、相互作用的手段,又包括一定的教学原则、一定的组织形式和过程在内,体现了教学活动的整体性和教学方法的整体优化组合。当代教学方法的发展趋向主要表现在以下三个方面的对立统一:(1)强调学生是学习的主体,实现教为主导与学为主体的统一。(2)强调学生独立思考,实现系统知识学习与多元智能发展的统一。(3)重视学生的个别差异,实现因材施教与全面发展的统一。总之,要想达到比较理想的教学效果,单纯使用任何一种教学方法都实难奏效。教师应以启发式教学为指导,综合运用多种教学方法,以发挥教学方法的整体优化功能,促进学生的全面发展。

(五)教学手段日益现代化

教学手段现代化,是把现代技术引进教学领域,以便将手工业性质的教学方式方法改造成为现代的、高效率的教学方式方法。近三十年来,由于科学技术飞速发展,教学技术手段也不断革新,逐步实现了教学手段现代化。其主要发展趋势有以下几个方面:(1)多媒体教学工具趋于自动化、微型化和多元一体化。(2)电子计算机在教学领域将更加广泛的得到应用。(3)教学技术将更好地促进教学最优化,更好地促进优质教育资源的共享。

(六)教学评价注重过程性、激励性、多元化

1.教学评价应突出其过程性

针对学生参与学习活动的过程本身。如在评价时注重考察学生在自我参与学习的过程中所表现出来的知、情、意以及人格方面的变化与提高,而不仅仅关注学习的最终认知结果。

2.教学评价应注重发挥激励性功能

借用评价这一手段达到促使学生能正确认识自己,并激励其不断发展。一般地,我们应强化教学评价的激励功能和教育功能,弱化其鉴定功能,尽量避免给学生某方面的情况贴标签。

3.教学评价应表现出多元化的特点

一方面是指发展内容的多元化,即要关注不同学生在认知、能力、情感体验与人格特征等方面是否都有所发展与健全;另一方面是指发展程度的多元化,即要关注不同学生是否在自身已有起点能力与发展潜能的基础上实现了自我发展的分层递进。

三、对基础教育课堂教学改革之反思

教学是中小学校工作的中心,而课堂教学则又是中小学校教学的主渠道、主阵地。诸多教育教学改革的理论与实践表明,课堂教学改革是实施素质教育、创新教育以及深化教学改革的主阵地与主渠道,同时,教学改革实践的最终目标是探索与创造一切可能的因素,让课堂焕发出生命活力。只有切实抓住课堂中每一分钟的利用率,才能保证教学真正优质高效。教学改革的诸多实践证明,凡是不能将教学改革的理论贯彻到课堂教学中去必将以失败而告终,反之则会焕发出理论的生命力。为此,基础教育学校的课堂教学改革必须努力实现以下几个转变。

(一)从"去问题教学"到"问题教学"

中国的教师在课堂上常常通过问问题检查学生的预习情况,了解学生掌握

知识的程度,如果学生把教师的问题都回答出来了,那说明学生对教师所讲的知识都掌握了,没有问题了。经常听到老师下课前问学生:"都听懂了吗? 还有问题吗? "当学生回答说没有问题了,老师就放心了。有的老师不仅听其言,还要观其行,要抽问学生,当得到的答案都是正确的(也就是都符合标准答案时),老师才会感到学生确实是没有问题了,才会露出满意的微笑。在这种教学模式下学生没有问题走进教室,没有问题走出教室,是典型的"去问题教学"。而美国人却不这样理解教学,他们认为:学生总是充满好奇和疑问的,他们走进教室的时候,带着满脑子的问题。老师在回答他们问题的过程中,有意通过情景、故事、疑问、破绽等激发学生更多的问题。老师的回答使学生产生更加多的问题,最后老师不得不投降:"你们的问题我已经回答不了了,我的知识就是这么多,我回去再学习,再准备,下次再来回答你们,你们回去也去思考,去寻找答案。"学生带着问题走进教室,带着更多的、更深的问题走出教室。教师并不以知识的传授为目的,而是以激发学生的问题意识、加深问题的深度、探求解决问题的方法,特别是形成自己对解决问题的独立见解为目的。这就是典型的"问题教学"。

实现从"去问题教学"到"问题教学"就要求教师在课堂教学中:(1)以问题为纽带进行课堂教学,保护和发展学生的问题意识,进行问题性教学。因为有了问题才会思考,有了思考才有解决问题的办法,才有找到独立思路的可能。有问题虽然不一定有创造,但没有问题就一定没有创造。(2)认真而妥善地对待学生回答或提出的问题,保护好学生回答问题和提问问题的欲望,不能在学生回答"错误"(也许是对教师的标准答案而言)或提出"荒谬"(也许是对教师的定势思维而言)的问题时批评和嘲笑他们,而应该积极地加以引导,给予充分的尊重并鼓励他们可以按照他们的思考方式探究下去。(3)对人的创造力来说,有两个东西比死记硬背更重要,一个是他要知道到哪里去寻找他所需要的比他能够记忆的多得多的知识;再一个是他综合使用这些知识进行新的创造的能力。死记硬背,既不会让一个人的知识丰富,也不会让一个人变得聪明。

(二)从重结果的教学到结果与过程并重的教学

学生对"知识是从哪里来得"这样一个问题,最经常、最简洁的回答是"从书本上来的"。就如同回答米是从坛子里来得一样。有古语为证:"万物土中生,万字书中出",他们不知道任何知识都有它的来龙去脉,都有它的产生、发展、更新的过程。更重要的是知识并不是一成不变的,知识的本质并不在于它的确定性和稳定性,恰恰相反,知识的本质在于它的不确定性,在于它的不断变化,在于不断地推陈出新。从发展与超越的角度看,过程教学比结果教学更重要。 知识是人们认识的结果,是已经获得的结果,也是已经过去的结果。知识的教学和学习无疑是必要的,但我们太注重认识结果的教学了,我们相信已有的知识都是千真万确的,相信用已有的知识武装头脑就足够了。如果在知识发展缓慢的时代这样想还能够应付世界的变化,那么,在知识、信息更新的速度日新月异的时代,这就不行了。我们不仅希望学生掌握知识,更希望学生掌握分析知识、选择知识、更新知识的能力。简单地说,智慧比知识更重要,过程比结果更重要,知识是启发智慧的手段,过程是结果的动态延伸。课堂教学中能够把结果变成过程,才能把知识变成智慧。

实现从重结果的教学到结果与过程并重的教学,要求教师在课堂教学中:(1)注重启发式教学,不要急于告诉学生答案,努力做到"不愤不悱,不启不发"。(2)强调学生在学习科学知识的同时,注重形成科学态度、科学精神。所谓科学态度,就是实事求是的态度,所谓科学精神就是怀疑的、批判的、探索的、创造的精神。可是这种态度和精神不可能离开学科教学、离开学科发展的实际过程单独进行说教,它必须渗透在学科教学的过程之中。(3)鼓励学生对知识的主动设疑、探究、分析、归纳、综合。(4)在评价学生的发展水平时将结果评价与过程评价有机结合起来,以发展的眼光看待学生的成长。

(三)从"独白式"教学到"对话式"教学

传统教学中,教师辛辛苦苦地事先概括好知识要点,然后在黑板上抄给学生,或者印成讲义发给学生。教师辛辛苦苦换来的结果是:测验学过的课文时,学生能考出相对偏高的成绩,测验从未学过的新知识时,学生的成绩很低;考形式和内容同教师的讲义差别不大的死题时,成绩较高,而考灵活运用时,成绩偏低。即学生掌握了具体的知识而没有掌握知识转化的能力,为什么会这样呢?主要的原因恐怕在于教师习惯性地满足于"讲授"而剥夺了学生发表意见的机会,教学中只有教师的"独白"而几乎没有学生的声音,没有学生与教师的"对话",也就没有了学生思维的主动发展。当前的课堂教学改革必须打破传统的"教师独白"而走向教师与学生"对话",由"独白式教学"走向"对话式教学"。

"独白式"教学中教师实质上就是"知识专制",教师的任务似乎是把知识作为工作的主要对象,恨不得把自己所知道的知识全部教给学生,知识成了中心,而学生处于教育的边缘。"独白式"教学中教师虽然进行着表演,却没有观众。教师关注的是自己的表演,而不关注学生(观众)的反应;学生很少有表演的机会,即使表演,教师也不愿当观众。"独白式"教学追求着短期的效率,却忽视了教育的意义和丧失了长期的教学效率。

"对话式"教学的内涵是:(1)"对话"作为一种态度:介入。教学过程是教育者、受教育者、教育中介三者之间的相遇过程。因而,教学中没有缺席的权力,教学活动是一种在场的相互对话活动。介入的态度使每一个教育当事人都有了一种集体意向性,都是意识到"我们在……"(2)"对话"作为一种关系:平等。教学中,教与学的双方只有在知识掌握方面的不平等,而在人格上、在教与学的方式上是平等的,也只有平等的对话才是真正的"对话",否则就可能是"传话"或"训话"什么的。(3)"对话"作为一种认知方式:生成与建构。对话作为认知方式不是复制性的、机械性的,而是一种生产性、创建性的过程。"独白式"教学就是一种知识的复制或再现,注重的是结果即知识的掌握;而对话式教学所进行的是知识结构的不断重构和更新,注重的是过程即知识的生成与不断建构。对话作为认知方式有其开放性、随机性。有些观点是想出来的,但有些观点是"讲出来"的,这是"对话式"教学的另一认知功效,这即是"对话的灵光"。因为对话可以使人们找到更多的兴奋点,对话不仅有助于清理思路,而且有利于打开思路。(4)"对话"作为一种生活方式:理解与共识。"对话式"教学使人与人之间相互沟通、交往、理解,对话不一定要以达成共识为目标,但若能达成共识,则对于形成必要的公共领域、恢复"生活世界"的融合性具有重要意义。

实现从"独白式"教学到"对话式"教学的转变就要求教师:以审美的眼光、欣赏的眼光、发展的眼光来看待学生,把学生理解为同时具有自我保护生命力与自我完成生命力的实体;把学生看成是一个既具有历史性的,又具有开放性的自我创造者,承认对问题理解的个人性、历史性,尊重学生独特的存在与发展方式及其进程,促进每一个人最大可能的充分发展。

(四)从教育观念的转变到课堂教学行为的转变

现实中,许多老师的教育观念已经转变,但还未落实到其具体的教学行为上,形像神不像,表现出一定的差距。比如这样一些课堂教学行为:(1)过分强调学生的主体性,忽视了教师的主导性,教学的目的性不明确,教师对学生的体验、感知不能加以提升概括。(2)过分强调课堂的热闹、出新,忽视了对学生思维品质的培养,忽视了学生内在的真正的发展。(3)用事先设计好的"圈套"去框学生,引导是请君入瓮,评价是先入为主,帮助是给出答案。(4)自主学习变成了放羊式学习,教师一味要求学生自己的探索、分析、比较、概括,思考问题的理解,寻找问题的解决方法、途径等却不给予必要的指导和在关键处点拨学生。导致"放"就是放任自流,"抓"就是包办代替、注入灌输。(5)小组合作讨论探究流于形式,学生还未真正产生自己的感受和看法,以至于学生的讨论不够深入。有的小组进行了充分的探究,但未能给充分的时间展示学生的探究思考的成果和产生的情感体验。(6)教师在强调开放性答案的同时,忽略了知识的准确性,对于学生理解上的偏差不能旗帜鲜明的加以纠正。如此等等,要求教师切实将自身教育观念的转变落实到课堂教学的实际行为中去,以教育观念的转变促进课堂教学行为的变革,以课堂教学行为的变革来践行新的教育理念。

(五)从"搬运、捆绑型"教师到"创新型"教师

为什么在教学改革不断深化的今天,在课堂改革一派繁荣的背后,仍然存在着这样一系列关乎课堂生存与质量的深层问题？原因固然是多方面的，但其中重要的因素之一恐怕在于，长期以来在我们热衷于将各种理论、模式和方法引入移植到课堂，并要求教师接受、认知、照搬和实施这些新的东西时，忽视了教师基于自身体验、感悟、反思、实践而形成的教育智慧的作用，忽视了创新型教师的成长。创新型教师是具有较高教育智慧水平的教师，是教师在探求教育教学规律基础上长期实践、感悟、反思的结果，也是教育理念、知识学养、情感与价值观、教育机智、教学风格等多方面素质高度个性化的综合体现。

在现实的中小学课堂教学中，教师长期形成的一些习惯工作方式在很大程度上阻碍着创新型教师的形成。这些习惯方式主要表现为两类：（1）搬运工式的教学方式。在这类方式下，教师在整个教学过程中所做的主要工作就是简单的搬运，即把所要教的知识、内容从教科书、教参上搬运到教案上，然后把教案搬到课堂里，再把教案的内容告诉学生，一个教学流程就算完成了。在这样的教学过程、教学方式中，教师很难有什么创造性。教科书、教参已经成了教师的圣经，教师很难超越。（2）捆绑式教学。所谓捆绑式教学，就是对学生的思考、对学生的问题解答、对学生的整个思维活动进行人为控制、牵制。按照这种方式，课堂中，教师不像过去那样把结论、答案直接告诉学生，而往往是以启发的方式提出问题，但教师很快就会以引导性、暗示性的评价语言迅速把学生的思路、解决问题的方法引到设计好的标准化路线上来，然后在教师的牵引下迅速指向标准答案、正确答案。这样一个教学过程就完成了。这对知识的传授可能是高效的，但是高效背后牺牲的却是学生独立思考能力及实际解决问题能力发展的空间和权利。

从"搬运、捆绑型"教师到"创新型"教师，要求教师：（1）走出经典教学体系，敢于打破经典教学体系中教学的标准化、规范化、程序化等一整套规范操作要求，重新认识教学的意义与价值，尊重教学体系的多样性、复杂性、灵活性、生成性、选择性，重建属于自己的课堂教学体系。（2）注重自身教学实践经验的积累和实践反思。在教学积累中成长、在教学反思中进步、在教学实践中获取教育智慧。（3）重视自身的情感体验，形成自己独特的教学风格。教师的智慧可以通过学习获得，但这种学习首先必须立足于个体经验，外来的知识只有在和教师的个体经验结合的时候，才能被内化。现在各种"格式化"的培训忽视了教师个人的教学情感体验，教师像被洗脑一样，最后变得都一样，失去了个性和个人风格，同时也就失去了教师个体的教育智慧。（4）教师要不断"充电"，提高自身的综合素质。教师个体的智慧需要在不断的学习中来积累，需要在综合学养全面提高的基础上来提升。另外只有在学习的同时不断的进行反思，才能使教师的学习提高到新的水平，才能不断的生成新的教育智慧，才能逐步成长为创新型教师。

第八章　学校德育改革研究

德育,在我国已约定俗成为广义的大德育概念,包含思想教育、政治教育、道德教育、法制教育和心理教育,尤其是包含前三种教育。而狭义的德育则指道德教育。多年来德育给人们的印象似乎是:它非常重要但又常常被忽视、被冷落;它费时多又总是吃力不讨好,效果差;它是教师最难教,学生也往往不喜欢的教育领域。其实德育是对人的发展有着重要作用的领域。因为智力和德性的发展是人的发展的两个主要方面,其中德性对人的成长起着更为核心和基础的作用。因为,我们不仅要使我们的学生变得更加聪明,还要让他们变得更加善良。正因为如此,20世纪80年代以来国际社会不约而同地重视德育领域,并采取各种改革措施提高学校德育的针对性和效果。我国也不例外,随着"以德治国"重要思想的提出,《公民道德建设实施纲要》的颁布实施和以"八荣八耻"为核心的社会主义荣辱观的提出,在全国范围内掀起了提高公民道德素质、加强社会主义道德建设、促进社会主义文化发展的热潮。在这种背景下,基础教育学校德育改革揭开了新的篇章。

第一节　学校德育目标改革

德育目标是德育活动的出发点和归宿,制约着德育内容的选定、德育途径与方法的选择和具体运用,成为当前学校德育改革的最先观照。随着世界经济全球化、政治多极化、文化多元化等进程的加快,传统基础教育学校强调"大而划一"的德育目标遇到了实践难题,为此,直面现实、反观自身、尊重规律的当代学校德育目标的改革就被推到了改革的"前台"。

一、学校德育目标概述

(一)德育目标的含义、特征及功能

德育目标是通过德育活动在受教育者品德形成发展上所要达到的规格要求,亦即德育活动所要达到的预期结果的标准。

德育是一种有确定目标的活动,德育目标是德育的出发点和归宿,为德育活动指明了发展方向和前进目标,提供了蓝图和依据,指导、调节、控制着德育过

程,从而使德育工作者在德育内容的确定、德育途径和方法的选择与运用、德育效果的检测与评定等方面更具有自觉性和目的性。

1.德育目标的特征

德育目标作为一种对活动结果的期望与预设,具有以下特征:

(1)预见性

作为德育活动结果的设定,德育目标确定时已对德育过程诸因素如教师、学生、教育内容、教育手段,以及教育过程诸环节如对道德价值和规范的认知与情感体验、道德内化、道德行为的改善等都有预先的设想。

(2)超越性

德育目标的超越性主要表现为两个方面。一是由于道德本身对生活的超越性,德育目标的要求应当高于德育对象的现实道德水平。二是德育目标产生于德育活动之前,具有时间上的超前特性。

(3)可能性

德育目标的制定不仅应具有超越和超前的特点,还应当考虑到社会发展及德育对象的道德发展两个方面的实际,具有实现的可能。德育目标是一种对德育对象影响的预期。德育影响作为德育主题道德建构的价值环境能否有效实现,要害在于环境的设计能否与主体的接受状态联系起来。不进入主体接受的阈限,德育目标就是妄想。此外,长远或超越性的德育目标既要有现实性,又要有实现它的具体方式,比如将目标进行分解、分层等工作。

此外,由于德育活动具有强烈的价值或意识形态色彩,德育目标也具有全人类的普遍性、历史性、民族性和阶级性。

2.德育目标的功能

德育目标作为德育活动的出发点和归宿,具有以下功能:

(1)导向功能

德育目标规定了德育活动所应培养的人的基本品质,实际上就是规定了德育活动的最大方向,对具体德育活动具有引导和激励的功能。学校德育活动是一个系统工程。一方面,它表现为有关教育制度的建立、教育规划的确定,以及教育活动内容、形式及教育方法的选择,等等;另一方面,它又必须是各个年龄段教育的合成,是学校、家庭和社会教育的结合。无论在空间或时间维度,都必须朝向德育目标所指明的方向。道德教育制度的建立、教育内容的确定,以及教育活动形式及教育方法的选择等都必须以德育目标为最高准则;同时,学前、小学、中学、大学及大学后的德育,以及学校、家庭和社会教育等等也都应互相配合,以整体德育目标的达成为最高目标。因此,作为这一整体活动方向的德育目标是全部德育活动的灵魂。

（2）调控功能

从宏观上说,德育目标对教育规划和教育结构的确立与调整等具有指导、协调的作用;从微观上说,德育目标对具体德育内容的安排,对教育活动形式及教育手段、方法和技术的选择等,有支配、协调和控制、调节的作用。在正确理解和掌握德育目标的条件下,德育主体(教师等)在制定教育规划与政策以及设计和实施德育活动的大小方案时,都会自觉地按照德育目标的要求行事,以克服具体德育活动的盲目性;当教育政策或德育活动偏离德育目标所规定的方向时,教育工作者也会自觉地反思和予以纠正。

（3）评价功能

德育活动既然以德育目标为出发点和归宿,那么,检验德育活动成功与否的最根本标准,也应是德育目标。评价教育规划与政策及德育过程是否有效,教师德育工作成绩的高低,以及在道德教育活动中学生品德成长的状况如何,虽然还必须有非常细致的具体评价标准,但是所有细化的评价标准的最高价值预设都来源于德育目标。德育目标是整合所有具体的道德教育评价标准的精神内核,也是德育评价的最高标准。当具体评价标准有违德育目标时,就需要对具体评价标准作出修正。

（二）德育目标的类型

由于德育目标在德育体系中处于统领的地位,意义重大,所以不同的德育家或教育家都会有着自己的理解。同时由于德育目标的确定具有很大的价值色彩,不同的价值取向、不同的知识背景、不同的环境影响都会形成不同的德育目标观念。概括起来,有关德育目标的类型可作如下三种不同的分类。

1. 社会本位的德育目标与个人本位的德育目标

根据德育目标制定的目的或出发点来划分,德育的目标可以分为社会本位的德育目标与个人本位的德育目标。社会本位的德育目标的主要特征是从社会的需求出发来界定德育目标,主要代表人物有法国教育社会学家涂尔干和德国教育家凯兴斯坦纳等人。社会本位的德育目标主张者认为,没有社会,德育就没有目的。德育既不是为自己也不是为他人的行为,德育的目的只能是社会利益,德育的唯一目的就是使个体实现社会化。社会本位的德育目标理论的积极意义在于确认了德育的重要使命之一就是促使个体的社会化。其消极意义则在于容易导致德育过程中对个体的强制,忽视个体人的内在需求与发展的规律性。

个人本位的德育目标与社会本位的德育目标的出发点正好相反,强调德育应当从受教育者的道德本性和需要出发,强调个人价值的重要,主要代表人物有法国教育家卢梭、瑞士教育家裴斯泰洛齐、美国教育家杜威等人。个人本位的德育目标主张者认为,德育的目标在于提升个体的生存价值和生命质量,使之成为自主、自由的道德主体。"我的目的是:只要他处在社会生活的旋流中,不至于被种种欲念或人的偏见拖进旋涡里去就行了；只要他能够用他自己的眼睛去看，用他自己的心去想，而且，除了他自己的理智以外，不为其他的权威所控制就行了"①。个人本位的德育目标理论的积极意义在于反对德育过程中的强制灌输，主张遵循人的个性特征施加影响。其消极意义则在于脱离社会发展的需求来谈个体的道德发展，无疑会降低甚至取消德育影响的可能。

2. 外在的德育目标与内在的德育目标

根据德育目标是追求外在的功利评价还是内在的德性修养，可将德育目标划分为外在的德育目标和内在的德育目标。前者强调的是道德教育外在功利的结果，强调国家对公民的道德要求，重视外在评价对德育的影响。后者强调的是德性修养本身，《大学》中说："自天子以至庶人，一是以修身为本"。外在的德育目标因只强调德育的外在目的，易导致德育功利主义的危险，反过来也影响到外在目的的真正实现。而内在的德育目标因只强调德育的内在目的，易导致修身养性的盲目性，反过来也不利于修身。

3. 理想的德育目标与现实的德育目标

根据德育目标对现实的观照程度，可将德育目标分为理想的德育目标和现实的德育目标。理想的德育目标往往是现实德育发展的终极目标，强调对现实的极大超越，如西方德育目标最终指向近乎于神的理想人格，中国古代的德育一直以圣贤人格的养成为最终的目的。而现实的德育目标则倾向于较为接近生活现实的德育目标，强调对现实的观照，主张从现实社会出发设定德育目标，并在此基础上追求高尚的道德。理想的德育目标因不大与具体、现实的德育目标结合，易导致过高的、脱离实际的德育目标无法在德育实际过程中落实；而现实的德育目标因过分强调德育目标的现实性，易导致德育庸俗化的结果。

（三）影响德育目标制定的因素

1. 社会需要

德育是根据一定社会的需要来培养人的品德的。因此，德育目标的提出必然要受到一定社会历史条件的制约。第一，人类社会生活、社会实践活动对人的品德的基本需要，制约着德育目标的一般要求。第二，一定社会的生产力性质和水平以及政治经济制度，制约着德育目标的特定内容及其社会阶级性质。第三，一定社会的经济结构、社会结构、教育制度，制约着各级各类学校德育的具体目标。第四，一定社会的精神文化、民族传统对德育目标具有重要的制约影响作用。

在我国新时期，学校德育目标应依据社会主义初级阶段的社会性质、历史特点和任务来确定。社会主义初级阶段是我国现阶段的基本社会性质、特点和国

———————

① 卢梭.爱弥儿[M].李平沤，译.北京：商务印书馆，1978：306.

情。社会主义初级阶段的历史任务是进行社会主义建设,把我国建设成为富强、民主、文明的社会主义现代化国家。因此,我国新时期的德育目标应满足发展社会主义经济、政治、法制、教育、科学、文化的要求,适应把中国建设成为社会主义现代化强国和最终实现共产主义目标的需要,使人形成具有中国特色社会主义的现代特征的品德。

2. 德育对象身心发展的规律

德育的对象是人,是人的品德,因此,德育目标的确定必须依据人的身心发展规律、特点、水平和需要,尤其是作为德育对象的人的品德发展的规律、年龄特点、水平和需要,与此同时也要考虑他们在现时代出现的一些新的思想特点。德育的实质是把一定社会的思想道德转化为受教育者个体的品德。受教育者的品德应该和可能达到什么样的规格要求,既要反映社会的要求,同时又必须考虑到他们身心发展特别是品德发展的规律、特点、水平和需要。德育的要求只有落在德育对象品德发展的"最近发展区"上,才能引起和转化为受教育者个体品德发展的新需要,从而形成受教育者品德发展的内部矛盾运动,推动其品德的形成和发展。脱离德育对象身心发展、品德发展的需要与可能,提出过高或过低的德育要求,都不能促进德育对象的品德发展,甚至阻碍其品德发展,德育目标或德育要求就不可能达到。因此,德育对象的需要与可能是确定德育目标的重要依据。对于基础教育学校的德育来说,儿童年龄特征特别是品德发展年龄特征,是确定学校德育目标的具体依据。

3. 教育目的及其理论

德育目标是教育目的的组成部分和具体化,它是为实现教育目的服务的。因此,德育目标的确定必须以教育目的为依据。如果说社会因素和德育对象因素是确定德育目标的客观外部因素的话,那么,教育目的则是确定德育目标的直接的内部的因素或环节。这就是说,人们确定德育目标的直接的依据是一定社会或阶级的教育目的。

一定社会的教育目的是依据一定社会的要求以及受教育者身心发展规律与需要确定的,但直接影响和制约教育目的的确定的依据则是一定的教育目的理论。由于教育发展史上有社会本位论和个人本位论的不同教育思想理论,因此就有与之相应的教育目的社会本位论和个人本位论。由于不同的教育目的论影响着教育目的的确定,因此,这种不同的教育目的论就成为影响德育目标制定的直接的内部的认识因素。在马克思主义哲学世界观和教育思想的指导下,我们坚持社会需要与个人发展需要辩证统一的教育目的论,因此,我们在德育目标的设计或规划上也坚持社会需要与个人品德发展需要的辩证统一,这种思想认识是影响和制约我国社会主义德育目标制定的认识因素或思想理论基础。马克思主义关于人的全面发展学说是确立社会主义教育目的的理论基础；使受教育者在德智体美等方面生动活泼主动地发展，成为社会主义新人，是社会主义教育目的的根本要求。因此，从指导思想和理论基础来说，我国社会主义初级阶段的德育目标应根据社会主义初级阶段教育目的及其理论来设计、规划和确定，具体说就是应根据社会主义初级阶段社会发展需要和受教育者品德发展需要与可能的辩证统一目标理论来设计、规划和确定。

二、学校德育目标的内容与特点

(一)我国学校德育目标

1988 年 12 月 25 日《中共中央关于改革和加强中小学德育工作的通知》指出：“现在的中小学生是二十一世纪社会主义建设的主力军。他们的思想道德和科学文化素质状况，不仅是当前社会文明程度的重要体现之一，而且对我国未来的社会风貌、民族精神有着决定性的影响。从现在起，就必须努力把他们培养成为有理想、有道德、有文化、有纪律的一代新人。”①“有理想、有道德、有文化、有纪律的一代新人”总体上反映了我国的德育目标。其中“有道德”的主要内涵包括中华民族的传统美德、社会公德、职业道德和社会主义、共产主义道德等内容。上述德育目标又是具体体现在基础教育学校德育目标上的。以下是我国基础教育阶段中小学的德育目标：

我国《小学德育纲要》(1993)规定小学德育的培养目标是：“培养学生初步具有爱国家、爱劳动、爱科学、爱社会主义的思想情感和良好品德；遵守社会公德的意识和文明行为习惯；良好的意志、品格和活泼开朗的性格；自己管理自己、帮助别人、为集体服务和辨别是非的能力，为使他们成为德、智、体全面发展的社会主义建设者和接班人，打下初步的良好的思想品德基础。”②

我国《中学德育大纲》(1995)规定中学德育的总目标是：“把全体学生培养成为热爱社会主义祖国的具有社会公德、文明行为习惯的遵纪守法的公民。在这个基础上，引导他们逐步树立科学的人生观、世界观，并不断提高社会主义思想觉悟，使他们中的优秀分子将来能够成为共产主义者。”其中初中阶段的德育目标为：“热爱祖国，具有民族自尊心、自信心、自豪感，立志为祖国的社会主义现代化努力学习；初步树立公民的国家观念、道德观念、法制观念；具有良好的道德品质、劳动习惯和文明行为习惯；遵纪守法，懂得用法律保护自己；讲科学，不迷信；具有自尊自爱、诚实正直、积极进取、不怕苦难等心理品质和一定的分辨是非、抵制不良影响的能力。”高中阶段的德育目标是：“热爱祖国，具有报效祖国的精神，

① 教育部基础教育司.中小学德育工作文献规章要览[M].北京：人民教育出版社,1998:20.
② 教育部基础教育司.中小学德育工作文献规章要览[M].北京：人民教育出版社,1998:63.

拥护党在社会主义初级阶段的基本路线；初步树立为建设中国特色的社会主义现代化事业奋斗的理想志向和正确的人生观，具有公民的责任感；自觉遵守社会公德和宪法、法律；养成良好的劳动习惯、健康文明的社会方式和科学的思想方法，具有自尊自爱、自立自强、开拓进取、坚毅勇敢等心理品质和一定的道德评价能力、自我教育能力。"①

(二)我国学校德育目标的特点

1. 尊重了德育目标的历史延续性

我国现行的德育目标是建国以后德育目标的历史延续，既尊重了历史的客观现实，也反映了时代发展的新需求，较为充分地反映了我国社会主义国家体制以及改革开放的进程，一直强调德育的社会主义方向性原则，强调国民公德意识，强调德育为社会主义现代化建设服务；同时德育目标也反映了时代发展的新需求，加强了对基础道德、社会公德、职业道德和文明习惯等方面的教育，加强了德育对人的全面发展的促进，加强了德育对新时期、新情况的关注等（如强调培养公民责任感、心理品质、道德评价能力）。

2. 注意到了德育目标的层次性

当前我国基础教育学校德育目标注意到了层次性，有了基本要求和较高要求两个层次，注意到了德育目标分类的必要。如我国《小学德育纲要》（1993 年）规定小学德育的培养目标是："培养学生初步具有爱国家……的思想情感和良好品德；……为使他们成为德、智、体全面发展的社会主义建设者和接班人，打下初步的良好的思想品德基础。"强调了小学阶段的"初步基础"的意义。《中学德育大纲》（1995 年）规定中学德育的总目标是："把全体学生培养成为热爱社会主义祖国的具有社会公德、文明行为习惯的遵纪守法的公民。在这个基础上……使他们中的优秀分子将来能够成为共产主义者。"强调了中学德育的基本目标是培养遵纪守法的社会主义公民，最高目标是使部分优秀分子将来能够成为共产主义者。摈弃了以往"使学生具有共产主义道德品质"（1963 年《全日制中学暂行工作条例(草案)》之中学德育目标）的不切实际一刀切的做法。

3. 体现了社会要求与个人发展的统一性

当前我国基础教育学校德育目标体现了社会要求与个人发展的统一，对个体道德观念、责任感和道德批判能力等等的培养问题有了初步的强调。如《小学德育纲要》（1993 年）规定 "培养学生……良好的意志、品格和活泼开朗的性格；自己管理自己、帮助别人、为集体服务和辨别是非的能力……"《中学德育大纲》（1995 年）规定初中阶段的德育目标为使学生："具有自尊自爱、诚实正直、积极

---

① 教育部基础教育司.中小学德育工作文献规章要览[M].北京:人民教育出版社,1998:76.

进取、不怕苦难等心理品质和一定的分辨是非、抵制不良影响的能力。"规定高中阶段的德育目标是使学生："具有公民的责任感；具有自尊自爱、自立自强、开拓进取、坚毅勇敢等心理品质和一定的道德评价能力、自我教育能力。"

4. 考虑到了德育工作的阶段性

从一个国家终极的德育目标来说，德育目标只能有一个。但若从实现这一德育目标的历程来说它又是有阶段性的、连续的，不是一蹴而就的，这个阶段性就是德育对象所处的身心发展的阶段。所以一个国家完整的德育目标不能在其实现的历程中自始至终是一样的具体要求，而是自始至终一样的努力方向，表现出一定的阶段性。所以，当前我国基础教育阶段学校的德育目标正是考虑到这一特性而对小学和中学的德育目标分别用两个大纲加以规定，同时即使是中学德育大纲中，也区分了初中阶段和高中阶段的阶段德育发展目标。

三、学校德育目标存在的问题及改革思路

（一）中小学德育目标存在的问题

1. 德育目标大而划一，没有形成明显的目标序列

德育目标规定着德育工作所应实现的基本任务，是德育工作的出发点，它不仅影响着德育的内容、形式和方法，而且也制约着德育工作的基本过程。有什么样的德育目标就会有什么样的德育要求，科学德育目标的确立和德育要求的提出都要符合德育的规律和中小学学生身心发展的实际情况。研究表明，人的道德认知遵循着循序渐进的规律，是从无律到他律、自律阶段的发展历程。因此，同样是小学生，一年级的学生和六年级的学生所能够达到的道德要求显然是有区别的，即使同样是六年级的学生，其道德追求也会存在着很大的差异。学校德育的目标需要形成一个比较细致的德育目标序列，并对不同的教育对象提出不同的道德要求。然而，长期以来，我国中小学德育工作中提出的目标往往过高，过于理想化，没有形成循序渐进的目标序列。而在具体德育实施过程中，为了追求"高大"的目标，很多教师又趋向于向学生提出过高的要求，造成学生基本的道德要求被忽视。这种缺乏针对性的高目标、高要求的德育造成的后果是学校德育的天平向少数学生倾斜，德育工作热衷于抓尖子、抓典型，对大多数学生的品质培养和训练重视不够。大而划一的德育目标和德育要求还会产生另一个后果，就是容易造成学生光会说不会做，知行脱离。

2. 德育目标的制定主体较为单一，具体德育工作者、学生、家长等并未真正参与

当前我国基础教育学校的德育目标基本上是以国家决定和颁布的方式确定的。虽然国家作为教育主体之一有决定和颁布学校德育目标的权利和必要，但是

如果国家的学校德育目标的制定没有具体德育工作者、学生、家长、社区等的积极地、实际地参与,那么它的实施效果将会大打折扣。因为,没有具体德育工作者、学生、家长、社区等的积极参与,其一,容易导致基础教育学校的德育目标脱离学校德育工作、学生品德发展规律、社区道德需求的实际,成为华丽或颇具诱惑的词语堆积成的花瓶;其二,容易导致具体德育工作者、学生、家长、社区的消极甚至是抵制的情绪,不利于他们参与德育工作积极性的调动。

3. 德育目标对社会需求给予了充分的关注,对学生个人的生活幸福、情感强调不够

人的品德形成和完善过程也是人在一个社会里合法合理地逐步满足长期的生理需要、安全需要、归属需要、尊重需要、自我实现需要的过程。在个体主体意识日益高涨的现代社会,只有自下而上的、从学生个人本位需要出发的德育,才容易成为学生内在的、自觉的、主动的道德认同、价值选择、情感体验和行为追求,成为其当前和今后生活的基本内容,这也是学校德育的出发点和归宿。

"我认为现在要特别重视情感在个体道德和道德教育中地位和价值。……道德在本质上是人对自身的精神需求不断提升的结果,它主要用情感满足与否及用什么方式满足和表达来表征自身的精神需求。因此德育的过程……更为牢固的基础和深层核心还在于人的情感——态度系统的改变。通过综合各学科发展成果……特别是正视当代道德教育现实之不足,我们愈加认识到,必须高度重视情感在个体道德形成及德育中的地位和价值。"[1]

从总体上看,我国基础教育学校的德育目标仍然以社会本位为主,对个人生活幸福、情感等强调的不够。"如果在道德教育的目标体系中完全没有个人存在,这一目标就很难讲是'现代'的。"[2]

4. 德育目标对学生民主品格、国际意识与对社会、国家的理性批判和反思能力的培养强调不够

德育培养目标无疑最能体现德育甚至教育改革的价值追求和取向,当前我国基础教育学校的德育目标尽管体现了时代的部分要求并加强了现实针对性,但仍显不足,表现在:第一,在对学生的品格素质目标的要求上,它虽然反映出对经济发展、科技进步的高度关注,却未能充分注意我国当前政治体制改革逐渐深化和民主政治建设推进的新需要,在目标表述中没有明确地提出社会主义政治文明建设与发展对青少年学生的民主品格、民主精神的素质要求(只是空泛地提"遵纪守法"等),无益于民主公民的培养和整个社会政治文明的进步。第二,德育目标对学生的国际意识(视野)和对社会、国家、民族的道德理性反思和批判能力

① 朱小蔓.教育的问题与挑战——思想的回应[M].南京:南京师范大学出版社,2000:314~315.
② 檀传宝.学校道德教育原理[M].北京:教育科学出版社,2003:78.

的培养重视不够。一方面,德育目标在高度强调国家、民族认同以及增强民族自豪感重要性的同时(这的确是非常重要的),却忽视了在全球化时代的生存对人的国际意识、多元文化意识等的培养和对本民族、国家历史的道德理性反思与批判意识培养的重要性。另一方面,在政治多极化、经济全球化、文化多元化的今天,学生的国际视野,悦纳各国优良道德传统的胸怀、理解或正视各国道德发展历史与差异的精神;反思与批判本国道德发展历史与传统的精神、建构新的适应本国社会发展的道德目标体系的能力也成为现代社会对"现代人"的基本要求。

(二)当前我国学校德育目标改革的思路

1. 建构多层次的学校德育目标体系

长期以来存在的既表现在德育的目标不分学级、千人一面,又表现在德育的任务不分层面、要求过高的"统一观"近年来已受到冲击。分层次构建德育目标已成为人们的共识,但在如何分层次上不同的论者有不同的主张。张人杰教授在批判德育目标的单纯统一观的基础上,提出了德育目标的具体层次构想:在社会转型期的伦理道德价值观可分为四个层面,亦即:"应该提倡的""必须做到的""允许存在的"和"坚决反对的"。学校德育需侧重的则是"必须做到的"和"坚决反对的"这两个层面。北京大学赵敦华教授依据希腊神话进一步细分为不同层次,与张教授的四个层面极为吻合:在理想的黄金时代,己之所欲,先施于人——应该提倡的,即先人后己、公而忘私,你想别人怎样对待你,你先怎样对待别人,这样人类友爱和平,共同发展;白银时代,己所不欲,勿施于人——必须做到的,即你不想受到伤害,也不要伤害别人,做到洁身自好,这样人类可以和平共处;青铜时代,人施诸己,也施于人——允许存在的,即以别人对自己的行为来决定自己对别人的行为,以德报德、以怨报怨,这时人类战争与和平共存;黑铁时代,己所不欲,先施于人——坚决反对的,即为免自己可能受到伤害,就先下手为强,先打击、消灭所有潜在的对手,从而摆脱可能受人攻击所带来的被动,如德、日等发动的世界大战、争霸活动,强者为王败者为寇,这样人类战争不断,冲突不断。①

在建构我国学校德育目标时,除了考虑到德育自身的层次性(如提倡的层次、要求的层次、允许的层次、反对的层次)外,还需要考虑到学生身心发展特征来确定各年级段的德育目标。如在小学低年级,可以适应学校生活和养成基本生活习惯等为目标;小学中年级,可以注重培养自立性和有节制的生活态度等为目标;小学高年级,可以强调培养作为集体和社会中的一员应有的自觉性和责任感等目标。同时在德育的实施途径和方法上也应体现年级段的特点。

---

① 李海燕.以人为本、以德为先构建学校德育的三维模型[J].课程·教材·教法,2006,(7).

2. 扩大学校德育目标制定的参与性、民主性

学校德育目标直接关系着一个国家未来人才的品格素质，因此它的制定应该是一个非常复杂和慎重的过程，这其中虽然决策者的意志起了决定性作用，但决策者也不能随心所欲，他要受到各种因素的制约，要反复权衡利弊，要广泛听取各个阶层、各个利益团体、相关德育专家等的意见，并采取民主的制定程序方可制定出较为符合国情、适应时代发展需求的德育目标。

在我国当前的学校德育目标的发展与完善的过程中，除了政府决策部门发挥主导作用外，还必须广泛吸纳德育专家、德育实际工作者、学生代表、家长代表、社区代表、相关利益团体（如企业、群众性组织等）代言人等的合理性建议，同时在德育目标的制定体制和程序上尽可能做到科学化、民主化，要较多地采用专家起草、集体论证、多方听证、充分酝酿等民主决策的方式，并往往要经过多次论证和修订，使最后出台的德育目标越来越具有民主性、广泛性、可能性和科学性。

3. 学校德育目标的制定体现"以人为本"的理念

学校德育目标的制定体现"以人为本"的理念，就是改变旧的、采取外在束缚人的方法来禁锢人、谋求一时一地的社会稳定的学校德育，而是从个人出发，创造条件来发展人，追求内在自觉的、长期的个人和社会和谐进步的学校德育。个人若自觉地遵循和追求社会文明的行为规范，会使得个人被他人、社会团体所接纳和尊重，有利于个人的身心安全，保障了社会有一个共同期望的和谐生活秩序，更有利于个人以他人或社会允许的合法合理的手段获得其生存与发展的社会资源，实现自我的幸福，而每个人对自身环境的改善和生活质量的提高，也是社会文明进步的表现，对真善美的追求也是人类理想生活的终极目标。因此，德育并不是学生敬而远之或高不可攀的外在东西，而是寻求个人成长优良环境的内在的、自觉的需要和保障，可以是学生的自觉意识和自觉行为。所以，以人为本的德育最终依然会实现德育的社会价值。正如江泽民同志在"七一"讲话中所指出的，"推进人的全面发展，同推进经济、文化发展和改善人民物质文化生活，是互为前提和基础的。人越全面发展，社会的物质文化财富就会创造得越多，人民的生活就越能得到改善，而物质文化条件越充分，又越能推进人的全面发展。"①

4. 加强对学生民主品格、国际意识与对社会、国家的理性批判和反思能力的培养

"倘有一个社会，它的社会成员都能以同等条件，共同享受社会的利益，并通过各种形式的联合生活的相互影响，使社会各种制度得到灵活机动的重新调整，

---

① 江泽民.论三个代表[M].中央文献出版社,2001:180.

在这个范围内，这个社会就是民主主义的社会"。而"这种社会必须有一种教育，使每个人都有对于社会关系和社会控制的个人兴趣，都有能促进社会的变化而不致引起社会的混乱的心理习惯。"①人们最终认识到，民主政治应当比任何一种社会更热心道德教育，因为，其一，一个民主的政府，除非选举人和被统治者都接受过良好的教育，否则民主政治将无从实现；其二，"民主主义不仅是一种政府的形式，它首先是一种联合生活的方式、是一种共同交流经验的方式。"②所以我国的学校德育目标中应加强学生民主品格的培养，如学会参与并养成民主意识、学会负责并形成责任感、学会关心并建立彼此信任、学会理解并达成有效共识、学会宽容并创造和谐气氛、学会与人共同生活并营造愉快的生活环境等。

"新时代的新文化是互补互生的文化，是交融出来的文化。因此成人对待儿童的最聪明、最明智的方式就是平等、对话、相互尊重、相互欣赏和相互补充。"③而作为在政治多极化、经济全球化、文化多元化的今天，我们对待别国的德育目标、内容、模式、方法等最聪明、最明智的方式又何尝不是平等、对话、相互尊重、相互欣赏和相互补充呢？我们又何尝不需要在开放的国际视野下对我国传统的德育目标进行扬弃呢？但这决不意味着我们要迷失自我，而是更好地在多元背景下保存、发展、完善自我。这就要求我们从小就要让孩子学会批判而不是无端指责或是牢骚抱怨，学会接纳而不是夜郎自大或是自暴自弃，学会反思而不是急功近利或是好高骛远。

第二节　学校德育内容改革

如果说德育目标是德育活动的出发点和归宿的话，那么德育内容就是实现从起点到终点的"物质载体"，是德育目标得以有效实现的重要依托。德育内容因其历史性与时代性、社会性与民族性、稳定性与多变性、广泛性与确定性等特征当仁不让地成为当前基础教育学校德育改革关注的焦点。

一、学校德育内容概述

(一)学校德育内容的含义

德育内容是指德育活动所要传授的、用以形成人们品德的社会思想政治准则和道德法纪规范的总和及其体系。

---

① 约翰·杜威.民主主义与教育[M].王承绪，译.第2版.北京：人民教育出版社,2001:109～110.

② 约翰·杜威.民主主义与教育[M].王承绪，译.第2版.北京：人民教育出版社,2001:97.

③ 朱小蔓.教育的问题与挑战——思想的回应[M].南京：南京师范大学出版社,2000:311.

由于历史与文化条件的不同,不同历史时期和不同国家、不同文化的德育内容是各不相同的。但同时,不同社会和阶级之间,又有一些共同的社会意识及其体现的社会规范存在,如尊老爱幼、维护社会公共秩序、讲究公共卫生等社会公德,就是一些"共同道德",它就为不同社会和不同阶级的人们所共同遵守。尤其在当代社会,由于全球性道德问题的面临(如生态伦理问题,人口、发展、人权、消灭贫困、战争与和平问题等),目前学校德育中如何看待生命、如何保护环境以及如何使学生掌握人类生活所需要的普遍和基本的价值规范等内容已经成为各国学校德育的时髦追求。1980 年 16 个国家国际道德教育会议的报告中归纳出各国道德教育计划共同强调的内容有四类①:(1)社会价值标准,如合作、正直、社会责任、人类尊严等;(2)有关个人的价值标准,如忠厚、诚实、宽容、守纪律等;(3)有关国家和世界的价值标准,如爱国主义、民族意识、国际理解、人类友爱等;(4)认识过程的价值标准,如追求真理、慎于判断等。

同时,与道德教育内容的全球化趋势并行的是道德教育民族性的强调。世界各民族的学校德育无不珍视本民族的优秀道德传统并视为财富,在学校德育中加以强调。所以说,德育内容是社会阶级性、民族性和全人类性的统一,是社会历史性和继承性的统一。

(二)影响学校德育内容的因素

1. 一定社会的教育目的和德育目标

学校德育内容是为达到学校德育目标服务的,是服从于和服务于学校德育目标的,而学校德育目标又是服从于和服务于教育目的的,因此,学校德育内容必须根据教育目的、学校德育目标的要求来确定。教育目的、德育目标对德育内容的直接制约作用,间接地反映了社会对德育内容的根本制约作用。因为教育目的是根据社会需要和受教育者身心发展需要的统一性要求确定的。

2. 学生品德形成发展的规律和年龄特征

学校德育内容的确定必须考虑学生品德发展的规律。只有遵循学生品德发展的规律和年龄特征,使德育内容的深度和广度与学生品德发展的"最近发展区"相耦合,才能使德育内容是学生可接受的,才能使德育成为一种发展性的德育。

3. 当前形势任务和学生品德实际

学校德育内容的确定还必须考虑当前形势任务的要求和学生品德的实际状况及水平。在不同的历史条件时期,由于国内外社会政治经济等形势发展的具体状况及主要任务不同,不仅对学生品德上的要求也不同,同时也导致学生思想状

①拉塞克,维迪努.从现在到 2000 年教育内容的全球展望[M].马胜利,高毅,丛莉,等,译.北京:教育科学出版社,1996:158.

况的不同；此外，不同学生的品德发展实际水平是存在差异的，因而要使学校德育内容切合学生品德实际，具有针对性，取得实效，其确定必须考虑当前形势任务的要求和学生品德实际。

二、学校德育的主要内容

（一）当前我国学校的德育内容

根据 1993 年和 1995 年由原国家教育委员会正式颁布的《小学德育纲要》和《中学德育大纲》①，当前我国基础教育学校的德育内容主要包括以下方面。

《小学德育纲要》规定德育内容主要有以下 10 条：1.热爱祖国的教育；2.热爱中国共产党的教育；3.热爱人民的教育；4.热爱集体的教育；5.热爱劳动、艰苦奋斗的教育；6.努力学习、热爱科学的教育；7.文明礼貌、遵守纪律的教育；8.民主与法制观念的启蒙教育；9.良好的意志、品格教育；10.辩证唯物主义观点的启蒙教育。

《小学德育纲要》规定的 10 条内容中，最后一条属于思想教育的内容，第 2、8 两条属于政治教育的内容。其余 7 条基本上属于道德教育。这样的内容安排基本体现了道德教育的基础教育作用。

《中学德育大纲》对中学德育内容的规定是分学段进行的。但初、高中的内容要点大致相同。主要内容如下：1.爱国主义教育；2.集体主义教育；3.社会主义教育（高中是"马克思主义常识和社会主义教育"）；4.理想教育；5.道德教育；6.劳动教育（高中是"劳动和社会实践教育"）；7.社会主义民主和遵纪守法教育；8.良好的个性心理品质教育。

（二）当前我国学校德育内容的层次及其重点

依据现当代德育内容结构的一般趋势，从最基本的道德教育开始，当前我国中小学德育内容应当包括三个层次，即规则层次的德育内容；原则层次的德育内容；理想层次的德育内容。

所谓规则层次的德育内容是指学生在日常生活中必须遵守的一些具体的政治、思想、道德、法律行为规则。如尊敬国旗、国徽，会唱国歌，孝敬父母，友爱同学，不打架，不骂人，不说谎，不恃强凌弱，不损坏公物，不随地吐痰，不乱扔乱放等等。

所谓原则层次的德育内容是对各种规则层次德育内容的一般概括，是在一般情况下必须遵守而特殊情况下可以变通的政治、思想、道德、法律行为准则。如热爱和平，但对于别国的侵略我们又必须要敢于说不，敢于以武力的方式将其驱

---

① 教育部基础教育司.中小学德育工作文献规章要览[M].北京：人民教育出版社，1998：63～90.

逐出境;如诚实守信,但对于敌人的诱供,我们要敢于守口如瓶,善于"撒谎",对于一些需要鼓励和赞美的人来说,有些"善意的谎言"可能要比"实话实说"更能取得实效;如尊重他人,有时并不意味着对他人的缺点甚至错误熟视无睹,只是在批评或指正时应做到真诚等等。

所谓理想层次的德育内容又是对各项原则层次德育内容的高度概括,是学校大力提倡的并希望学生去追求的最高的政治、思想、道德、法律行为境界。如爱祖国、爱人民、爱科学、爱中国共产党、爱社会主义,舍己为人、公而忘私、无私奉献,维护法律尊严、伸张人类正义、维护世界和平等等。

由上可见,德育理想通过德育原则和德育规则得以体现,德育原则通过各种德育规则得以落实;德育理想又指导德育原则和德育规则的运用,德育原则也指导德育规则的运用。在具体的德育情境中,当两条或两条以上的德育规则发生冲突时,教师需要诉诸更高层次的德育原则,才能解决冲突;在两条或两条以上的德育原则发生矛盾时,教师需要诉诸更高层次的德育理想,才能化解或消除矛盾。德育规则性要求虽然比德育理想性和原则性要求更加明确、更加具体,更具有可操作性,但由于特定的德育规则常限于调节特定类型的学生行为,所以,一套德育规范中的德育规则无论规定的多么细致,都不可能涵盖所有学生的行为。这就需要教师对德育规则未加规定的学生行为领域,根据德育原则和德育理想加以灵活处置。因此,德育理想和德育规则有可能不依赖既定德育规则的中介,直接影响学生的行为。

依据以上对当前我国学校德育内容三个层次的划分,我们认为,当前我国基础教育学校德育工作的重点应当包括或强调以下几个方面。

1. 基本道德品质的教育

基本道德是个体生活的基础性道德要求。基本道德往往是历史上传承下来为人类社会广泛接受的道德规范。"我认为道德教育在内容上要选择那些相对恒定的德目来进行。比如勤劳、勇敢、诚实、守信、公正等基本德目。这些德目虽然具有历史的、民族的、文化的差异,但他们包含着人类文明共同的、基本的价值取向。我认为这些基本的东西要通过价值传递传给下一代。"[①]"不管时代如何变化,我们总将有着和我们祖先同样的需要。那就是,愉快、勇敢地度过我们的一生,和周围的人友好相处,保持那些指导我们更好成长的品质。这些品质是欢乐、爱、诚实、勇敢、信心等等"[②]。

德育的基础正是要教会学生做人。所以诸如公平、正直、诚实、勤劳、勇敢、仁爱等等基本的道德品质应当成为基础教育学校德育的奠基性内容。

① 朱小蔓.教育的问题与挑战——思想的回应[M].南京:南京师范大学出版社,2000:289.
② 商继宗.中小学比较教育[M].北京:人民教育出版社,1989:195~196.

2. 国民公德教育

国民公德教育是指通过德育对本国的国民给予的一种作为合格国民(公民)所应具备的基本的公共政治立场、思想观念、道德规范、法制观念等的教育。它的目的在于形成本国国民基本的集体意识、国家意识和民主法制意识,主要包括德育内容中的集体主义教育、爱国主义教育、民主与法制教育。

为何强调在基础教育阶段加强学校德育中的国民公德教育呢?第一,集体主义、爱国主义、民主与法制意识对当前我国的经济社会发展具有重大的现实意义。在当前我国扩大改革开放、健全社会主义市场经济的背景下,教会学生采取一种积极关心、参与建设的集体主义立场,在对集体至上和利己主义理性思考的基础之上,结合集体利益第一的原则,正确处理个人与集体的关系;巩固学生深厚的爱国主义情感,将抽象的爱国与现阶段爱社会主义、积极准备为国家建设贡献力量结合起来,将狭隘的民族主义与爱护世界和平、维护全人类的福祉、做世界的中国人结合起来,将民族自尊、自信心与虚心学习外国的先进科学文化结合起来,将爱国情感与实际的、点滴的爱国行动结合起来,而不是"网络上那么多豪言壮语,可在现实中情况却似乎正好相反"[1];将崇尚高尚的道德品质与遵循最起码的社会道德防线——民主与法制结合起来,将善良的参与国家政治生活的热情与遵循民主与法制的方式结合起来,将公民的权利意识与公民的义务意识结合起来。第二,在当前我国基础教育阶段的国民公德教育显得有些空泛与理想化,未能取得较好的实效,同时随着国际交往的频繁,出现了崇洋媚外、丧失民族自信心的不良倾向,一些人甚至不顾国格而走入歧途。因此,请务必"尊重你们的国家和文化。你们可以穿得像个法国人,说话像个日本人,但请你们内心一定得是个中国人。"[2]

3. 社会公德教育

其实社会公德教育和国民公德教育可统归为公德教育,之所以将两者区分开来是因为,第一,两者虽都属于公共品德(道德),但公共的领域不同,国民公德侧重于强调在国家生活中怎样处理个人与国家的关系,而社会公德则侧重于在社会日常公共生活中怎样处理个人与他人的关系;第二,我国传统上较重视"家"与"国",而较忽视了处于两者之间的社会生活,导致了在一些社会公共领域中社会公德意识贫乏的局面。如当众喧哗,在公共场所吸烟、不讲文明等等。

社会公德教育,其主要任务就是对学生进行基本的文明行为习惯和行为规范的教育,让学生不论在学校、在家庭还是在公共场所都能自觉遵守文明行为规

---

① Yaleon.让中国人汗颜的帖子[J].读者,2004,(2).

② Yaleon.让中国人汗颜的帖子[J].读者,2004,(2).

范。"'文明行为习惯'的内容广泛,涉及到人们生活的各个方面,看起来似乎全是日常小事,但却是一个有教养的人的文化修养和精神内涵的标志或表现。"①文明行为教育的具体内容是很多的。诚如《小学德育纲要》所强调的"教育学生关心、爱护、尊重他人,对人热情有礼貌,说话文明,会用礼貌用语,不打架、不骂人;初步掌握在家庭、学校、社会上待人接物的日常生活礼节;遵守学校纪律和公共秩序;讲个人卫生,保护环境整洁;爱护公用设施、文物古迹,爱护花草、树木,保护有益动物。"

文明行为习惯和行为规范的教育应当同对个体内部心灵的精神培育结合起来,避免出现外表很有"教养",实则虚伪、狭隘的道貌岸然的"伪君子"。同时也需要注意的是,行为规范也是人为的准则,具有相对性、发展性、动态性,"应当让学生积极主动地参与到有关规范的制定、修改和执行当中去,让学生做规范的主人而非奴隶。"②

4. 家庭美德教育

家庭道德关系处理始终是个体人生的第一议题。家庭伦理方面的道德教育既关系个人的幸福,也关系到社会的稳定与风尚。中国是一个十分注重家庭伦理的国度。从传统意义上说,中国文化是一个伦理的文化,而中国传统伦理体系的核心是家庭伦理。中国人始终相信"齐家"是"治国平天下"的基础。家庭美德教育曾经也应当继续成为中国德育理论和实践奉献世界的特殊文化财富。应当从这一高度去看待和加强家庭美德的教育。苏霍姆林斯基就曾明确指出:"爱国主义的神圣情感来自母亲。"③同时,随着改革开放的深入,我国传统的家庭价值观念正在受到越来越大的挑战。离婚率上升也成为学校德育的不利因素之一。从这一意义上说,我们也应当未雨绸缪,在学校德育中加强家庭美德教育。

家庭美德的教育内容也是很广泛的,诚如《公民道德建设实施纲要》所强调的"要大力倡导以尊老爱幼、男女平等、夫妻和睦、勤俭持家、邻里团结为主要内容的家庭美德,鼓励人们在家庭里做一个好成员。"

5. 信仰道德教育

"所谓'信仰道德教育'是指以终极价值体系建立为目标的教育活动,在中国的文化和体制之中,其主要内涵是:第一,要进行世界观、人生观教育;第二,要进行理想教育。"④儿童、少年处在世界观、人生观和理想的形成、发展的关键时期。世界观、人生观和理想教育应当成为基础教育学校德育的重点内容和根本任务。

① 檀传宝.学校道德教育原理[M].北京:教育科学出版社,2003:101.
② 檀传宝.学校道德教育原理[M].北京:教育科学出版社,2003:102.
③ 苏霍姆林斯基.给教师的一百条建议[M].杜殿坤,编译.天津:天津人民出版社,1981:157.
④ 檀传宝.学校道德教育原理[M].北京:教育科学出版社,2003:110.

世界观是人对世界总体的看法，包括人对自身在世界整体中的地位和作用的看法。它是人的自然观、社会历史观、伦理观、审美观、科学观等等的总和。

人生观是世界观在人生方面的表现，是关于人生目的、人生态度、人生理想等方面的基本观点，主要回答怎么对待人生、度过人生和在实践中实现人生的价值问题。通俗地说就是人为什么活着，怎样做人，怎样活着才有意义等问题。世界观、人生观问题实际是德育和生活的核心问题，是人们行为的出发点，也是德育必备的理性基础。

理想是人奋斗的目标，是人们对未来的憧憬与追求。人的理想包括生活理想、事业(职业)理想、社会理想等。理想是人们奋发向上的源泉。青少年是充满着理想的时期，向青少年进行理想教育，始终是德育的重要内容之一。同时理想也是人的精神内核之一。理想的培育是德育的最高目标，同时也是德育工作的基础。只有确立了正确的人生理想，学生才可能有健康、自觉的价值生活，才能有真正合乎道德的行为，形成真正的文明行为习惯。

三、学校德育内容存在的问题及改革思路

(一)学校德育内容存在的问题

1. 学校德育的内容泛化，导致德育名为丰富，实为垃圾箱

我国的"德育"起初也限指"道德教育"，但由于受到本土社会意识发展状态的影响，德育概念在我国迅速泛化。"日常行为规范养成教育、文明礼貌教育、纪律教育、法制教育、环境教育、人口教育、劳动教育、社会实践教育、国防教育、青春期教育、学风教育、审美教育、理想教育等，纷纷列入各级学校德育大纲，德育外延迅速膨大，几乎涵盖了社会意识形态的所有内容。可以说，我国目前的德育是一种涵盖整个社会意识形态的'大德育'。与其称之为'德育'，不如称之为'社会意识教育'。"[1]由此可见，当前我国基础教育的学校德育几乎成为无所不包的范畴，这样在名义上是重视德育，是加强德育工作，丰富学校德育工作的内容，实际上是把学校德育当作垃圾箱，什么东西都可以往里塞，无疑是加速了学校德育效果的滑坡，因为泛化的学校德育内容无疑会让我们忘却学校德育最根本的目标——让学生逐步养成做人与交往所必备的最基本的道德品质。同时，过于宽泛的学校德育内容，也往往使我们无法与世界上大多数国家在一个共同的语境下进行交流、共同讨论学校德育问题，因为他们的德育均指道德教育，我国德育的其他内容他们称之为公民教育、法制教育等。另外，在实践中，由于德育内容的泛化，容易导致道德问题与政治、思想、法制或心理问题相混淆，采取错误的教育策略，以一样的手段、

---

① 黄向阳.德育原理[M].上海:华东师范大学出版社,2000:7.

方法,通过一样的途径,遵循一样的原则,实施政治教育、思想教育、道德教育、法制教育、心理教育等。这在理论上是荒唐的,在实践中是有害的。

2. 学校德育重私德教育和国民公德教育轻社会公德教育

西方社会的学校,尤其是公立学校很长一段时间以来主要是进行公德教育尤其是社会公德教育,而不大进行私德教育和国民公德教育,因为他们认为私德教育是家庭和宗教的事,而国民公德教育又带有明显的政治倾向,这不利于公立学校保持公益性和中立的价值立场。但从近期的西方世界学校德育的改革来看,他们加大了学校德育中国民公德和私德教育的内容,原因是学校不可能脱离现存的社会而保持所谓的价值"中立",同时没有私德的支持,学校的社会公德教育往往事倍功半。

我国的学校德育长期以来因为强调"好孩子"、"好学生"的培养,所以特别重视私德教育和国民公德教育(主要是爱国主义教育、思想教育),忽视了社会公德教育,不大强调作为社会的一员该怎样参与到公共生活中去,该怎样维护社会公共秩序,怎样与人共同地、友好生活。这是因为,"我国有'家庭本位'和'国家本位'的传统。在我国,'家'与'国'的生活相对丰富,两者之间的'社会'生活却比较贫乏,造成'家'和'国'意识明朗,'社会'意识却非常淡薄的历史现象。""这就造成了中国社会一种费孝通所说的'差异格局':与己关系近的就关心,关系远的就不关心或少关心;结果有些事从来就没人关心,整个社会普遍缺乏公德心"。①

3. 学校德育理想较为泛滥,德育原则和规则相对贫乏

"西方学校德育重视在最低限度的要求上对学生行为的约束作用,我国学校德育比较重视对学生高尚的道德行为的激励作用。"②受德育理想主义的传统影响,我国学校德育相信"取法乎上,得乎其中;取法乎中,得乎其下",习惯于对学生进行理想层次的德育,相对忽视原则层次特别是规则层次的德育。在极端的状态下,甚至出现"理想泛滥,规则贫乏"的局面。这从我国现行的《小学德育纲要》和《中学德育大纲》中不难发现,除了《小学德育纲要》中规定的德育内容之七——文明礼貌、遵守纪律的教育有较多的道德规则外,其他的德育内容中几乎很少有政治、思想、道德规则的规定。也可能有这样的原因,造成我国的大学教育中不断有标语提醒大学生不要随地吐痰、不要乱扔乱放等"德育补课"现象。

4. 学校德育重政治、思想、道德等知识的传授和行为习惯的养成,轻政治、思想、道德等思维能力的训练和精神的养成

"没有道德批判能力的个体就只能是无反省的道德主体,同样不符合现代社

---

① 黄向阳.德育原理[M].上海:华东师范大学出版社,2000:100.

② 黄向阳.德育原理[M].上海:华东师范大学出版社,2000:110.

会的基本要求。"①受我国教育传统的影响,我国基础教育阶段的学校德育长期以来形成了重视德育内容知识的传授与学生行为习惯的养成,而且考察的方式也主要是以书面试卷测试的形式进行,所以学生的政治、思想、道德等知识的掌握是较为牢固的,但因缺乏有效地监督和考察方式,道德行为的养成往往流于形式化、表面化,未能真正形成学生实际的行为习惯。更为严重的是,我们往往忽视告诉学生"为什么这样做?""出现特定情形时该怎么做?"等等这样一些有利于学生道德思维能力训练和道德精神养成的工作。相对来说,"西方学校更加重视培养学生的道德敏感性和道德思维能力,我国中小学更加重视向学生传授系统的道德知识,培养学生的道德行为习惯;我国学校德育重在培养学生具有某些具体的美德,而西方学校德育重在培养学生具有某些一般的道德精神。"②

(二)学校德育内容改革的思路

1. 明确学校德育内容的外延,进行合理的分类和分层

考虑到我国"德育"概念有着"大德育"的传统,我们可以对德育进行广义和狭义两种理解。但"大德育"的"大"也应该有个度,有个范围,而不能无限制地任意被扩大;另外,"大德育"再大,总该有个核心,而这个核心无疑就是道德教育。所以基于上述两点考虑,我们认为广义的德育内容包括政治教育、思想教育和道德教育,仅限于此,不能再无限扩大了。狭义的德育内容特指道德教育。

外延明确后,就应有与之相对应的合理的德育内容。若是狭义理解德育,则只需对道德教育的内容加以梳理、分层即可。若是广义理解德育,则需对德育的内容按政治、思想、道德教育进行分类(当然这并非能做到绝对,大致即可),这样有利于在实践中区别对待,采取不同的教育策略,从而避免实践中的误区。

2. 私德与公德教育并重

在基础教育学校德育内容中既要保持已有的对私德教育的重视,也要加强公德教育尤其是社会公德教育,形成私德与公德教育并重的良好局面。引导学生在孝顺父母、乐于承担家庭责任、爱护和平等对待家庭成员的同时,逐步养成维护公共秩序,爱护公共财物,讲究公共卫生,礼貌待人等良好的社会公德习惯。

3. 降低学校德育内容的重心,加强德育原则和规则的教育

德育内容的三个层次教育对学生的行为具有不同的教育功能:德育理想教育主要起激励作用,德育原则教育主要起指导作用,德育规则主要起规范作用。由于起激励作用的德育理想在现阶段实现的程度较低,所以学生很难在现实中找到榜样,再加上德育理想一般较为宏大、抽象,不具有较强的操作性,教师一般也只是发发倡议、喊喊口号,很少也很难去监督学生的发展水平。相比而言,起指

---

① 檀传宝.学校道德教育原理[M].北京:教育科学出版社,2003:78.

② 黄向阳.德育原理[M].上海:华东师范大学出版社,2000:110.

导作用和规范作用的德育原则和德育规则，因其可操作性，则较便于实施和监控。同时德育理想也必须要通过德育原则和规则来落实，所以我们与其空喊口号，让德育理想成为空中楼阁，不如立足实际，脚踏实地从德育规则做起，让德育理想落下来，变得实在些，也许这样我们反而会收获理想的果实。

4.重视情感体验和态度、价值观的发展，加强学生道德敏感性和道德思维能力的培养

我国基础教育学校重视学生具有某些具体的美德，这固然是需要的，但是，社会文化中的道德因素包含着大量的观念、情操和习惯，教师在时间十分有限的学校教育阶段，把所有的具体美德逐一传给学生是不可能的，即使是选择其中最为重要的美德来传授，可能也会太多。这就要求学校德育的重点与其放在道德知识的传授和具体美德的养成上，不如放在一般的道德精神的培养上，重视学生的道德情感体验，促进学生发展良好的道德态度和价值观，为将来获取更多的具体的美德奠定"核心道德素质"基础。同时在当前社会主义市场经济的大潮中，社会的道德价值观日趋多元化，每个人都不得不面对各种各样的利益冲突和道德冲突，如何在多元里寻求主流或者达成有效地共识就有赖于学生的道德敏感性和道德思维能力了。

第三节　学校德育途径与方法改革

进行德育，不仅要有正确的内容，而且要有恰当的途径和方法。常有这种情况，教师对学生所讲的内容是正确的、有针对性的，但实际上却收不到良好的效果。其原因就与德育不得法有关。为了有效地实现德育目标，教师必须了解德育的主要途径和方法，以便在德育过程中能够正确而机智地加以选择和运用。

一、学校德育途径改革

（一）当前我国学校德育途径

德育途径是指学校为了向青少年学生施加德育影响而组织进行的各个不同方面的活动和工作。它是德育工作在教育对象那里取得效果的基本渠道，是实现德育目标的桥梁。德育目标与内容的不同，规定了德育途径的不同选择，德育途径的不同选择又进一步规定了德育的方式方法等。德育途径规定了实现德育目标、落实德育内容所必须经过的基本通道、路径，路径确定后就需要根据路径的特点选择与之相适应的不同方法。由此可见，德育途径解决德育工作通道或路径问题，而德育方法则是顺利地通过这个路径的手段、方式或技巧。所以，一条德育途径可以选择由多种方法通过，而一种方法也可以运用在不同的德育途径中。这

就好比是我们想要实现对学生进行爱国主义教育的德育目标，可以选择组织学生到爱国主义教育基地去开展实践活动这条德育途径，那么这条途径则可以选用讲解法、讨论法、参观法等，同时讲解法、讨论法既可用在赴爱国主义教育基地的实践活动中，也可用在课堂上有关爱国主义教育文章的学习中。

1. 小　学

根据现行《小学德育纲要》，我国小学教育阶段的学校德育途径主要有以下方面：

(1)各科教学

各科教学是向学生进行思想品德教育最经常的途径。思想品德课是向学生比较系统地进行思想品德教育的一门重要课程。任课教师要以思想品德课教学大纲为依据，运用教材联系学生实际，着重培养学生的道德情感，提高学生的道德认识和道德判断能力，以指导他们的行为。

其他各科教学对培养学生良好的思想品德素质具有重要作用。任课教师要在全部教学活动中，注意培养学生良好的学习态度、学习习惯和良好的意志品格，促使学生养成文明行为习惯；要根据各科教学大纲中关于思想品德教育的要求和教材中的教育因素，按各科自身的教学特点，自觉地、有机地在课堂教学中渗透思想品德教育。

(2)校级、班级教育和各种教育活动

校级教育是由学校组织的，结合学校实际，面向全校学生进行的教育工作。学校校长和有关负责人是校级教育工作的组织者和领导者，要认真贯彻《小学德育纲要》、《小学生守则》、《小学生日常行为规范》，建立每周举行一次升国旗仪式和每天升降国旗，时事政策教育，利用重大节日、纪念日举行全校性传统教育活动，定期举行主题校会等制度；要开辟教育陈列室，悬挂中国、世界地图和中外名人画像，并通过加强日常管理，建设整洁优美的校容、校貌，形成良好的校风，创造良好的教育环境。

班级教育是向全班学生进行经常性的思想品德教育和组织管理工作。班主任是班级教育工作的组织者和领导者。要全面了解学生，组织培养班集体，开展各种教育活动，加强班级管理，深入细致地做好个别学生的教育工作，建立和形成良好的班风；协调班级各方面的教育力量，保持教育的一致性。其他各科教师也要给予积极配合。

学校和班级要积极组织丰富多彩的适合小学生年龄特点的教育活动和劳动、社会实践活动，寓思想品德教育于活动之中。

(3)少先队教育

少先队教育要按照队章的要求，加强队的组织教育，充分发挥其组织作用。要运用其特有的教育手段，通过队员当家作主的集体生活和丰富多彩的活动来进行。

(4)家庭教育和校外教育

实施德育,学校教育与家庭教育、社会教育要相互配合,学校应起主导作用。

学校要指导家庭教育,帮助家长端正教育思想,改进教育方法,提高家庭教育水平。

校外教育中的思想品德教育是学校教育的重要补充和扩展。学校和教师要主动和少年宫(家)、儿童少年活动中心、文化馆、科技馆、博物馆、图书馆、纪念馆、艺术馆、业余体校等校外教育单位建立联系,充分利用这些专用场所和教育设施,组织学生参加各种活动,在活动中接受教育。

2. 中　学

根据现行《中学德育大纲》,我国中学教育阶段的学校德育途径主要有以下方面:

(1)思想政治课教学和时事课

思想政治课是向学生较系统地进行思想品德教育、马克思列宁主义毛泽东思想基本常识及有中国特色社会主义理论观点教育的一门课程,在诸途径中居特殊重要地位,对帮助学生树立正确的政治方向、正确的人生观和思想方法,培养良好品德起着导向作用。

时事课是国情教育的一条重要途径。

(2)其他各学科教学

各学科教学是教师在向学生传授知识的同时进行德育的最经常的途径,对提高学生的政治思想道德素质具有重要的作用。各科教师要教书育人、为人师表,认真落实本学科的德育任务要求,结合各学科特点,寓德育于各科教学内容和教学过程之中。各学科的教材、教学大纲和教学评估标准,要坚持正确的思想导向;教学主管部门和教研人员要深入教学领域,指导教学工作同德育有机结合。

(3)班主任工作

班级是学校进行德育的基层单位。班主任工作是培养良好思想品德和指导学生健康成长的重要途径。

(4)共青团、少先队、学生会工作

团、队、学生会是学生自我教育的重要组织形式,是学校德育工作中一支最有生气的力量。团、队、学生会应根据各自任务和工作特点,充分发挥组织作用,通过健康有益、生动活泼的活动,引导学生树立远大的理想和良好的道德风尚,继承革命传统,学会自我教育、自我管理。

(5)劳动与社会实践

根据不同的年龄层次,组织学生参加一定的生产劳动和公益劳动,在劳动中切实培养学生热爱劳动、热爱劳动人民、珍惜劳动成果的思想感情、行为习惯和艰苦奋斗的作风;要积极组织学生参观、访问、远足、进行社会调查、参加社会服务和军训等实践活动,把理论和实践结合起来,增强辨别是非的能力。

(6)活动课程与课外活动

各种科技、文娱、体育及班团队活动是促进学生身心健康发展,培养良好道德情操的重要途径。

(7)校外教育

校外教育是对学生进行政治思想道德教育, 培养健康文明生活方式的一个重要阵地。学校要主动与少年宫、文化馆、博物馆、纪念馆、科技馆等校外的文化教育单位建立联系,充分利用这些专门场所和社会文化教育设施。

(8)心理咨询和职业指导

心理咨询是培养学生健康心理品质的有效途径;职业指导是发展学生个性、进行理想教育的有效途径。

(9)校园环境建设

整洁、优美、富有教育意义的校园环境是形成整体性教育氛围的不可缺少的条件。

(10)家　庭

家庭对学生行为习惯的培养、品德的形成、个性的发展有着重要的影响。

(11)社　会

根据国家有关法律和中央有关文件的规定, 各级政府和社会各部门均应履行关心、促进和保护青少年健康成长的义务。

(二)学校德育途径

根据上述中小学德育大纲对当前我国中小学校德育实施途径的规定来看,当前我国基础教育学校应重点抓好以下德育途径。

1. 教学途径

教学途径包括专门的德育课教学(如思想品德课、思想政治课等)与其他各学科的教学。因为教学活动是中小学校的中心工作,是学校对学生施加影响的主渠道,德育也不例外,学校德育必须紧紧抓住教学这条主渠道来开展方能取得长期的实效。

2. 活动途径

活动途径包括课外与校外活动(含劳动与社会实践),共青团、少先队所组织的各种活动。由于中小学生特殊的身心发展特点决定了为取得较好的德育实效,活动途径往往能够收获教学途径等正规途径所达不到的效果。同时由于德育目标与内容的不同,也决定了灵活、生动、有趣、健康的活动相对于枯燥的说教来说往往是最佳的选择,如爱国主义教育、诚实守信教育等。

3. 班主任工作

班级是学校中的基层组织,是进行教育教学活动的基本单位,是学生获得知识、发展智力与体力、形成思想品德的主要场所。虽然每一科任教师都关心学生的发展,但班主任与学生接触的机会最多,对学生的影响往往也是最深刻的。不言而喻,一个班学生的思想品德如何,学业成绩优劣,纪律风气的好坏,多半与班主任在这个班怎样开展工作是分不开的。班主任是教学途径统一要求缺陷的弥补者,是活动途径的主要组织或指导者,是学校德育向家庭、社会德育延伸的搭桥者。

4. 家庭、社会等校外环境

家庭是学生成长的第一空间,父母是学生发展的第一任教师,所以父母的修养程度、教养子女的方式、家庭的民主氛围等无一不对学生的思想品德产生潜移默化的、深刻而又久远的影响。社会是学生成长的广阔空间,社会的各种事件、变化等是影响学生发展的全方位途径,所以良好的社会环境、公正的社会舆论与评价、积极文明、健康向上的社会风气等将会巩固与升华学校、家庭对学生施加的德育影响,反之则会冲淡甚至抵消学校、家庭德育的效果。

上述德育的途径各有自己的特点与功能,互相联系、互相补充,构成了学校德育途径的主体,即使这样也不能偏废心理咨询、校园环境建设等其他途径,对完成德育任务来说,每一种途径都是不可缺少的,不应有所偏废,应全面利用各种德育途径的作用,使其科学地配合起来,发挥德育途径最大的整体功能。

(三)学校德育途径存在的问题及改革思路

以上分析了当前我国中小学德育的途径及实践中的重点,但中小学在德育途径的实践过程中,存在着程度不同的运行问题,需要我们加以关注并进一步拓展思路,求得德育途径的畅通,收获良好德育效果。

1. 教学途径不畅通,发挥不了主渠道的作用

教学途径不畅通表现在两个方面,一是专门的德育课教学在中小学校没有受到应有的重视(包括老师、家长、学生),往往成为所谓的其他"主课"的牺牲品,教学时间得不到保障、教学内容陈旧僵化、教学方法单调死板、教学评价重知轻行。二是其他各科教学未能做到寓教育于教学之中,有的教师在课堂上只顾教书,忘了育人,认为那是德育课老师和其他德育工作者的事;有的教师则游离于教材之外生硬添加,或简单联系学生实际,徒使学生反感。这些均导致教学途径发挥不了主渠道的作用,让学校德育实施丧失了主阵地,只能通过活动、班主任工作等打一点"擦边球"。

面对此种情形,第一,必须恢复德育课在学校教学中应有的地位,同时改革

德育课的教学与评价,真正发挥德育课专门的教育、养成作用。(1)确保专门德育课的教学时间,不能是说起来重要、做起来次要、忙起来不要。(2)及时更新并不断吸收新的德育素材,让学校德育素材贴近学生生活、贴近学生实际、贴近社会现实。(3)改革德育课的教学组织形式和教学方法,学校其他各科的教学都在探索教学组织形式与教学方法的变革,而作为专门培养人的思想品德的德育课来说应该是这场变革的先导,更不能落伍。小组讨论、合作;采访、追寻身边先进人物;学校、班级里等身边优秀学生的示范、带动;参观、辩论、调研、社会实践、主题演讲、情感体验等都可以成为德育课教学的策略。(4)打破以试卷、笔试、背诵有关道德条款等"一统天下",以考察德育知识为主的德育课评价体系,构建融面试、道德实践活动、义务劳动、爱心体验等为一体的,以考察知行统一为主的德育课教学评价体系。第二,必须明确德育"工作",不仅是德育工作者的专门工作,更不是哪个人的工作,它是学校全体员工的工作,只是科任教师在学校里承担的教学任务不同,而施加德育影响的方式有别罢了。任何人没有权利剥夺任何教师参与学校德育工作的权利,任何教师也没有权利放弃对学生进行德育的义务,德育是教师的天职,是每一个教育工作者义不容辞的责任。

2. 活动途径走过场,形式大于内容

由于活动途径有着特殊的外显的魅力,所以活动被很多学校、老师所青睐,但实践中许多活动途径只是走过场并未取得预期的实效,形式大于内容。有些学校的德育工作,搞起计划来相当正规和庞大,似乎很受重视。诸如:搞多少次主题班会、主题队会,请名人做多少次报告,搞多少次参观、访问、调查等等。当然这些活动本身是好的,但若只追求形式和数量,就会使这些活动徒有虚表,而学生的思想境界、道德品质、言谈举止中存在的很多具体、实际的问题则不一定能被解决。

面对此种情形:(1)开展活动之前必须明确活动的目的,并依此来检验活动的成败。有的时候也可能需要活动来做做秀,但更多的时候则是希望通过活动达到其他途径所不能达到的最佳德育效果。(2)活动目的的实现离不开活动过程中每个细节的认真处理,所以对在活动过程中表现出来的突发事件、对学生在活动中的言谈举止等都要加以认真对待。正所谓成功的活动必须考虑到所有方面,但只要有一个细节没有考虑到则足以导致失败的活动。大凡高唱重视活动结果的活动往往因忽视过程而导致结果不能实现,而淡化活动结果却因重视活动过程而常常收获意外的活动结果。(3)活动的数量、活动的类型应因德育的目标和内容而定,不是数量越多越好,不是活动越热闹越好。对于激发学生的同情、友爱之心来说,一个贫家子弟发奋成材的现身说法,可能比声势浩大的向灾区人民捐款要来得更为直接和有效。

3. 班主任工作不到位,智育重于德育

面对升学的压力和外在歪曲的评价、物质诱惑,班主任的工作重心往往落在短期内能够抓出成效的智育上来,而不大钟情于"吃力不讨好"的德育。其实促进学生的学业成绩进步并不是班主任的主要职责,说的极端点它都不是班主任的职责,而是班主任工作的副产品。班主任的主要职责应是对学生进行政治、思想、道德品质、学习态度、学习目的等较为深层的有关思想认识领域的规范与引导。学生学业成绩的进步是各科优秀教学的结果,是学生求知欲强烈、学习态度端正的必然结果,这并不能成为班主任工作的根本追求,更不能成为评价班主任工作的主要指标。

面对此种情形,必须明确班主任工作的主要职责,让班主任将主要精力投入到不能立竿见影的、长期抓、抓长期的德育工作中去,促进学生科学的世界观、人生观、价值观的树立,促进学生良好品德修养的养成,促进学生浓厚学习兴趣和踏实学习态度的形成。一句话,让班主任成为学生成长为"人"的引路人。

4. 学校、家庭、社会教育相分离,未能形成有效合力

有人曾形容我国当前的学校教育是强调奉献的教育,强调学生高尚品格的形成;家庭教育是实惠教育,强调自家的孩子在与外界交往时不吃亏;社会教育是利己教育,突出自我发展的中心,有点"人不为己天诛地灭"的痕迹。这也许是不恰当的,但却也说明了一个不争的事实,即学校、家庭、社会在教育未成年人方面,尤其是在德育方面相互分离,各自为阵,未能形成一股有效地合力共同地作用到未成年人身上。学校是高处不胜寒,有点孤掌难鸣;家庭钟情于孩子能否在学业上继续深造,将来好出人头地;社会不太能够自觉控制自己的不良影响。这种分散的甚至有点相悖的德育影响阻碍了学生政治、思想、道德品质的健康成长。

面对此种情形,必须明确学校、家庭、社会在学生政治、思想、道德品质健康成长中的角色、地位与作用,形成学校为主导、家庭为基础、社会为实践舞台的三维一体的德育影响网络,让学生无论在"小环境"中还是在"大气候"中都能听到真话、得到真诚、悟到真理、学到规范,形成学生有形的、持久的良好道德表现。

5. 忽视了校规校纪等外在约束、规范性途径

"自由是做法律所许可的一切事情的权利;如果一个公民能够做法律所禁止的事情,他就不再有自由了,因为其他的人也同样会有这个权利。"①我们也常说,"无规矩不成方圆",学校的校规校纪是学生行为最基本的约束和规范,是学生行为不可突破的底线,而这个底线在德育大纲有关实施途径中并未提及,在实际的

---

① 孟德斯鸠.论法的精神:上册[M].张雁深,译.北京:商务印书馆,1959:183.

德育过程中也更多地成为学校对违纪学生实施惩罚的有力依据（这固然需要）。但作为校规校纪本身应该有着一种外在的积极教育作用,通过正面的宣传、规范来约束学生的言行,而不仅仅是通过实施消极地处罚来实现其教育作用。同时学校是一个群体,是一个公共场所,对校规校纪由他律到自觉的遵守,有利于养成学生对一般公共场所秩序的自觉遵守。当然,这里也有一个校规校纪本身的合法性、合理性问题,不能机械地、僵化地要求学生遵守与服从。

　　面对此种情形:(1)要加强校规校纪的制定、修订与完善工作,使之对学生言行的规范起到正面的约束作用。(2)要加强校规校纪的宣传作用,并认真加以贯彻落实。(3)要发挥教师遵守校规校纪的模范作用,要知道校规校纪不仅是对学生的约束,更是对教师的约束,因为学校这个群体中除了学生主体外,还有教师这个主体,不能正人不正己。

　　6. 学生自我教育、完善的内在途径没有受到应有的重视

　　上述的五种德育途径从某种意义上说都是外在的作用于学生的,而学生自觉地行为选择途径、学生自我人格完善的理想追求的途径等学生内在的自我教育途径还没有在学校德育中受到应有的重视。外因是条件,内因是起决定性作用的,外在的德育途径若不能转化为学生内在的自我教育途径,其效果将会微不足道。学生品德发展的规律与学校德育过程的矛盾也告诉我们,惟有将学校的德育目标与学生已有的品德发展水平结合起来,将外在的德育要求与学生内在的发展渴求结合起来,方能取得德育实效。

　　面对此种情形:(1)要引导"学生为了自身身心安全、生存和寻求被他人与团体肯定、接纳、尊重,主动地作出遵循社会行为规范的行为选择。……并为自己行为选择的后果负责。"(2)要引导"学生把社会理想行为要求内化为自己的理想行为要求,采取行为的动机是为了自我的完善带来内心满足的高峰体验而不是外在的趋利避害。"①

二、学校德育方法改革

(一)学校德育方法的含义

　　德育方法是为达到德育目标,实现德育内容,运用德育手段进行的教育者和受教育者相互作用的活动方式的总和。它包括教育者的施教传道方式和受教育者的受教修德方式。在学校德育过程中,教师是起主导作用的,教师的施教传道方式影响和制约着学生的受教修德方式,但学生又是接受教育和进行品德修养的主体,因此学生的受教修德方式又影响和制约着教师的施教传道方式。

---

① 李海燕.以人为本、以德为先构建学校德育的三维模型[J].课程·教材·教法,2006,(7).

（二）影响德育方法选择的因素

从宏观的角度看，德育方法会受到一定社会的经济、政治、文化传统等方面的影响。所以许多的德育著作都强调德育方法有一定的历史性和阶级性。从微观的角度看，德育过程中诸因素对德育方法的影响则是值得关注的。一般说来，直接影响德育方法选择的主要因素有：

1. 教师和学生因素

教师方面，首先必须考虑的是教师作为具体德育活动主体的特点，即优势和不足。从事德育活动的教师常选择那些能够发挥自身特长的德育方法，尽力避免选择那些自身条件不足因而可能为某种方法所累的德育方法。在学生方面，最主要的考虑是特定学生及其群体的道德发展水平、实际的道德经验、身心发展特点及现有水平、文化背景、兴趣、特长等，以做到因材施教。

2. 教师的德育过程观

不同教师对德育过程的理解与认识是不同的，而这种理解的不同将会影响对具体德育活动过程的设计，从而影响到德育方法的选择。如当教师将道德教育理解为传统的赫尔巴特式的教育过程时，那他很可能选择以说服教育为主的德育方法；当教师接受杜威的德育过程观时，那他很可能选择以情感陶冶、实际锻炼等为主的德育方法。

3. 德育过程其他要素的影响

这里的"其他要素"主要指德育目标、德育内容、德育途径等。德育方法的选择必须要依据德育目标，同时还要与相应的德育内容和德育途径相适应。

（三）当前我国基础教育学校的德育方法

就我国学校德育常用的方法来说，可按照德育手段、师生相互作用、品德形成过程、德育方法所具有功能等多种角度，综合起来加以分类。按照多度性或综合性的分类方法，我国基础教育学校德育常用的方法可分成语言说理法（讲解法、谈话法、讨论法等）；形象感染法（参观法、榜样示范法、陶冶法等）；实际训练法（常规训练法、活动训练法、角色扮演）；品德评价法（奖励、惩罚、评比、操行评定）；修养指导法（读书指导法）。

其实，德育方法很少单独使用。正如角色扮演经常夹杂着讨论，榜样示范往往伴随着言语上的说服，说服中也时常有讨论和角色扮演。相对而言，说服重在提高学生的道德认识，示范重在向学生展现适当的行为方式，讨论特别有利于提高学生道德判断力，角色扮演则有助于培养学生的道德情感。每一种方法在实施学校德育的某个方面都具有一定的优势，在另外一些方面则可能有局限性。单单依靠其中的任何一种方法，都不足以实现学校全部的德育目标。学校德育有赖于教师根据学生的品德发展水平和发展规律，灵活机动地使用各种德育方法，并把它们有机地结合起来。

（四）学校德育方法存在的问题及改革思路

1. 语言说理不等于空洞的说教

语言说理法强调对学生讲道理，但说理不等于说服。证据充分，推理合乎逻辑，并不足以使学生接受，陈述的道理以及说理的方式必须能为学生所理解。脱离学生的生活经验，超越学生的认识水平，说理就会变成空洞的说教。我们可以找到许多理由为"考试不许作弊"的规定辩解，例如：作弊是一种自欺欺人的行为，而且对其他考生不公平，假如人人考试作弊，学校成何体统？这些理由均能成立，可是，用它们去劝说道德思维处于"前习俗水平"的学生考试不要作弊，与其说是"对牛弹琴"，不如说是"空洞说教"。不顾学生的接受能力，一味地向他们讲述远远高于其发展水平的人才能理解的道理，这些大道理即使被学生背得烂熟，也不会被他们的认识结构同化，自然也不能作为一种内在的道德价值观体现在学生的实际行动上。

2. 由重间接示范轻直接示范转向直接与间接示范并重

以德服人是一种直接示范。教师以身作则，在工作、公共生活和私人交往中为人师表，躬行对学生的道德要求，努力成为学生的道德表率，这就是一种直接示范。儿童通过观察教师的行为，发现成年人是如何待人处世的，并且模仿教师的行为方式待人处世。教师的行为对学生会产生强有力的影响，学生从教师所作所为中习得的东西，甚于从教师所教中学到的东西。正是从这个意义上说，"身教重于言教"。

此外，教师称赞的历史人物或现实中的人物，其言行举止对学生也有示范作用。教师以历史上或现实生活中的道德典范为样板，鼓励学生见贤思齐，效法他们的行为方式和思维方式。相对于教师本人的示范，这是一种间接示范。

直接示范的教育效果强于间接示范。给学生树立的榜样，也应该是教师本人的学习榜样。这样的榜样对学生才真正具有感染力。教师与其号召学生学习雷锋，不如同学生一道学雷锋。教师向学生的榜样学习，成为向榜样学习的榜样，本身就是一示范。间接示范完全可以同直接示范结合起来使用。

3. 由重讨论结果转向讨论结果与过程并重

道德讨论的教育意义首先在于，经学生集体共同讨论决定的公约、规则，有助于学生个体态度的改变。它们使集体中的每个成员承担了执行规定的责任，因而对学生个体会产生约束力。如果集体讨论和集体决定在程序上结合进行，集体中的意见一致性高，就越有可能引起集体成员态度的改变。

道德讨论的教育意义不限于讨论的结果——形成对集体成员有约束力的集体决议，即使集体讨论没有达成明显共识，讨论的过程也可能影响学生品德的发展。不过,对学生在讨论过程中表现出来的明显错误言行或结论,教师要旗帜鲜明地加以纠正和引导,这样的讨论才更具有教育意义。

4. 重视角色扮演,培养学生良好的道德情感

角色扮演就是一种引导学生担当别人角色的教育方法。它向学生提供各种以经验为基础的学习情境,通过人际或社会互动情境,再现学生现实生活中可能发生的人际或社会难题。人生活在群体中,担当着不同的角色,而不同的角色对人的行为又有不同的要求,若发生角色混乱,随之而来的就是行为的错乱和笑话的产生。例如,一个女人在孩子面前扮演母亲,在父母面前扮演女儿,在丈夫面前扮演妻子,都要遵循不同的行为方式,否则就会闹笑话。可以对丈夫撒娇、训斥孩子。如果对孩子撒娇,训斥父母,就会惹人耻笑,自己也感到不得体。

人们有时对自己担当的角色不满,有时因为不了解别人的角色或不理解他们为什么扮演这种角色,而误解他们的态度和感情。为清楚地了解自己和他人,重要的是要了解各种角色,并懂得如何扮演这些角色。要做到这一点,就必须能够设身处地的为别人着想,尽可能体验别人的思想和感情。借助角色扮演,就能够较好地实现。

总之,角色扮演有助于培养学生对他人处境、需要、利益的敏感性,以及设身处地为他人着想的道德情感,有助于引导学生学习处理人际冲突,改善人际关系,有助于改变学生的态度,而学生情感和态度的健康发展正是当前基础教育改革的一项重要目标追求。

第九章 基础教育改革
发展趋势及问题反思

基础教育改革未来发展趋势如何？通过对基础教育改革中所存在的问题，以及世界各国社会政治、经济、文化及科技的发展动态的探讨，我们或许可以从中发现其改革的轨迹。而基础教育改革之可能趋势的描述与分析，将会有助于人们更好、更理性地展开基础教育改革的实践。本章将主要从国内与国际两个维度来讨论基础教育改革的发展趋势。

第一节 我国基础教育改革的发展趋势

改革开放以来的三十年，是我国基础教育战线艰苦奋斗、锐意进取的三十年，是基础教育取得辉煌成绩、积累丰富经验的三十年。改革开放以来，我国基础教育改革和发展取得的辉煌成绩主要表现为：学校布局趋于合理；九年义务教育基本普及；教育结构得到调整；素质教育全面启动；德育工作得到加强；体制改革有新的突破；教育法规体系逐步完善；课程和教学改革有新的进展。

基础教育取得的上述成绩，在于基础教育改革遵循了实事求是、一切从实际出发的思想路线，在于基础教育改革能够抓住时代特点、紧跟社会发展的步伐，力争促进决策的科学化和民主化；在于基础教育改革注意贯彻因地制宜、区分规划、分类指导工作原则。二十多年基础教育改革发展取得的巨大成就和丰富经验，凝聚了各级党政领导、广大教育工作者的聪明、智慧和奉献。

然而，在取得成绩的同时也应该看到基础教育所面临的一些问题。如，素质教育、全面发展教育和教育优先发展的战略地位在一些地区和部门没能得到很好落实，社会发展、现代化建设事业和人民群众对教育日益增加的需求同基础教育改革与发展相对滞后的矛盾一直存在。正视这些问题的存在并着力解决这些问题，乃是未来基础教育改革的必由之路，也是我国基础教育改革所面临的挑战。

一、我国基础教育改革面临的挑战

当前，基础教育的发展与我国现代化建设和社会发展不相适应以及与人民群众对优质基础教育的需求不相适应的矛盾仍然非常突出，从而使得我国基础教育改革还面临着一系列的挑战。

(一)基础教育经费短缺,同教育事业发展的矛盾突出

教育的正常运转需要有一定的经费作为支持,这种经费投入应该是固定的、连续的,并且要随着国民生产总值的增长呈递增态势。但目前,我国的教育经费尤其是基础教育阶段的教育经费还不能够满足基础教育发展的需要,不能满足学校正常发展的需求。教育经费短缺成了基础教育发展的主要障碍之一。不解决经费问题,基础教育的发展就有可能会受到严重的制约。

(二)基础教育需求与供给之间矛盾突出

经济持续高速增长和产业结构、技术结构、城乡结构的变化,以及人民群众生活的不断提高,构成了对基础教育庞大的社会需求,从而导致基础教育供给与需求之间矛盾突出。

由于学校之间存在着办学条件、办学水平和教育质量上的差距,优质基础教育资源紧缺。一些受青睐的公办学校利用群众中强烈的择校需求,收取高额学费和赞助费,造成学校收费秩序的混乱,根据某市物价局 2001 年 10 月对全市中小学进行的收费大检查,在已检查过的 452 所学校中查处违规收取的赞助费 7712 万元。因此,今后不仅要进一步规范学校收费行为,还必须加强基础教育均衡化发展的政策力度,同时积极稳妥地探索满足群众教育选择权的途径。

(三)素质教育任重而道远

一些地方和学校面向少数学生,偏重知识传授,使用死记硬背和机械重复训练的方法,以考试成绩作为评价学生的主要标准甚至唯一标准,不利于多数学生的全面发展、主动发展、富有个性的发展和终身发展。中小学的教育内容、教育方法等尚不能适应时代要求和社会发展,在科学素质的养成、创造意识和创新能力的培养等方面,与迎接国际间经济竞争、信息和技术革命以及知识经济时代提出的新的挑战有较大的差距。

素质教育是全面发展的教育,是面向全体学生的教育。素质教育的深入,是教育发展的必然选择。但目前,由于对素质教育的意义、实质、实施途径和方法等,人们的认识还不一致,这就使素质教育的推行阻力重重。教育部部长周济就素质教育接受《人民日报》专访时提出,"素质教育是一个老问题、大问题、难问题。说是老问题,是因为几十年一直在努力,几代领导人都很关心,但一直没有完全解决;大问题,是因为它关系到一代人的健康成长和中华民族的未来;难问题,是因为它不仅涉及到教育工作的方方面面,更涉及到文化传统、经济发展、社会结构、用人制度等方方面面。"所以,我们既要有很大的责任感和紧迫感,加快改变这种状况,又要进行系统地调查研究,进行科学规划,有步骤地推进。素质教育

"无论有多么困难、多么复杂"也要向前推进。①

(四)教育公平问题突出

目前,农村基础教育非常薄弱,办学条件差,师资水平低,教育经费短缺,质量水平低。初中的辍学问题仍比较严重,2000年,全国初中学生的平均三年保留率只有90%,农村学生更低,造成学生辍学的主要原因:一是课业负担过重,造成学生缺乏兴趣;二是农村学生就学的经济负担过重;三是农村学校教育经费短缺,办学条件差;四是因学生升学或就业无望而形成的读书无用论。此外,流动人口子女教育也是十分棘手的问题。根据不完全统计,北京300万外来人口中,义务教育适龄儿童和少年占3.6%,人数达10万余人,而入学率仅为12.5%。绝大多数流动人口的子女被排斥在正规学校之外,因为上城市里的正规学校需要高额的借读费或赞助费,流动子女家庭难以负担,而那些流动人口子弟学校往往又不合法,且办学条件差。由于统计资料的限制,目前还不能准确把握全国流动儿童和少年人口的数量,但据人口问题专家估计,全国目前的流动儿童和少年人口至少在700万以上。对于这些正处于受教育和身心发育关键时期的人口,如果得不到应有的教育,不仅会有产生新文盲的危险,而且会成为社会的不安定因素。教育部提出,要以流入地政府管理为主,以全日制公办中小学为主,采取多种形式的解决流动人口子女的就学问题。

二、我国基础教育改革的未来展望

(一)教育优先发展理念需要进一步增强

今后的时期,优先发展教育,主要是普及和巩固义务教育。普及义务教育是现代教育大厦的基础和现代教育实施的起点。根据世界各国的经验及历史发展表明,实施义务教育乃是普及教育、发展教育的必经之路,它体现了教育发展的共同规律。根据有关预测,"十一五"期间,全国义务教育阶段小学和初中学龄人口将持续减少。到2010年,预计小学阶段学龄人口减少到1.1亿人,而2004年我国小学学龄儿童的入学率已达到98.9%,在校生数达到11246万人,关键是抓好特别贫困地区普及小学教育的环节;初中阶段学龄人口减少到6312万人,如果按照95%的毛入学率计算,则到2010年初中阶段教育的在校生数将达到5996万人,而2004年初中阶段教育的在校生数已达到65766万人,因此,城镇初中压力显然降低,可能调小班额,补偿办学条件的历史欠债等问题。

小学和初中学龄人口减少的趋势,对"普九"产生的压力将有所减缓,就全国总体趋势而言,使教育发展可以从应付学生数量的增加为主变为以提高教育质量

---

①卞吉.周济部长接受《人民日报》记者采访:素质教育要坚定不移地向前推进[J].课程·教材·教法,2006,(2).

为主。但由于学龄人口增量的地区分布不均匀,不同地区或区域面临的发展任务和重点会有些差异。在大多数学龄人口下降、经济相对发达的东部和城镇地区,关注的重点是提高质量、促进均衡发展,以满足人民群众对优质教育资源的需求,以及保证为迁移或流动的学龄人口提供基本就学机会;而在中西部许多农村地区尤其是经济欠发达地区,教育发展基础薄弱,学龄人口趋势不明显或继续呈上升趋势,则需要继续关注学额供给问题,进一步提高普及九年义务教育的人口覆盖率,关键是对5%左右人口所在的特别困难地区的"普九"予以超强度的支持。

(二)素质教育应切实全面推进

全面实施素质教育是基础教育改革与发展的根本任务。实施素质教育要以培养学生的创新精神和实践能力为重点。根据《中共中央国务院关于深化教育改革全面推进素质教育的决定》,推进素质教育,要着眼于以下方面:

进一步重视德育并加强德育改革。受教育者的思想品德素质如何,在很大程度上决定着素质教育的成败。因此,全面实施素质教育,必须针对不同年龄段学生的特点,调整和充实德育内容,增强德育工作的针对性、实效性和主动性。《中国教育改革和发展纲要》中指出:"用马列主义、毛泽东思想和建设有中国特色社会主义理论教育学生,把坚定正确的政治方向摆在首位,培养有理想、有道德、有文化、有纪律的社会主义新人,是学校德育即思想政治和品德教育的根本任务"。这就为学校的德育工作指明了方向。要在基础教育阶段"加强爱国主义、集体主义和社会主义教育,加强中华民族优良传统、革命传统教育和国防教育,加强思想品质和道德教育并贯穿于教育的全过程"。①

抓课程改革。实施素质教育,必须有一个与此相适应的课程体系。我国的基础教育课程改革于1999年正式启动。2001年9月,新一轮课程改革开始,经过5年的改革历程,一些问题逐渐暴露出来,从2004年南京高考之痛,到2005年山西一县长因本地高考失利而向家长道歉。这些问题都需要我们对新课改进行反思,在后继的课程改革中,如何才能避免重蹈覆辙。"基础教育的课程是为学生终身学习打基础的课程,是面向全体学生的课程,因此应当从义务教育的性质出发,切实落实课程的普及性、基础性、发展性"。②在课程门类的设置上,"要明确提出这门学科对那些以后不会成为这个领域的专家的人会有什么功用,对一般公民有什么功用"。③在课程内容的选择上,"要精选学生终身发展必备的基础知识

---

① 国务院关于基础教育改革与发展的决定[J].安徽教育,2001,(7-8).

② 基础教育课程改革应体现普及性、基础性、发展性——专家谈基础教育课程改革(之一)[N].中国教育报,2001-9-22(2).

③ 基础教育课程改革应体现普及性、基础性、发展性——专家谈基础教育课程改革(之一)[N].中国教育报,2001-9-22(2).

和基本技能,要从儿童的经验出发,更加注重联系社会的发展,联系学生的生活实际"。①

抓评价制度改革。长期以来,我国的教学评价机制主要发挥的是鉴定与筛选的功能,注重评价学生对认知事实的掌握、巩固、储存、再现并借之进行解题运算的能力,并往往以考试或直觉等方式作为评判学生的主要手段。这种评价机制的缺陷在于没有能够尊重每个学生各自已有经验、知识水平与认知起点的差异性,没能兼顾学生在知识、能力、情感、方法等方面实现多层次的发展。新课程改革要求评价制度也应进行配套改革。教育评价改革的根本目的是"建构发展性教育评价新体系,促进每一位学生的发展"。评价的功能更多转向于发展与促进,以促进被评价者的发展为本,并根据评价结果提出反馈意见,从而凸显教育评价的新功能。

抓教师队伍建设。推进基础教育的改革与发展离不开一支素质优良、结构合理、富有活力的教师队伍。而新一轮课程改革的实施,又给教师的发展带来不可多得的机遇和严峻的挑战。教师作为改革的实践者,成为教育改革成败的关键,提高教师素质成为当务之急。就教师而言,要适应新课程教学,就必须通过继续教育对新课程充分理解,诚心接受,热情投入。首先要认真学习教育理论,特别是素质教育、创新教育和基础教育改革等方面的理论,转变传统的教育思想和观念。其次,在新课程改革中,教师要调整自己的角色,改变传统的教育教学方式。从学校角度而言,要为教师提供进修和继续教育的机会,加强校本培训,立足于本校特色,促进教师的专业发展。

(三)基础教育均衡发展成为时代的需求

教育均衡发展是指受教育者接受相同数量和质量的教育,其基础是教育资源配置的均衡,包括初中在内的义务教育阶段是教育均衡的重点。教育的普及、综合国力的提升、居民生活水平的提高和改善,在为提高教育质量和水平提供良好的物质基础的同时,也对现有的教育质量提出了挑战。均衡发展基础教育特别是义务教育成为当务之急。基础教育均衡发展"对于深化基础教育改革,全面提高基础教育质量,满足全体人民群众特别是所有青少年儿童的基本学习需求,促进教育公平乃至社会公平在基础教育领域内的充分实现",②都具有十分重要的意义。

基础教育的均衡发展应该是一种可持续的发展,它是一项复杂的系统工程,既涉及到基础教育内部的各个环节和因素,也牵扯到社会的配套工程,因此,"均

---

① 基础教育课程改革应体现普及性、基础性、发展性——专家谈基础教育课程改革(之一)[N].中国教育报,2001-9-22(2).
② 石中英.促进基础教育均衡发展的基本原则[J].人民教育,2002,(12).

衡发展与其说是一种发展目标,不如说是一种发展过程;与其说是一种教育发展目的,不如说是一种促进基础教育发展的途径。"①要推进我国的基础教育均衡发展,具体来说,可以从以下方面着手:

政府应承担起基础教育均衡发展的首要责任。基础教育的办学主体是政府,学校的硬件投入是政府的责任,而政府亦是基础教育的最大受益者,因此,政府应从"教育为人民服务的政治高度思考并实践基础教育的均衡发展,采取积极进取、实事求是、分区规划、分类指导、分步实施的工作方针,循序渐进地推进基础教育均衡发展。"②

改善薄弱学校。薄弱学校主要在办学条件、师资水平、学校管理、生源质量等方面比较薄弱,从而造成教育质量不高,学校效能低。因此,改善薄弱学校,不仅要在硬件上加大投入,政府在软件上也要有一定的政策倾斜。国家教育发展研究中心课题组认为,改善薄弱学校,当前的基本任务是:在重点建设方面给予倾斜政策的同时,大力提高教育管理水平、提高教师的基本素质,最终实现深化教育改革、更新教育观念、改善学校管理、树立良好师德、改进教育方法、培养优良学风的目标。

校际之间师资交流。义务教育阶段的教师应采取经常性的轮换,这种轮换既包括同一区域内学校间师资的轮换,也包括不同区域,如城乡之间。通过轮换制度,实现政府对基础教育均衡发展的有效调控。

(四)基础教育体制改革还需进一步深入

1985 年《中共中央关于教育体制改革的决定》指出了我国基础教育体制所存在的弊端,针对这些弊端,必须进行系统的改革。在改革至今的 20 余年内,我国的基础教育在管理体制、教育结构以及相应的教育思想、内容、教学制度和方法方面取得了一定的成就。但经济、政治体制改革都在深入,世界新技术革命迅速发展,教育面临的环境也在日益变化,因此教育体制改革决不能止步不前。只有深入改革,才能使教育更好地适应社会发展的需要。但教育体制无论怎样改革,都不能动摇基础教育优先发展的战略地位。既要确保基础教育投入的优先地位,还要引导基础教育的改革与发展,实现教育、经济、科技的协调发展。

在管理体制改革方面,由于我国的基础教育管理体制是在计划经济体制和中央集权的政治体制下形成的,"高度集中,自我封闭和垂直领导"③是其主要特点,因此,基础教育管理体制要走出计划经济时代的思维定势,"使普通中小学主动适应社会主义市场经济发展的要求,按照教育规律对学校人、财、物、事诸因素

---

① 顾月华.基础教育均衡发展的实质及其实施[J].教育发展研究,2004,(5).

② 杨昌江.基础教育均衡发展及其策略[J].当代教育论坛,2004,(8).

③ 帅相志,谢延龙.对我国基础教育管理体制改革的思考[J].当代教育科学,2004,(9).

进行优化组合,创建规范、高效、充满生机和活力的基础教育宏观保障制度和现代学校制度。"①

1985 年颁布的《中共中央关于教育体制改革的决定》提出我国基础教育的管理权属于地方,这种分级体制有利于调动地方管理基础教育的积极性,在实施"普九"改善办学时,这种体制发挥了积极的作用。但随着时代的发展和形势的变化,这种体制在教育资源的利用、师资建设、经费投入等方面,越来越显示出其消极的方面,管理体制改革势在必行。2001 年《国务院关于基础教育改革与发展的决定》针对上述弊端做了调整,明确规定我国基础教育管理体制特别是农村义务教育管理体制"实行在国务院领导下,由地方政府负责、分级管理、以县为主的体制",这就拉开了我国新世纪基础教育管理体制改革的序幕。

在办学体制改革方面,应积极推进办学主体多元化。办学主体多元化是与社会主义初级阶段所有制结构相适应的。但由于基础教育的公益性决定了它必须以公办为主,因此,基础教育要坚持在政府的统一管理下,在坚持公办为主的前提下,全面理解和贯彻"积极鼓励,大力支持,加强管理,正确引导"的方针,形成多种办学形式并存的格局。这样有利于弥补"公办学校数量、规格及办学形式上的不足,顺应了多种社会需求,缓解了选择教育给公办学校带来的压力……有利于引进公平竞争的机制,促进教育质量和教育效益的提高。"②

第二节　国外基础教育改革发展趋势

面对 21 世纪的挑战,世界各国都把成功的希望寄托在所需合格人才的培养上,而完成这一历史任务的根本出路是教育改革。这其中,基础教育改革又是所有其他教育改革的根本与保证。由于基础教育改革涉及多方面的内容,本节将主要从课程改革和教师管理与培养制度改革两个方面介绍其改革的基本动态和特征。

一、国外基础教育课程与教学改革

课程与教学改革是基础教育改革的核心和重点, 也是关系到基础教育能否培养出社会所需要的合格人才的关键。20 世纪下半叶以来,世界各国莫不注重加强对课程与教学的改革,力图通过在教什么和怎么教两个方面的突破,来为社会培养高素质的专门人才奠定良好的基础。

(一)课程管理改革

课程管理改革总的趋势是课程决策走向均权化。一国的课程体制与本国的

---

① 王乃信.深化基础教育管理体制改革研究[J].教育研究,1996,(5).
② 黄兴.关于基础教育办学体制改革的几点思考[J].吉林教育科学:普教研究,1998,(5).

国家体制有着内在的联系,从全球范围来看,无论资本主义国家还是社会主义国家,其国家体制都存在两种倾向,即集权化和分权化。相应的,在课程管理体制中也存在着这两种倾向。如法国、日本、韩国等国家在原先的课程开发中具有高度集权化的倾向;而美国的课程开发,各州具有自主权,则体现了分权化的倾向。这两种课程体制各有利弊,当今的发展趋势是:集权化的课程体制开始重视地方和学校课程开发的自主权;分权化的课程体制则开始加强国家对课程开发的干预力度,课程决策权力的分配由此呈现均权化的趋势。

1. 三级课程管理模式

课程决策的均权化意味着课程改革的全过程是一个全员参与的过程,本质上是教育民主化深入的表现。同时,课程决策的均权化还意味着课程的多元统一性。一国的课程既反映国家的整体意志、体现统一性,又反映不同地区的局部意志、体现多元化。课程决策权力分配的均权化趋势,主要表现在课程管理的类型上出现三级课程,即国家课程、地方课程、学校课程。

国家课程又称"国家本位课程",是政府为保障国民的基础学力、基本素质而开发的课程,它的水平是政府参与课程改革的主体性发挥程度的基本标志。如法国、俄国和英国的国家本位课程就是这一代表。国家课程的特点适用于规范观念薄弱、行政人员与教师水平不高的国家、地区与学校,有助于使课程的实施按规范操作;但不利于学校和教师根据本地区和本校学生实际情况,自主地做出课程选择。因此,世界各国的课程改革呈现这一现象:一方面强调国家在课程改革中的主导作用,推出强有力的"国家课程";另一方面又非常强调地方、学校的主体参与,倡导因地制宜、丰富多彩的"地方课程"和"校本课程"。

由此可见,课程开发问题本质是国家、地方与学校三者在课程改革中的权重问题。三者的统一,一是意味着课程改革不是国家对地方和学校施加控制的过程,而是国家、地方和学校等诸方面达成共识的过程,每一方面都是处在不同层面上的改革主体,各方面在互动过程中通过相互理解从而实现课程改革。二是采用了自上而下与自下而上相结合的改革方法,不是从外部、由上级单方面强加的,而是由地方、家长和教师的积极性与责任感,以及政府在政策、财政和技术上的支出几方面同时进行的,共同为课程改革的成功作出了努力。三是政府加大分权力度,增强学校等的革新能力和改革的责任感。因此,三级管理课程的相互补充、取长补短,是世界课程开发政策的基本趋势,其意义是显著的。

2. 课程政策注重面向有特殊需要的儿童

在面向有特殊需要的儿童时,所有国家都制定了特定的课程政策,如通过课程修改、提供特殊学校和额外支持、增加接受主流教育(mainstream education)的机会等措施,满足有特殊需要的儿童的受教育权。大多数国家为有身体残疾的学生提供了特殊学校，几乎所有的国家致力于尽可能的将这些学生融入主流教育中。大多数国家为成绩差的学生修改课程和提供额外的支持，然而只有少数国家有面向成绩优异或天才学生的特殊课程政策,如澳大利亚、德国、印度尼西亚、菲律宾、美国和越南。除了澳大利亚、日本、老挝、新西兰和美国(纽约州),课程中还存在对性别问题的关注,通过相应政策增加女童接受主流教育的机会。为增加接受主流教育的机会,许多国家还通过额外的后勤服务来解决种族不平等和较低的社会经济背景问题。

(二)课程内容改革

1.信息技术占主导地位

在20世纪最后10年里，以计算机多媒体和网络通讯技术为核心的信息技术迅猛发展,这对课程内容和整个课程理念都带来了前所未有的变化。综观世界各国90年代以来课程内容的发展变化,可以看出主要体现在以下两点:

第一,信息技术成为一门独立的学科,这门学科是以学习者为中心的,指向于技术文化素养或信息素养的形成。这门学科天然具有开放性、探究性和交互性的特点,是以学习者为中心进行意义建构的。目前世界上许多国家都把信息技术引入到基础教育课程体系当中。

第二,信息技术还带来了课程理念的变革,逐渐使整个课程体系走向信息化。90年代以来,在课程教学领域逐步建立起来的"建构主义知识论",是与信息技术密不可分的。课程体系的信息化是指课程内容与以计算机多媒体和网络通讯技术为基础的现代化信息技术结合起来。这样不仅可以极大地开拓学生的视野,为学生的自由探索创造机会;还可以适应21世纪信息社会和知识经济时代对人类个性发展的新要求。

2.人文科学与自然科学同等重要

20世纪以来,随着国家间日益激烈的竞争和科学技术的发展,科学教育被看作是与国家的前途命运息息相关的事业,因此理科课程在各国都取得了主科地位。特别在20世纪最后10年里,各国对未来教育进行战略思考时,都无一例外的把科学技术的教育放在首位,并且增设科学教育的选修课,在课程计划中增加若干科学教育方面的新科学。如美国的《美国2000年教育战略》中提到,要开发有关自然科学学科的全国统一标准,将数学和自然科学列入5门核心课程中,同时开始发展新数学和新科学方面的课程。由此可见,世界各国都非常重视科学教育特别是自然科学的教育。

然而,在课程内容的安排上,目前的一个普遍趋势是——人文科学与自然科学都处于同等重要的地位。S.拉塞克和G.维迪努在《从现在到2000年教育内容发展的全球展望》中指出,"在一个科学技术日益深入个人生活和社会生活的世界里,教育不仅在传播科学技术知识方面,而且在发展使人类掌握和利用这些知识的行为方面都应该发挥重大作用。教育还应当承担的任务是:在作为方法的科学技术与作为人类生活行动目的的价值观之间建立平衡。"①一些发达国家如日本、美国、原联邦德国和英国都把人文科学作为重要的课程内容。另外,为了重建精神文明,恢复道德教育,各国对道德价值观的教育给予了极大关注,并将其结合进"课程设计"和"校外教育设计"之中。

3.课程内容注重综合性和现实性

课程内容的选择和安排,不再是仅仅考虑本学科自身的发展和学生知识的需要,而是强调本学科的思想方法,强调本学科在其他学科中的应用,强调学科知识和思想方法在现代社会和生产中的应用,强调知识对人的智力价值和发展价值,强调与学生的生活现实之间的联系。

(三)课程结构改革

1.课程种类日趋多样化

1998年11月,在东京召开的"学校课程比较研究国际会议"的研究报告中,可以发现各国所设的课程种类包括:工具类学科、社会研究、科学、技术、人文学科、创造和表演艺术、体育和健康教育以及职业教育。以下从小学和初中的课程结构予以说明。

小学阶段的课程结构。所有国家在小学阶段的一个主要目标是基础读写和数理能力。所以,各国都设置了国语和数学课程;大部分国家设置了社会、体育、健康、艺术、创造和表演艺术课程,其中尤其强调基本技能和价值观的教育;澳大利亚、法国、德国、马来西亚、新西兰、菲律宾和斯里兰卡的外语既有必修的,也有选修的;多文种、多种族、多语言的国家还为适应不同学生语言和文化的需要提供了相应的选修课程。

初中阶段的课程结构。国语和数学的学习仍然是所有国家初中阶段课程结构的特征;除斐济以外所有国家都提供了外语教学并定为必修课程;许多国家都把人文学科(如宗教、道德、价值教育)的学习融入其他学科,而不单独开设;技术学科在课程体系中的位置越来越重要,在印度和泰国,技术是科学中新兴的内容领域,而在澳大利亚和新西兰,技术则是一个单独的领域;职前教育成为新的发展趋势,不过不同国家差异很大。总之,课程越来越趋向多样化。

2.课程选择性得到加强

必修课程与选修课程的关系变迁趋势,反映了一国的课程行政体制。大凡分权的国家都有加强必修课程的趋势,以提高学生共同的基础学力,保障基础教育

---

① 拉塞克,维迪努.从现在到2000年教育内容发展的全球展望[M].马胜利,高毅,丛莉,等,译.北京:教育科学出版社,1996:86.

质量。大凡集权制的国家都有加强选修课程的趋势,以适应学生的个性差异,培养学生的创造力,促进学生的个性发展。总之,不论分权制还是集权制国家,在选修课程的设置上日益强化质量意识,加强质量控制,并注意恰当处理与必修课程的关系,而不是随意设置。

3.课程结构突出综合性

随着社会的发展,各种各样的普遍性的问题不是依靠单一学科所能解决的,而是依赖于多种学科的共同努力;个性发展的标志不再是知识的积累和技能的熟练,而是在复杂情境中做出明智选择和解决问题能力的提高,这就需要冲破以分科为特点的"学科主义"的束缚,受各种新思想的影响,知识并非是固定不变的,而是与情境和社会相关联的,因此不必固守传统的学科界限;另外,脑科学也指出,脑是以整合的方式而非分散的方式对知识进行加工的,知识越整合越容易学习。由此可见,世界课程呈现综合化的趋势是有原因所在的。

现行的美国小学课程是以综合课为主的:语言艺术包含了阅读、写作、文学、口语等,社会包括历史、地理、政治、法律等知识,科学课将物理、化学、生物等知识融为一体,音乐与艺术、体育和保健也有综合的倾向。在宾夕法尼亚州的一些中学,实施一种名为"超越学科的学习单元"的教学,这种学习单元的教学目标涉及到四门学科,牵涉到理科和社会的"自然环境"的内容。

加拿大的普通中学在初中阶段设立综合课程,如社会学科、自然学科、户外教育等;在瑞典,历史、地理、宗教、公民、物理、生物、化学等组成小学课程中的统整性定向科目,中学课程采用的是模块组合法。普通课程、艺术课程、职业课程构成了完整的中学课程体系。其中既有学术课程、技术课程、商业课程、农业课程,也有职业训练课程、职业补习课程;既有公共必修的理论课程,也有特别的活动课程或实践性课程。巴基斯坦、菲律宾、英国在中小学均开设综合理科,也有些学校把历史、地理和宗教教育合并成为人文学科。

(四)课程实施改革

课程改革的关键在于课程实施,课程实施是建立在本土文化基础上的渐进过程,不能照抄别人的模式,也不能采取急风暴雨的方式进行。因此,许多国家的课程改革都很重视"课程实施"的研究,把课程实施视为课程变革过程的有机组成部分。各国课程改革经验证明,课程改革不仅仅是行政命令的过程,也是政府结合社会和教育实际的结果,是充分调动地方和学校的积极性,经过严密的科学论证而展开的。许多国家还都设置了专家咨询机构,其职能是:研究并把握国际课程改革的发展动向;研究并把握本国课程改革的历史经验和现实状况;对所形成的改革方案进行比较研究和实证研究等等。

同时,课程实施的"忠实取向"(fidelity orientation)正在被"相互适应取向"

（mutual adaptation orientation）与"课程创生取向"（curriculum enactment orientation）所超越。忠实取向是指衡量教师在课程变革中成功与否的基本标志是教师是否忠实地实施了上级提供的课程，忠实程度越高则教师越成功。相互适应取向即认为课程实施过程是国家、地方与学校彼此之间相互适应的过程。课程创生取向则认为课程实施过程本质上是教师与学生创造适合自己需求的自己的课程过程，国家、地方提供的课程是教师与学生的选择性的课程资源。因此，教师也不再是课程变革计划的忠实执行者，而应成为课程的开发者，参与课程变革计划的制定。由此可见，提高教师的社会地位、加强教师的专业发展已成为一项优先的改革措施。

（五）课程评价改革

1. 重视发展，淡化甄别与选拔，实现评价功能的转化

随着信息技术的发展和网络时代的到来，以传授知识为主的课程功能转而注重培养学生积极的学习态度、创新意识和实践能力等多方面的综合发展。于是，课程的评价功能也会随之发生根本性的转变，不仅考查学生知识、技能的掌握情况，更为关注学生掌握知识和技能的过程与方法，以及与之相伴随的情感、态度与价值观的形成，评价不再是为了选拔和甄别，而是如何发挥评价的激励作用，促进学生的发展。由此可见，评价是为学生的发展服务的，而不是学生的发展为评价的需要服务的。这一点已在世界各国得到普遍认同。

2. 重视综合评价，关注个体差异，实现评价指标多元化

在关注学生学业成就的同时，人们开始关注个体发展的其他方面，如积极的学习态度、创新精神、分析与解决问题的能力以及正确的人生观、价值观等，从考查学生学到了什么，到对学生是否学会学习、学会生存、学会合作、学会做人等进行综合考察和评价。如：美国许多中学设立的奖项之多、范围之广，让人目不暇接，几乎涉及学生发展的方方面面，而与学业成绩相关的奖项只占到五分之一左右。法国非常强调对学生学业态度的评价，对学习成绩的评价则放到第二位。日本对小学生的评价包括考试成绩、学习情况、品行与性格三个方面。英国则在1999年颁布的国家课程标准中强调四项发展目标和六项基本技能，传统的学业成就只是其中的一部分。

3. 强调质性评价，实现评价方法的多样化

随着评价内容的综合化，以量化的方式评定一个人的发展状况则表现出僵化、简单化和表面化的特点，学生发展的丰富性、个性以及努力程度则被泯灭在一组组数据中。而且，对于教育来说，量化的评价方法只是针对简单的教育现象，教育中最有意义、最根本的内容则被忽略了。然而，质性评价的方法则全面、深入、真实地再现了评价对象的特点和发展趋势，成为世界各国课程改革倡导的评价方法。例如,美国《国家科学课程标准》中提供的评价方法除了纸笔测试以外,还包括平时的课堂行为记录、项目调查、书面报告、作业等开放性的方法。美国各著名高校在录取学生时不仅要求学业成绩,通常还要求学生提交一份短文、有关人士的推荐信和面试等。英国则强调以激励性的评语促进学生的发展,并在教师评价中注意运用面谈、行为观察和行为记录的方法。同时要指出的是,质性评价从本质上并不排斥量化的评价,经常与量化的评价结果整合应用。因此,定性与定量相结合,实现评价方法的多样化,是当今世界各国普遍采取的评价方法。

4. 强调参与互动、实现评价主体的多元化

目前,世界各国的教育评价逐步成为由教师、学生、家长、管理者,甚至包括专业研究人员共同参与的交互过程,这也是教育民主化和人性化过程的体现。例如:美国马里兰州,对教师的评价是以学生多人组合的方式进行的。在英、美等国,学生和家长还可参与评价体系或指标的建立,学生还可以就教师对自己的评价结果发表异议、进行申述等。这样,被评价者就从原来的被动与被管理者的角色转化成主动的状态,成为评价主体中的一员,加强了评价者与被评价者之间的互动,既提高了被评价者的主体地位,使评价成为主动参与、自我反思、自我教育、自我发展的过程;同时也在相互交流中增进了双方的了解,从而形成积极、友好、平等和民主的评价关系。

5. 注重过程评价,实现评价重心的转移

终结性评价是面向"过去"、关注结果,只要求学生提供问题的答案,而对于获得答案的思考与推理、假设的形成以及如何应用证据等,则都漠不关心。从而导致学生也只重结果、忽视过程,不可能促进学生注重科学探究的过程,养成科学探究的习惯和严谨的治学态度,从而不利于良好思维品质的形成,限制其解决问题的积极性和创造性。因此,近些年来,评价重心逐渐转向更多地关注学生求知的过程、探究的过程和努力的过程,关注学生、教师和学校在各个发展时期的进步状况。这样才能促进学生的进步和持续发展,评价促进发展的功能才能真正发挥作用。同时,只有在关注过程中,才能实现学生的"知识与技能"、"过程与方法"以及"情感、态度与价值观"的全面发展。由此可见,注重过程,将终结性评价与形成性评价相结合,实现评价重心的转移,成为世界各国评价发展的又一大特点。

二、国外教师教育体制改革的特点及发展趋势

当代,不论是在发达国家,还是发展中国家,教师教育的作用与意义都已超出教育事业本身,影响到整个社会的进步与发展,受到各国政府的高度重视。

(一)充分认识到教师教育的意义和价值

20 世纪 50 年代以来,随着新技术革命的深入发展,人们认识到:现代社会

是一个动态概念,它随着社会、经济、政治、文化等条件的变化而变化。与此相应,现代化的教育也必须是个动态概念;在教育改革与发展过程中,一些外国学者批评教育的视界仅仅局限在过去和现在,未来的概念受到忽视。因此,要改变这一状况,必须把未来的概念引入教育。现代教育必须有未来的观点,这就为观察教育提供了无比广阔的视界。各国政府正是从教育在未来社会的重要作用,从未来人的培养质量决定着国家的命运与前途这一立场去理解教师教育的意义与作用的。人们意识到,未来的国际竞争是人才的竞争,而人才的培养靠教育,教育的关键在于教师,这是一个不容置疑的真理。因此,教师教育的意义与作用自然地就与国家、与民族的未来,乃至人类社会的前景紧密地联系在一起了,局限于教育事业内部看待教师教育的意义与作用就显得不够了。

1983年美国公布了《国家处于危机之中:教育改革势在必行》的调查报告。该报告疾呼,美国教育正在被日益严重的成绩平庸状况所侵蚀,这种状况使国家已经处于危险之中。而这种状况产生的原因之一,便是教师短缺、师资来源不足,且质量很低。3年后,1986年5月,美国卡内基基金会公布的另一份调查报告《国家为21世纪的教师做准备》则明确指出:"只有保留和造就最优秀的教师,这个国家才能摆脱他所陷入的困境。"印度教师教育的重要文件《教师教育课程:一个框架》指出:"教师不是社会的创造物,而是社会的创造者。教师应当在课堂内外起领导作用,并且作为社会变革的代言人应该主动采取行动以改造社会,促进国家发展目标的实现"。

印度教育和社会福利部颁布的《国家教育(1986)》明确提出:"在决定教育及教育对国家所作贡献的所有因素中,教师无疑是最为重要的因素。一切教育努力最终赖以成功的正是教师的个人品质和性格,他的学历和专业能力"。

我国在科教兴国战略指引下进行的社会主义物质文明和精神文明建设更是离不开教师教育。作为具有我国特色的教师教育正在显示出它在经济与社会发展过程中的极端重要性。正如《中国教育改革和发展纲要》所指出的:"振兴民族的希望在教育,振兴教育的希望在教师。"这就是说,教师,以及造就培养教师的教师教育是直接关系着民族振兴的千秋万代的宏伟事业。

教师教育在今天已不是可有可无,或者是无关大局的事情了,其作用与意义上的全局性已成为当代教师教育发展的一个十分重要的特征了。

(二)国外教师教育改革的主要内容

英国学者詹姆士·波特将师范教育分为两种类型:定向型师范教育(封闭型),指由独立的师范学校系统来培养教师;非定向型师范教育(开放型),指没有师范学校系统,由普通大学培养教师。有的国家以定向型为主,如俄罗斯、中国,即以专门的师范院校来培养教师;有的以非定向型为主,如美、日、德等,教师的培养主要由综合大学中的教育院系来进行,典型的做法就是让学生先在文理学院进行为期 4 年的文化基础和学科知识的学习,而后再到教育学院进行 1 年或 1 年以上的研究生层次的教学专业训练;有的国家则兼而有之,由师范院校和综合大学共同培养教师,如英、法、印等,以法国为例,教师学习的第一阶段是在大学接受 2 年的基本专业基础知识和教育基础知识的教学,以及方法的训练,第二阶段由大学和师范学校共同对学生进行为期 2 年的学科和教育的加深训练。这两种师范教育类型主要的不同之处在于非定向型的教师培训体系不要求学生一定要在师范专业中学习,可以主修任何专业,只要修完为教师设立的专门课程的学分即可。当然设立教育课程的学校必须经过一定的教育行政部门批准,并非所有高等学校都能培养师资。两者相同的是,不论采用哪种类型的师范教育体系,都必须要求学生修学规定的教育理论课程和进行过一定的教育实习训练。①

这两种类型的师资培养体系各有其优缺点。对定向型的而言,其优点是培养目标明确,专业思想稳固,教育理论扎实,教学技术训练充分,培养计划不受其他因素限制,便于调整供求关系。缺点是学生基础知识不够宽厚,适应能力较差,学术水平往往赶不上综合大学,招生来源和毕业生的出路受到较大的限制,难于适应科学技术迅猛发展的需要。非定向型的优点则是学术水平高,学生知识面宽,易于接触科研工作,招生来源和出路较广,适应能力强,便于就业。缺点是培养目标不明确,从教思想不强,教师职业技能缺乏充分训练。因此,不应该简单地肯定一种或否定一种,应取长补短使两者有机融合。

(三)国外教师教育改革的发展趋势

二战以后,全世界的教师教育都面临着改革和变化的巨大压力。由于国家总体经济发展及其教育系统组织方面的原因,各国政府在新教师培养(initial teacher education)的改革中所采取的策略有重大的差别;但是"在教育发展的某一阶段,许多不同国家处理新教师培养所面临的问题与采取相应的改革创新措施方面,还是体现了一些共同的发展趋势"。②

1. 新教师培养在教育系统中的层次不断提高

新科技革命使工业社会开始信息化和智能化,社会、经济、文化、科技发展迅速,对人及教育提出前所未有的新要求,各国因此对师资提出了更高的要求。要求各级师资不仅要有娴熟的教育学知识与技能,还要有高深的学科专业知识和广博的科学文化知识。在工业化国家和许多中等收入国家中,几乎所有的教师教育属于高等教育层次,很多是大学层次。在丹麦、德国、希腊、西班牙、法国、爱尔

① 顾明远.论教师教育的开放性[J].高等师范教育研究,2001,(4).
② 陈永明.国际师范教育改革比较研究[M].北京:人民教育出版社,1998:461.

兰、芬兰、瑞典和英国等国家中,初等和中等教育的新教师培训都在大学层次的机构进行。从上世纪 90 年代中期开始,一些中欧和东欧国家也已经取消了专门的教师培训机构,代之是大学层次上的教师培训。1997 年 8 月起,南非政府也开始将教育学院纳入高等教育系统。对教师的需求从单纯数的增长走向质的提升,许多国家纷纷开设教育硕士、教育博士的学位。

2. 许多国家延长了教师教育的期限

有些国家在招聘教师时,招收资格水平较低的人员,然后为他们提供较长时间的教师培训,其中也包括普通教育方面的内容。而有些国家则是缩短教师培训时间,但招收具有高层次普通教育水平的人员。总之,无论选择哪一种做法,总趋势都是延长了教师从教以前所接受学校教育与培训的总期限,使教师能获得更多的普通教育和更专业性的教育学培训。例如,斯里兰卡小学教师的受教育年限已经达到了 16 年,而马来西亚小学教师的平均受教育年限已经达到了 18 年。

3. 通过立法、制度安排等对教师教育予以保障

以法律形式使教师教育制度化,通过教育立法为教师教育提供法律保障是许多国家共同的做法。如英国通过一系列有关教师教育的《白皮书》或《绿皮书》;法国和瑞典分别在《继续教育立法》和《学校法》中强调教师在职进修的重要性;日本制定"新教师研修制度"、"海外教育情况实地考察制度"、"各学科教学指导研究进修制度"、"学校管理工作研究进修体制"等,进一步完善了在职中小学教师的研究进修体制。

4. 新教师培养日益显示出专业性

以往许多国家在招聘教师时主要看应聘人员的学历层次,只要有小学或者中学毕业,都可以通过在一些专门机构如教师培训学院接受短期的职业培训和更多的普通教育,就可以在小学或者中学任教。过去中学只是为高等教育做准备,因此传统上中学教师只要接受学术性训练,而专业性的教师培训并不重要,因为拥有学位就是从事教学的最充分条件。随着小学教育的普及和中等教育规模的扩大,中等教育不再只是高等教育的直接准备。在教育系统扩展的过程中,人们日益感到,小学教师需要接受培训以提高他们的学科能力,而中学教师则需要接受教学技巧方面的专业培训。由此,所有教师教育的核心要素,即教材、教育学和专业等三方面的训练,在小学与中学层面显得越来越相似。也就是说,新教师培养方面的专业性显示了出来。

5. 在许多国家中,新教师培养的承担者呈现多样化

教师教育是一项系统工程,各国均建立了多元化的教师教育结构,提供多样化的教师培养与培训方式,建立灵活的多层次的教师教育系统,学历教育与非学历教育相互沟通和促进。既有全日制脱产的大学,又有函授制;既有正规的学校系统,又

有教育学院,还有开放式学校(远程教育、广播电视教育等)。传统的教师培训学院的培训模式在新教师培养中,已不再占统治地位。目前许多国家如法国和许多法语非洲国家中,新教师培养可以在几种机构中进行,这些机构可以互相合作,也可以不合作。在一些有大学生失业的地方,国家从大学毕业生中招收人员,通过为他们提供专业性的教师培训而使他们成为未来的教师。这一做法的好处,不仅在于使早期公共教育投资得到收益,而且也招收到了受过更高教育的教师后备人员。

6. 加强了传统的教师教育机构与大学部门之间的联系

1996年联合国教科文组织的德洛尔报告《财富蕴藏其中》将"确立大学与中小学教师培训机构之间的紧密联系",确立为教师教育的期望目标。90年代起法国新建立的教师培训大学学院(University Institute for Teacher Training,法文简称IUFM),要求与本地的大学建立合作关系,开展人员交流和合作研究。阿根廷也强调教师培训中要建立地方大学和非大学的教师培训机构之间的联系。

7. 在中小学学校内部实验性开展新教师的培养

在美国和英国,人们对大学教育学院内组织专业教师培训的批评越来越多,认为这种培训过于理论化和远离学校现实。因此,"随着权利下放和学校自主权的增加(包括财政和人员),从90年代初期人们开始尝试以学校为本的新教师培养项目,特别是在英国。其假设就是,学校本身才是最适合提供新教师培训的环境。"①英国谢菲尔德教育学院设计出一种以中小学为基地,大学教育系与地方合作培训在职教师的"五阶段模式":(1)确定需要。由教师提出并确认哪些方面需要培训和提高,然后与大学培训部门直接联系;也可通过地方教育部门负责培训的专职人员向大学传递信息。(2)谈判。在确定需要的基础上,中学与大学培训部门洽谈怎样依据教师需要制定教师在职培训计划。(3)协议。谈判结果交给教师讨论,得到教师的认可。(4)实施培训一:理论训练。培训前两天在大学基地进行,通过导引课程、介绍新知识和新方法论,帮助教师开阔视野和增长知识。(5)实施培训二:走进课堂。两天导引课程结束后进入以中学为基地的实质培训。这一阶段要求大学教师经常到教室,和中小学教师一起钻研教学难点、选择教学方法、设计教学结构等,并给教师以指导和帮助。此外,有几个新教师培训项目是由大学和学校合作进行的,如美国、加拿大和其他几个西欧国家中的专业发展学校(professional development school,简称"PDS")。

8. 一体化的教师教育培养过程:保证职前培养、入职培训、职后进修的连续一致性

在终身教育思想的影响之下,以教师专业发展为出发点,西方国家在二战后

---

① 赵传江.国外教师实习试用期模式对我们的启示[J].外国教育,2001,(10).

提出了教师教育终身化和一体化的问题。1972 年,詹姆斯提出了教师"培养、任用、进修"的"三阶段培训理论",将整个教师教育的过程分为职前教育、入职教育和职后教育三个阶段,并把这三个阶段视为教师终身教育体系中互相联系、全面沟通、连续统一的完整系统。教师教育的"三阶段理论"很快就得到了世界各国的认同,掀起了教师教育终身化热潮,继之而起的是教师教育的一体化。人们认识到教师的专业成长应是一个连续不断的过程,要贯穿于师资培养和培训提高的全部过程。

在教师教育一体化的研究与实践中,世界各国十分重视教师的入职培训,即在职前培养和在职进修两个独立的阶段之间建立一个从职前准备到教学实践的过渡环节。这种做法使教师专业发展的连续进程被联结起来。实践表明,新教师接受必要的入职培训,接受有经验的教师的指导,熟悉学校教学过程,不断积累教学经验,可以大大缩短他们的适应期,在尽可能短的时间内胜任教学工作。

1999 年英国正式在英格兰和威尔士地区建立新教师入职培养制度。凡是1999 年 5 月 7 日以后获得教师资格证书且首次参加工作的新教师都必须完成 3个学期(相当于一学年)的入职培训,在培训结束后才能继续在公立或私立中小学任教。入职培训制度的建立标志着一种全新的教师培养模式的确立。它使入职培训处于与职前培养和在职进修同等重要的地位,使大多数新教师能更快更好地胜任教学工作岗位,提高教学能力,促进教师职业适应。

9. 教师教育管理的标准化、规范化

标准化的教师教育管理:制定教师资格证书颁发、教师教育培养机构、教师教育课程等统一的标准,规范管理。教师教育管理的标准化意味着规范和质量,它是教师教育办学方向的指导,是教师教育评估的依据,是教师教育过程的指南。教师教育管理的标准化主要涉及颁发教师资格证书(许可证)的标准、教师教育机构的办学标准、教师教育课程及教学标准等。

以教师资格证书认证、教师教育机构认证、教师教育课程认证等三大块为核心的教师教育认证制度和教师教育质量评价体系,是各国为教师教育走向开放提供制度保障的重要举措,为提高教师教育质量创造了条件。

第三节　对基础教育改革若干问题的思考

随着基础教育改革的不断深入以及各种新的理念在基础教育发展中的尝试,一些问题也因此而暴露出来。这些问题如此之重要,如果不对它们作深入的反思,则有可能会导致基础教育改革走向它的反面。在诸多的问题中,有两个问题显得特别突出,这就是基础教育改革中的市场化取向问题以及随着经济全球化而带来的基础教育全球化问题。

一、基础教育改革"市场化"取向及问题

"市场化"或"私有化"是 20 世纪 80 年代以来国际教育改革的热门话题。对于这种改革的趋势,学界很多人反对这种提法,认为它违背了教育的根本属性。然而,世界各国在教育管理体制中不同程度地引入了市场机制却是一个不争的事实,并试图藉此来加强校际之间的竞争,以达到提高教育质量的目的。与此同时,对市场机制的不当应用也使我国基础教育领域出现公共性式微的问题。

(一)基础教育改革引入市场机制的背景和理据

1.基础教育改革引入市场机制的背景

二战后,西方资本主义国家在政治、经济、文化等方面进行了一系列改革,使教育各方面得到了极大的发展,但是到了 20 世纪 70 年代,资本主义国家经济危机的爆发,使教育质量和效率也面临着严重的危机,人们开始对国家干预主义的做法产生了怀疑与批判。公共选择理论和新公共管理理论等都强调在公共事务中引入市场竞争因素的重要性。认为"市场失灵"的原因在于政府,过分强调福利国家的政策容易使极权主义泛滥,因而必须改变政府包揽一切的局面,体现在义务教育上即改变传统的政府和学校之间的垄断关系,提倡在教育中引入市场机制。因而,20 世纪 80 年代掀起了世界范围内的教育重建运动,以市场化为取向,以"放权"与"择校"作为把公立学校推向市场的基本途径。

2.基础教育引入市场机制的理论依据

基础教育改革中引入市场机制主要以三种理论思潮为导向:

一是公共选择理论。公共选择理论产生于 20 世纪 40 年代末,大约从 1948 年开始作为一个独立的研究领域发展起来,60 年代末 70 年代初形成了一个学派或思潮。美国经济学家詹姆斯·布坎南为其主要创始人。公共选择理论强调个人自由,鼓吹市场机制,反对国家干预。教育中以公共选择理论为依据的主要目的在于打破政府对教育事业的垄断,从而提高教育资源的配置与使用效率,以及家长和学生对教育的选择权。

二是新公共管理理论。新公共管理理论是随着新公共行政学的兴起为理论根基的。新公共管理学以戴维·奥斯本和特德·盖布勒(David Osborne & Ted Gaebler)的《重塑政府》为代表。新公共管理理论关注的中心是政府与市场之间的关系,主张在政府的服务中采用私营部门的成功管理经验和手段,将市场竞争机制引进政治领域。与传统的公共行政理念相比,新公共管理理论一般具有以下特征:新公共管理的内涵,按照台湾詹中原教授的观点,可以归纳为以下四个方面:(1)政府管制与市场机制的相结合;(2)强化组织与管理的"分权";

(3)服务品质的持续提升;(4)公共服务的使用者/顾客导向。①即:第一,强调把主体中心理论转化为客体中心理论,即强调以顾客为中心而不是政府为中心进行政府治理;第二,强调把权力中心主义转化为服务中心主义;第三,强调把效率中心主义转化为成本中心主义,把个人利益中心主义转化为公共利益中心主义。②

"新公共管理理论强调现代社会的政府应不断转变自身职能。转变政府职能的根本目标是实现'公共供给'提供者的多元化,即把原来由政府承担的一些公共管理职能交给公民社会和市场来承担,形成由政府、市场和社会组织共同提供包括教育在内的公共服务的格局,以克服政府垄断提供公共服务所造成的低效率和低质量。"③

三是政府治理理论。政府治理理论的主要代表人物是弗里德里希·冯·哈耶克、罗伯特·诺奇克、米尔顿·弗里德曼等。政府治理不同于传统的政府统治。传统的政府统治认为政府组织是管理国家教育事务的唯一权力中心,认为市场是不可靠的,它内在地具有自发性和自利性的倾向。而政府治理理论认为,"虽然政府有其存在的必要性,特别是在合法使用暴力、决定重大教育资源分配方向、维护公民基本受教育权和学习权、实现教育公平等方面发挥着重要的作用。但是政府的功能不是万能的,政府不再是教育管理的唯一权利中心,非政府组织、非赢利组织、社区组织和公民自治组织等第三部门和私营部门与政府部门一起承担提供教育服务、管理教育事务的责任。"④弗里德曼认为"政府的必要性在于其是'竞争规则'的制定者,又是解释和强制执行这些已被决定的规则的裁判者"。⑤哈耶克认为政府的主要职责是支持个人在市场内做决策的个人权利,而不是干预个人做决定的权利。

(二)西方国家基础教育改革引入市场机制的基本做法

1.基础教育改革的市场化:美国的做法

美国可以说是在教育中引入市场机制的典范国家,美国的这种做法萌芽于20世纪中叶,但真正发展起来是在1983年里根政府宣布的《国家处于危机之中:教育改革势在必行》的报告之后。尤其是20世纪90年代以后,随着大批特许学校(charter school)的发展与壮大,美国掀起了一场以公立学校市场化运作为特

---

① 詹中原.新公共管理:政府再造的理论与实务[M].台北:五南图书出版股份有限公司,2002:序言.
② 郭凯. 教育民营化的凸显及对我国民办教育的政策建议 [J]. 湖南师范大学教育科学学报,2004,(3).
③ 刘复兴.教育民营化与教育的准市场制度[J].北京师范大学学报:社会科学版,2003,(5).
④ 邬志辉.现代教育管理专题[M].北京:中央广播电视大学出版社,2004:58.
⑤ 米尔顿·弗里德曼.资本主义与自由[M].张瑞玉译,北京:商务印书馆,1986:45.

征的"公校私营"运动(private management of public school)。①

美国基础教育改革重点在于改变传统公立学校的办学体制，建立新型的管理体制。政府不再单独承担经营公立学校的责任，而是建立竞争招标机制，引进社会力量如教师组织、家长团体、社会服务组织和私人等通过注册公司，共同承办公立学校，私人公司可以赢利；同时政府加强教育质量监控力度并下拨与原公立学校开办所需的相当的生均经费。②美国的这场以引进市场机制的基础教育改革主要通过以下几种方式来实现：

(1)磁力学校

"磁力学校"又称"特色学校"，是以其办学特色吸引学生就读，并提供学生选择其所感兴趣的特殊专长学科的机会。磁力学校依据美国《1965年中小学教育法案第三章》(Title III of the Elementary and Secondary Education Art of 1965)的有关规定而设立的，创办于20世纪70年代，80年代得到发展，1981至1983年，约有1/3的大都市开设了这类学校(共计1000所)。1990年，美国学区联合会对52个学区的调查显示，约有1/2的大都市设立了磁力学校。③

磁力学校的市场特征主要体现在其招生不受公立学校学区的限制，而是通过自愿入学(voluntary enrollment)和学区入学(established attendance zones)的方式、合作学习以及多元文化的课程内容实现少数民族学生在公立学校的入学配额，学生家长可以向学校提出入学申请。但是经费仍主要由联邦政府来补助，"每一学区每一学年平均可分配到约400万美元的联邦补助基金，部分学区则将该基金的分配交由各磁力学校公开竞争，并以办学成效作为经费辅助之依据"。④

(2)特许学校(charter school)

特许学校是美国将公立学校交由私营教育管理公司（EMO）经营的一种改革。特许学校的性质仍是一种公立学校，其经费由公立学校支持，由教师团体、社区组织、企业集团或教师个人申请开办并管理，在相当大程度上独立于学区领导和管理。美国的特许学校始创于1991年的明尼苏达州，1999年，美国有36个州通过了特许学校法，运行的学校达1700所。到2001年，美国的特许学校数量已超过2000所。据美国教育改革中心(The Center for Education Reform)的统计，到2005年4月，美国特许学校已发展壮大至3343所。⑤

① 赵中建.近年来美国学校管理改革述评[J].教育研究,2001,(5).

② 郑双阳,洪明.美国公立学校市场化改革初期失利现象透视——"教育选择公司"的经营破产说明了说明? [J].外国教育研究,2006,(4).

③ Adam Gamoran ,"Do Magnet School Boost Achievement? "Education Leadership, Oct.1996

④ 张明辉.美国磁力学校计划及其相关研究[J].比较教育,(45):61～71.

⑤ National Charter School Week 2005 [EB/OL].http://www.edreform.com/_up_load/ncsw-numbers pdf 2005-04/2005-10-16

（3）学券制学校

学券制学校的主要特征在于政府向学生家长发放有价证券，学生家长可以使用该学券在任何政府承认的学校包括私立学校中支付学费或其他教育经费。教育凭证制度始于 20 世纪 60 年代末和 70 年代初，90 年代得到大面积的推广，2000 年大约有 15 万学生能够借助州长开出的超过 4000 美元的凭证转入私立学校。

美国的磁力学校在缓解当时各大都市的"白人外流"现象，配合联邦政府废除种族隔离的政策、提供不同学生族群的特殊学习兴趣和需要、提高学生的学业成绩等方面起到积极的作用；特许学校充分实现了学校的自治权和家长的选择权，并提高了教育质量；学券制学校的主要目的在于促进私立学校与公立学校之间的竞争，从而提高教育质量。但是，总体来说，美国的教育主要还是由国家提供，市场化的程度并不高。从就读学生数和教育经费的支出来看，1988 年，89% 的美国初等和中等教育的学生就读于公立学校，政府负担了总经费的 91%；高等教育中，就读于公立学校的学生达到了 77%，政府负担了总经费的 47%，而学费只占 28%。

2. 基础教育改革的市场化：英国的做法

大概在差不多相同的时期，英国也同样进行基础教育市场化改革的尝试。过去，英格兰和威尔士的地方教育局主要承担着保证每所学校都招足学生的职责。自 1988 年的《教育改革法案》颁布后，英国用家长选择机制取代了集权式的入学体系。英国的基础教育改革的市场化特征的真正凸现是在英国工党政府奉行"第三条道路"教育政策的背景下开始的，主要目的在于提高薄弱学校的办学水平，从而更大程度上实现基础教育阶段的教育公平。英国在基础教育中引入市场竞争机制的做法主要通过教育行动区计划、公私合作办学、初中学校联盟战略、教育督导市场化等几种形式得以体现。

（1）教育行动区计划

英国工党政府自 1997 年上台后，改变了以往政府直接拨款给公立学校的做法，着重加强和扶持薄弱学校的发展，因而在《1998 年教育法》中颁布实施教育行动区计划。

教育行动区计划是指"联合企业、学校、地方教育当局和家长中新型改革运动的标兵，使社会不利地区的教育向现代化迈进。"[1]教育行动区计划是英国将薄弱公立学校推向市场的最重要的体现。行动区学校在课程设置、聘请校长和教师等方面都有一定的自主权，并在学校建设方面具有相应的特色。但这种引入市场

---

[1] DFEE，Handbook for Education Action Zones[Z].London，DFEE，1998.

机制的做法也只是将公立薄弱学校的管理权向社会公开招标,其所有权、收益权等还属于政府。到 2001 年,英国政府先后批准成立了 73 个教育行动区计划,并且大多数位于英格兰最贫困的城乡地区。

教育行动区计划有助于鼓励家长和地方、社会参与学校管理,改善并帮助薄弱学校摆脱困境,同时促使各个学校办出特色。

(2)公私合作办学

公立学校和私营学校合作是英国工党引入市场企业管理理念和先进经验、积极推进学校的"私人参与政策"的又一举措。此项计划始于 1997 年,即采取签订合同的方式允许商业部门接管薄弱学校 5~7 年。公私合作办学类似于美国 1992 年创建的特许学校的做法,即公立学校的财产所有权不变。

(3)初中学校联盟战略

初中学校联盟是指在初中阶段将当地的办学成功的学校和办学失败的学校或薄弱学校联合起来发展,目的在于使薄弱学校能够共享到成功学校的优质资源和办学经验,从而实现优势互补,达到让每一所学校的成功发展。这项战略在 2003 年得到英国教育大臣查尔斯·克拉克的着重提出,他希望全国学习布拉德福市的成功经验,建立起各地的初中学校联盟。

(4)教育督导市场化

1993 年,英国颁布了《教育(学校)法》,推出促进教育督导市场化的改革举措,主要做法有:根据教育督导工作任务的需要,在全国范围内公开招聘"注册督导",取消了原隶下督学处,新组建成立教育标准局;学校督导工作由教育标准局公开向注册督学招标,并与中标者签订督导合同,教育标准局与"注册督导"是合同管理关系,而非以前的隶属关系;扩大注册督学的法定权力;调整与优化督导团对成员的组成结构,增加"外行督导"。[①]

英国政府的基础教育改革中引入市场机制是工党想让每一所学校成功的"第三条道路"的教育政策的集中反映与重要目标,是实现基础教育阶段教育公平的重要举措。"旨在追求实现基础教育的平等与优异的平衡,寻找政府调控与市场机制、经济发展与社会公正、权利与责任、国家利益与国家合作之间的平衡。"[②]

3. 基础教育改革市场化:其他国家的做法

另外,90 年代以来,这种在基础教育领域中引入市场机制的改革措施在世界很多国家的教育改革中也都以不同形式体现出来。"在澳大利亚,1992 年 10 月维多利亚州新政府改革议程五大原则的第一条就是'在公共服务的提供中优

---

① 洪成文.90 年代国外教育督导发展轨迹初探[J].比较教育研究,2001,(6).

② 马德益.英国基础教育薄弱学校改革的市场化特征[J].外国教育研究,2005,(4).

先采用市场机制'。通过由学校选择自愿参加的'未来学校'(Schools of the Future)改革计划，该州调整了政府和市场在教育发展过程中的作用及其相互关系，提高了教育资源的利用效率。新加坡政府 1987 年实施了'独立学校计划'(Independent Schools Scheme)，1993 年又执行了'自治学校项目'(Autonomous Schools Project)，允许将公立学校转为私立并继续接受政府资助。"①

从以上列举各国的在基础教育中引入市场做法来看，在基础教育中引进市场机制的方式和程度在各个国家是不一样的。OECD 的报告指出，在绝大多数国家内，公立学校在同教育服务的私人承办者竞争。但是私立学校的参与率从爱尔兰、俄罗斯联邦和土耳其的占所有学生的 1%左右，到比利时、韩国和英国的35%及以上，以及荷兰的约 75%不等。但在基础教育中引入市场机制的益处是得到公认的：激活了公立学校的办学活力，提高了教育质量。据说在 20 世纪 90 年代中期以前，美国一些州的高中毕业生考试合格率仅为一半，而近年已经达到80%以上。同时，因为各国对教育市场做法的理解以及运用的不当也造成了相当大的损失。由此可以看出教育市场化是有条件和限度的，各个国家根据自己国情在教育中引入市场因素应作合理的调整。同时，基础教育阶段无论是教育经费的来源还是学校教育组织的举办，都提倡政府居于主导地位，市场只是一种辅助补充，这是由基础教育的公共产品属性决定的。

(三)我国基础教育改革中引入市场机制的现实

市场体制要求的多样性和多元化使政府的职能发生转变，在国家财政不足以及政府垄断出现权力寻租等"政府失灵"的情况下，政府开始变传统的直接管理为直接管理与间接管理相结合。我国在基础教育改革中引入市场机制的做法肇始于政府与学校二者关系的分化和改组。1985 年《中共中央关于教育体制改革的决定》首次提出在教育中实行放权政策，随后随着上个世纪 90 年代社会主义市场经济体制初步建立，公共服务领域逐步推行民营化改革，为基础教育领域中引入市场机制提供了大的社会环境，并陆续颁布了很多相关文件，如 1993 年的《中国教育改革和发展纲要》、1997 年《社会力量办学条例》、1999 年《中共中央关于深化教育改革 全面推进素质教育的决定》，以及 2002 年《中华人民共和国民办教育促进法》等。党的十六大报告中也明确提出"放宽国内民间资本的市场准入领域"，"在更大程度上发挥市场在资源配置中的基础性作用。"自此，传统的由政府垄断基础教育的局面被打破，并逐步形成了基础教育改革的新趋向：控制和管理教育的主体由传统的政府直接管理转变为间接宏观监控；教育的投资体制由单一的国家公共财政拨款转变为多渠道经费筹措；义务教育的办学模式由

① 项贤明.当前国际教育改革主题与我国教育改革走向探析[J].北京师范大学学报:社会科学版,2005,(4).

政府包办转变为多元化办学。但与国外不同的是,我国的基础教育改革在文件中明确规定"不得以营利为目的"。

我国在上世纪 90 年代也采取了一系列鼓励和吸引民间资本投资教育的改革措施。除了涌现了一大批民办学校和民办公助学校外,近年来还出现了一些公立学校改用民办经营体制的转制学校。这种做法既实现了大众举办和管理教育的愿望,有利于将社会资金吸入到教育中,又增加了民众管理教育的积极性,增加了教育的活力,提高了基础教育的质量。但是在现实中,很多民办学校往往以营利为主要目的,弱化了基础教育的公共性。

(四)我国基础教育改革引入市场机制面临的问题及思考

从以上各个国家的做法可以看出,在基础教育领域中引入市场机制的改革在一定程度上既提高了办学效率,又使教育质量得到了发展。尤其在我国,这种做法大大改善了传统的政府垄断教育局面所出现的资金不足、学校缺乏活力等弊端,实现了多样化办学的新型模式。

但是,就目前我国基础教育改革的现状来看,这种变化既没有使政府的权力得到放宽,也没有使学校和教师的权力得到选择,相反却使基础教育的公共性逐步弱化。正如杰夫·惠迪(Geoff Whitty)等人指出的"完全排斥市场的'政府完全垄断'有弊端,但'市场化'也不是解决问题的良方。……进一步的市场化似乎不能促进教育质量的全面提高,而且可能破坏教育公正。"[①]我国基础教育引入市场机制的弊端主要体现在以下几个方面:

1."放权的同时放弃责任"问题

政府在寻求教育投入渠道多样化的同时,不应该忘记自己的责任与使命,不能把教育责任完全转嫁到学校和消费者身上。特别是在当前,在社会分化还有可能扩大的情况下,政府应更多地关注弱势群体的利益及其应享有的受教育权利,并借助于教育来缩小社会分层所带来的贫富差距。

2. 多渠道的经费筹措体制下的乱收费问题

1997 年《社会力量办学条例》鼓励企业事业组织、社会团体及其他社会组织和公民个人利用非国家财政性教育经费,面向社会举办学校及其他教育机构。2002 年《民办教育促进法》也明确提出国家机构以外的社会组织或者个人,利用非国家财政性经费,面向社会举办学校及其他教育机构。基础教育的经费来源由传统的政府统一拨款转向了多样化的体制,缓解了基础教育阶段国家经费不足的局面,使社会资金有效地转入到了教育领域。然而,这种多渠道的经费筹措体制却给乱收费制造了良机。尤其是 2001 年国务院《关于基础教育改革与发展的

[①] 杰夫·惠迪,萨莉·鲍尔,大卫·哈尔平.教育中的放权与择校:学校、政府和市场[M].马忠虎,译.北京:教育科学出版社,2003:163.

决定》强调:在国家扶贫开发工作重点县等农村由中央有关部门规定杂费、书本费标准的"一费制"收费制度,更给教育软收费留足了空间。一些重点学校利用优势资源使学生"自愿"缴纳高额费用。据《21世纪经济》报道:来自一些教育专家保守测算,10年来我国教育乱收费总额超过2000亿元。仅2003年,全国就查处教育乱收费21亿元。

3. 多样化办学下的权力寻租问题

国家在强调多样化办学的同时也给予了地方政府一定的办学自主权,并提倡在国家统一的课程标准下开发校本课程,即"一纲多本"的教科书制度逐渐形成。然而这种"一纲多本"的现象使很多地方过于注重地方色彩,导致了地方保护主义严重,异化成了"多纲多本"的目标繁杂局面,基础教育的国家目标相对弱化。

基础教育的办学多样化也导致了寻租现象严重。这是因为首先,政府官员本身是理性的个体,他们关心自己的利益胜过关心公共利益,导致在处理公共事务时效率低下。其次,政府作为一个组织,政府与官员之间也是一种委托代理关系,加之政府对官员的监督存在困难,导致一些官员采取机会主义行动,加重了委托代理关系中的道德风险问题,从而产生严重的寻租行为。①

"公共选择理论认为,政府公共部门管理中出现腐败问题,本质在于政府也是由'经济人'组成的,其趋利避害的本性与市场制度下的行为主体的本性并无差别,只是公共部门管理有一定的价值约束和制度限制,相对而言,市场则缺乏这种精神与制度安排,至少在我国市场经济体制转型期是这样。民营化不必然带来腐败问题,但在公私合作、化公为私的过程中会增加腐败的机会。"②

4. 学校办学水平差距拉大问题

市场竞争导致学校的两极分化,致使校际间矛盾加剧、阶层之间差距拉大。竞争是市场经济的典型特征,在基础教育改革中引入市场机制,必然会导致学校之间为了生源而相互竞争,学校的营利色彩越来越浓、公益性质越来越弱,从而导致校际之间差距拉大。同时市场经济的竞争是以牺牲弱势群体的利益为代价的,竞争的结果必然使下层学生的学习成绩恶化,中上等阶层将成为竞争的主要受益人,然而,"一个公正的社会不能是在剥夺弱者的基础上使强者更强,而应该使强者扶助弱者,从而使弱者变强。"③基础教育是社会公平的保障基础,因而基础教育改革必须警惕它在带来效率的同时也产生的更为严重的负面作用。

---

① 王善迈.市场经济中的政府与市场[M].北京:北京师范大学出版社,2002:56,64.

② 王乐夫,陈干全.我国政府公共服务民营化存在问题分析——以公共性为研究视角[J].学术研究,2004,(3).

③ 劳凯声.教育市场的可能性及其限度[J].北京师范大学学报:社会科学版,2005,(1).

5.基础教育不应过分追求市场机制的两个说明

第一,基础教育的本质决定了不应该遵循市场的逻辑来进行基础教育改革。市场经济就是发达的商品经济,是商品经济发展到必须以大规模的市场来调节和配置各种社会资源的一种经济形式。基础教育是一种典型的非垄断性质的公共物品,本身不具有商品的属性,而是具有很强的正外部性的产品或服务,因而教育活动不属于商品生产。

从目的上来看,基础教育对学生的培养不是通过交换来获得经济利益的,不以市场交换为出发点,而主要在于提高公民素质,是一种公益性活动。

从教育过程的性质来看,教育过程具有合作的性质,它与市场买卖双方的交易不同,是教师和学生相互合作的结果。如果只是单方提供的教育服务在市场中进行交易的话,学校就不只是在提供有魅力的课程和教育方法方面进行竞争,还会被编入到市场中的相对增值或贬值的结构中去。因此,提高学校的办学质量和效率,并不在于是否引入市场机制或引入的程度如何,而更重要的是使所有的教师和学生都能认识到这种"合作性",促使他们积极参与到合作生产的过程中,进行必要的环境调整、组织改革,以及课程和教育方法的改善或改革。

从教育产品的特点来看,基础教育的成果只是半成品,还不能直接进入商品市场进行交换,而必须经过初等教育和高等教育后才能成为交换的成品。而非基础教育则不同,"它主要是以产业社会的要求为中心课题的,产业社会活动(地位、作用)的多样性,决定了基础教育以上的教育也必须是多样的。也就是说,它作为商品的本质上的差异,是为了适应产业社会的发展而本来就具有的。"①因而在市场经济下,我国基础教育仍然需要政府或者非营利部门来提供,而不能完全交由市场来完成。事实上,从商品经济发达国家的现实来考察,也没有基础教育完全市场化的实例。"由于教育有着与其它商品和服务截然不同的特性,因此无论是在西方还是在东方,它从来都没有完全投入市场的怀抱。"②国外多数国家担负基础教育任务的中小学校在总体上都由国家主办,并体现国家意志。美国,公立小学和中学分别占80%和90%;法国80%以上的青少年也在公立中小学接受教育;日本的中小学也基本上都由市政府开办,私立的中小学校只占2%左右。同时各国的基础教育费用有国家支付,并当作国家和社会的一项公益性事业而提出来。因此,我国在进行基础教育改革时,不应该过度追求市场机制(价格机制、公平竞争机制、自由选择机制等),而更应保障其公共性。

第二,我国的国情也决定了基础教育改革不应该追求过分的市场化。国外基

① 藤田英典.走出教育改革的误区[M].张琼华,许敏,译.北京:人民教育出版社,2001:182.

② 胡卫.民办教育的发展与规划[M].北京:教育科学出版社,2000:64.

础教育市场化的做法都是国家政治权力下放的一种体现，而在我国并不具备政治权力下放的条件。这是因为：实行中央向地方政府放权必须具备一定的社会（文化）基础和政治（民主）基础，"其中最重要、也是最根本的两条：对国家（政府）的权力要有严密而行之有效的监督机制，即法律监督、行政监督、司法监督和舆论监督；存在着民主的传统以及公民有效的了解和参与，而且这种参与应没有社会背景与阶级的区分和限制，尤其是政治参与的机会应扩大到社会的最底层。"①同时，"国外的放权也并不意味着政府可以放弃对教育的责任，政府必须对保持社会正义与持续发展的具有纯公共性质和准公共物品性质的教育产品予以提供，如义务教育。"②

随着社会主义市场经济体制的不断发展与深化，基础教育的改革也应该打破传统的由政府垄断的僵化局面。基础教育的公共产品属性决定了基础教育的提供主体必须由市场之外的其它部门来提供，然而市场经济体制下，这种提供主体已不仅仅是传统意义上的政府，非营利企业作为政府部门的补充也适当地提供基础教育服务。因而，在基础教育阶段不提供过分引入市场机制，但也并不是说还返回到传统的由政府垄断基础教育的局面，而应该实现管理模式的转变。即一方面要坚持政府的主要负责人角色，在基础教育的办学权和管理主体、办学模式、经费的投入以及教师的配置等方面都应该以国家民主机制为主导，其实质在于保障教育公平；同时在基础教育管理方面应该合理地引入市场因素，主要在于鼓励非营利部门作为基础教育发展的补充。基础教育改革的主要目的是为了实现提供与生产过程中公平与效益的并存，政府的主要职能在于保障公平，而市场的主要目的在于提高效率。基础教育费用仍然由政府来提供，而其它部门只是参与教育管理。

二、基础教育改革全球化思潮问题及反思

全球化由来已久，它始于15世纪的地理大发现。当时的全球化就是殖民扩张。到了近代时，全球化有了新的发展。马克思就曾对其作出过预测："不断扩大产品销路的需要，驱使资产阶级奔走于世界各地。它必须到处落户，到处开发，到处建立联系。资产阶级，由于开拓了世界市场，使一切国家的生产和消费都成为世界性的了。……物质的生产是如此，精神的生产也是如此。各民族的精神产品成了公共的财产。民族的片面性和局限性日益成为不可能，于是由许多民族的和地方的文学形成了一种世界的文学。"③虽然马克思并未明确提出"全球化"这个

---

① 胡康大.欧盟主要国家中央与地方的关系[M].北京：中国社会科学出版社，2000：207.
② 邬志辉.现代教育管理专题[M].北京：中央广播电视大学出版社，2004：63.
③ 马克思，恩格斯.马克思恩格斯选集：第1卷[M].北京：人民出版社，1995：276.

词,但他预见了资本主义在全球的扩张及其可能产生的后果。到了 20 世纪特别是第二次世界大战以后,随着全球经济的迅猛发展,世界各国之间的经济、政治、文化交流日益广阔,"地球村"于是应运而生。1961 年《韦伯斯特大词典》首次为"globalism"和"globalization"提供定义。但是全球化作为一个正式概念的提出却是20 世纪 90 年代的事。人们从不同的角度对全球化进行理解,有的从经济方面看,认为全球化的最显著标志是跨国公司的存在。如国际基金组织就将全球化定义为"全球化是指跨国商品与服务交易及国际资本流动规模和形式的增加,以及技术的广泛迅速传播使世界各国经济的相互依赖性增强。"[①]有的从政治意识形态方面看,认为全球化过程的实质就是"资本主义全球化"。如法国学者雅克·阿达指出"资本主义在空间进行的拓展已经遍布世界的各个角落,而全球化既是这一空间拓展的表现,也是并且首先是一个改变调整以至最后消除各国之间自然的和人为的疆域的过程"[②];有的从文化的视角看,这方面争论很多,主要争论集中在对文化的全球化预测上,表现为全球化究竟会带来文化的同质化还是促进了文化的多元化。有研究者指出:"所谓全球化还可能是一个文化的陷阱:它或者因为对这种多元文化差异的严重忽略,最终陷入文化差异互竞的泥塘而无以为继;或者将借助于某种经济扩张和政治强制而'平衡'人类文化的差异多样性,使人类文明或文化失去其天然丰富的本色而变得单调乏味。"[③]与之相反的,有学者指出"就历史事实来看,人们为了与物理环境取得调适,在全球各地生产了多元的文化行为与过程。"[④]联合国教科文组织在 1998 年世界文化报告中强调:"第一,多元性作为人类精神创造性的一种表达,它本身就具有价值。第二,它为平等、人权和自决权原则所要求。第三,类似于生物的多样性,文化多元性可帮助人适应世界有限的环境资源。在这一背景下多元性与可持续性相连。第四,文化多元性是反对政治与经济的依赖和压迫的需要。第五,从美学上讲,文化多元性呈现一种不同文化的系列,令人愉悦。第六,文化多元性启迪人们的思想。第七,文化多元性可以储存好的和有用的做事方法,储存这方面的知识和经验。"[⑤]除了这三个主要的对全球化的认识之外,还有学者从生态学、传播学等角度认识全球化。由此可见,全球化的概念的外延十分丰富。正如里斯本小组所提出的"全球化涉及的是众多国家与社会之间多种多样的纵向横向联系,从这些联系中形成今

---

① 国际货币基金组织.世界经济展望[M].北京:中国金融出版社,1997:45.

② 雅克·阿达.经济全球化[M].北京:中央编译出版社,2000:3.

③ 万俊人.经济全球化与文化多元论[J].中国社会科学,2002,(2).

④ 汤林森.文化帝国主义[M].冯建兰,译.上海:上海人民出版社,1999:214～215.

⑤ 联合国教科文组织.世界文化报告——文化、创新与市场(1998)[R].关世杰,等,译.北京:北京大学出版社,2000:3.

日的世界体系。"①教育作为战后各民族国家振兴的希望,不可避免的卷入到全球化这个浪潮之中。

(一)全球化语境下基础教育发展趋势与表现

1.教育全球化的内涵

在很多学者的文章中,没有提到或者是避免提到教育全球化的涵义,因此,也就没有对教育全球化作出过令人信服的界定。但是,与教育全球化意思相近的教育国际化倒是已经有了比较权威的解释。教育国际化是"第二次世界大战后国际间相互交流、研讨、协作,解决教育上共同问题的发展趋势。特点:(1)国际教育组织出现与发展。1948年联合国教育、科学及文化组织成立,宗旨是推动各国在教育、科学、文化方面的合作。嗣后,国际教育局、国际劳工组织、经济合作与发展组织、东南亚教育部长组织等亦相继成立,开始研讨共同关心的教育问题,并派遣专家进行国际援助。(2)国际合作加强。各国文化交流日益频繁,教师、研究人员交往增多,留学生增加,教材交流与合作增强。(3)各国均在改革学制的封闭与孤立状况,使本国与国际上的各级各类学校发展趋向一致。未来各国教育在对象、制度、内容、形式、方法等方面的共同点将日益增多,国际化趋势日益加强。"②那么,教育全球化是不是就等同于教育国际化了呢?对此,教育界有不同的看法。对教育全球化与教育国际化的区别与联系等问题,黄福涛博士从国外的研究现状出发归纳出了四种观点,即:等同说、因果说、辩证说、区分说。③

在我国,大多数学者都倾向于将教育全球化与教育国际化两个概念区分开来。他们认为,教育全球化是从形成世界一体化的教育模式和教育制度出发,强调教育活动在世界范围内的自由进行,它无视国家和民族的文化差异和政治利益;而教育国际化则是以维护主权国家的民族特色和自身利益为前提,不是去建立世界范围内统一的教育模式和教育制度。教育全球化与教育国际化固然有所区别,但是二者也还是有着相似之处,比如二者都关注人类的共同生活,通过国际性的交流合作,培养学生的全球意识,意识到自己不仅是具有某国国籍的公民更是一个地球人,应当关心全人类的发展前途。因此,二者在一定程度上可以互换。

可以说,教育全球化是在全球化背景下的教育反应,它包含着被动接受全球化这个客观实在的冲击,同时因其独特性,它也包含着主动培养时代新人来积极

---

① 里斯本小组.竞争的极限——经济全球化与人类的未来[M].张世鹏,译.北京:中央编译出版社,2000:39.

② 顾明远.教育大辞典:上[M].增订合编本.上海:上海教育出版社,1998:751.

③ 黄福涛."全球化"时代的高等教育国际化——历史与比较的视角 [J]. 北京大学教育评论,2003,(2).

推动全球化和人类进步的过程。

2.教育全球化的表现

全球化是"海纳百川"式的,它的表现形式自然也多种多样,无法一一赘述,这里就选择其比较显著的表现加以描述。

教育全球化的表现之一是一体化与多元性的统一。人类面临着诸如环境、资源、和平等等问题,这些问题的解决有赖于全人类共同的努力。教育也是改善人类处境的重要生力军。因此,各国的教育都肩负着引领人类和克服预防一些重大问题的崇高历史使命。这是人们对教育的全球共识。这种共识的体现是出现了和平教育、环境教育、生活教育、理解教育等。

教育全球化的表现之二是国际化与本土化的统一。教育全球化是一个国家客观的过程,但对发展中国家而言,教育全球化不完全是百利而无一害的。它也会对发展中国家产生一些消极影响,诸如人才外流、教育市场的旁落、意识形态的冲击等等,甚至一些发达国家利用教育全球化推行其文化霸权。而且人类也有维护本民族文化的本能。因此,教育全球化不能消除本土化,而是要与本土化顺利"嫁接"。

(二)教育全球化趋势对中国基础教育的影响

哈贝马斯曾说过:"20世纪80年代发生的全球范围的教育改革运动,是以教育观念、教育制度、学校运行模式、教育评价方式等为内容,以引进市场要素为核心所进行的全方位改革。"教育全球化趋势给中国的教育带来了机遇和挑战。在此背景下,我国正进行的基础教育改革,必然会受到这种思潮的影响与冲击。

1.对基础教育目标的影响

日本中央教育审议会在1965年《所期望的人》教改咨询报告中,明确提出"教育国际化"的教改原则和培养"国际上的日本人"的教育任务,成为第一个以政府名义推行教育国际化的国家。眼下,各国都在致力于培养一种国际化的人才,这就需要有国际化的培养目标,即在思想上要培养学生的国际意识,主要是指为增进不同民族文化的相互理解而加强国际理解教育,使学生能够理解多元文化,能够在国际文化中充分沟通思想,能够从国际社会和全人类的广阔视野出发并判断事物,还要培养学生具有在国际市场竞争的能力,使学生掌握一些将来在国际社会中工作所必备的知识技能。学生的国际素质可包括以下五方面:一是全球意识,诸如相互依赖意识、世界一体意识、和平发展意识、环境保护意识、国际正义意识等;二是全球知识,诸如世界地理、世界历史、国际时事、国际语言、国际经贸等;三是全球技能,诸如国际理解、国际交往、批判创新、信息处理、对话合作、终身学习等;四是全球价值观,诸如关心地球、维护人权、尊重生命、公正和睦等;五是全球行为,诸如参与一切有利于全球正义事业的行动等。以上目标虽然要明确地提出,但却可以与传统的社会目标相结合,以期达到由近及远、由地方到全球的有序延伸。①荷兰的义务教育就致力于培养公民的"国际素质",要求公民必须掌握适应国际化倾向、多元文化社会和全球经济以及与劳动市场相关的知识技能,在未来的社会里,能够适应国际化生活环境,成为欧洲乃至世界的公民。

要培养不仅仅是中国人更应是世界人的"新人",这就是教育全球化对中国的挑战。我们怎样才能培养出这样的"新人"呢?

首先,教育应该是人性化的教育。福柯曾疾呼"人死了",人真的死了吗?要回答这个问题,首先得弄清楚人是谁。对人的定义,无论说人是上帝创造出来的还是说人是进化而来,无论说人是一个"小宇宙"还是说人是"一个在思维的东西",无论说人是"最名副其实的政治动物"还是说人是追求最大的经济利益的存在,千百年来,人们其实都只是想认识"我",试图对人是谁做出确凿的回答,而这个回答直接关系到对教育目的的定位。关于人的定义,借用一下意大利的学者巴蒂斯塔·莫递恩的说法:人可以定义为一个有着自我意识,可以与他人进行沟通和能够不断超越自我的存在。也就是说,教育必须把学生当人来看待,而不是加工出的产品。要尊重人,尊重他们的自然形态。正如卢梭在《爱弥儿》中所说:"大自然希望儿童在成人以前就要像儿童的样子。如果我们打乱了这个秩序,我们就会造就一些早熟的果实,它们长得既不丰满也不甜美,而且很快就会腐烂:我们将造就一些年纪轻轻的博士和老态龙钟的儿童。"②教育还要教会学生去超越自我,这就是创新的问题了。

其次,教育应该是创造性的教育。我国每年有大量的毕业生投放市场,就业难似乎是理所应当之事,但奇怪的是,仍然有很多单位喊着缺人。究其原因,是缺乏创新人才之故。这几年,国内教育界大力提倡要培养创新型人才。要适应全球化的趋势,必须要培养创新型人才,这已成为几乎所有国家的共识。创新教育主要是一个学的过程而不是教的过程,它主要是一种"学问"的教育,而不是"学答"的教育。学"回答"意味着教育的重点在前人的认知,在能言传的显性知识,在传承,而学"提问"则意味着教育的重心在知识之间的内在联系,在知识背后隐藏的暗示,在创新。

2. 对基础课程体系的影响

课程体系的改革已成为中国迎接 WTO 挑战的中国基础教育改革最核心的问题和最关键的环节。2000 年 5 月,澳大利亚课程组织第七届全国大会提出了

---

① 邬志辉.全球化背景下的中国基础教育课程改革[J].教育科学研究,2002,(6).

② 卢梭.爱弥儿[M].李平沤,译.北京:商务印书馆,1978:91.

"全球化课程"（World class 或 Worldclass curriculum，World class education）的课程概念，并指出这不是新增一门具体课程，而是提出一种教育和课程的新理念、一种新的课程系统设计思想，强调的是课程的全球观——要增进各民族和各国家人民的相互认识与理解。它将课程置于全球大背景下来进行整体设计，并充分体现教育的公正、公平和教育必须为社会的进步和发展服务的主要功能。我国的课程因其繁难偏旧而长期为国人诟病，为适应全球化，我国的课程结构应注意发展学生的全球理解意识并通过倡导终身教育将知识分类并分散，从而减轻当前学生的课程负担。

3. 对基础教育信息化教学的影响

信息化是教育全球化产生的背景之一，正是信息技术的高速发展，远程教学才成为了可能。按照桑新民教授的说法，"教育信息化是一项极其复杂的社会系统工程，包括了从宏观教育规划、战略、管理信息化，到微观学习环境、学习模式、课程、教学、评价模式的信息化等教育系统的所有环节。"①信息化教学打破了固有的课堂环境，使得学习者可以跨越时空，与世界其他地区的教育思想、教学经验进行交流。20世纪90年代信息技术在许多国家的中小学教学领域得到了应用。1997年美国政府提出了《为美国教育行动起来》的基础教育改革计划，强调要让12岁的少年都能联机上网。1998年英国政府提出要开通全国学习网。根据中小学教育信息化建设与应用状况的调查研究课题组的调查数据显示，我国城市地区生机比达到20：1的中小学校占80％，而农村地区仅为37％；城市地区99％的中小学生所在学校开设了信息技术课程，农村地区高达41％的中小学生所在学校没有开设；学校信息化建设经费充足和非常充足的学校仅占8％，经费短缺和非常短缺的占67％；51％的学校为学科教师提供了信息技术培训的机会，几乎有一半的学校很少甚至是从不提供培训机会。这显然无法与发达国家相比，但是，我国政府、学校和社会都高度重视教育技术手段现代化与信息化的问题，预计到2010年，全国所有中小学开始普及信息技术教育，初中阶段学校基本上与互联网络联结，所有配备计算机的中小学均应当通过多种方式上网，城市和发达地区中小学应当以教学班为单位并在教室上网，进一步完善网络教育。

（三）对基础教育全球化思潮的反思——警惕全球化

目前，全球化的趋势比较明显的是反应在经济上，教育的全球化还只是传播方式的全球化，远不是全面的全球化。而且，教育的全球化对高等教育的影响较之基础教育更为甚。但是，不能因为对基础教育的影响较小就忽略全球化的可能

---

① 桑新民.信息化：教育梦想成真的捷径[N].中国教育报，2001-2-2.

影响。

第一，要明确全球化不仅会给中国的基础教育带来机遇，同时也会带来挑战。这种挑战的最直接反映体现在教育主权上。教育主权是指主权国家具有的在不同层次独立自主处理国际国内教育事务的权力。[①]当前的全球化是一种不公正、不平衡的全球化。南北之间的差距在不断的扩大，西方国家在教育全球化进程中显然是处于支配地位，而第三世界国家则处于不利地位。教育的全球化与世界经济的全球一体化是紧密联系在一起的，就此而论，教育的全球化直接就是资本主义国家开拓海外市场的殖民扩张的一部分，它包含了资本主义国家对第三世界的人力的剥夺，从而不断加剧了智力资源在当今世界上分配的不平等现象。对第三世界国家来说，教育的全球化更多意味着引进西方发达国家的教育经验和教育模式，而其本民族的教育传统和文化传统在这种历史进程中却面临着重重危机。对西方发达国家来说，教育全球化则是一种影响后发展国家的教育现代化进程，从而使现存不平等的世界秩序固定化的进程。世界贸易组织的服务自由化的相关条款也规定了开放教育市场，但是教育市场的开放会在无形中侵蚀着国家的教育主权，而且通过普遍的贸易准则要求国家放弃某些对教育自主决策和行政干预的权力，导致国家主权的旁落与转移。

第二，全球化也侵蚀着我国的基础教育市场。近年来，我国留学生出现了低龄化的倾向。中小学生出国留学最先形成热潮是在中国改革开放的实验区——深圳。在深圳，排名第一位的重点学校"深圳中学"1997～1998学年有50名学生申请出国留学，1998年秋至1999年7月，又有90多名学生申请出国留学。据专门办理出国留学事务的深圳留学人员服务中心、中国教育国际交流协会深圳分会、中国教育服务中心深圳分部等机构介绍，他们1999年第一季度所办理的出国留学的中学生的比例占到了所有出国人员的70%～80%，而且，行情依然看涨。[②]这一方面表现了中国家长对教育投资的热切之情，另一方面显示了国外已经瞄准了中国巨大的教育市场。而中小学生的大量留学必然会导致我国教育投资的大量流失。

第三，全球化可能带来一些照搬国外教育模式的做法。鲁洁教授曾指出，在中国教育学的学术领域，对来自外国的教育学思潮、理论和各种科学成果，不作具体分析的简单移植，一种新的全盘西化现象也还存在。虽然西方的有些教育理论比较先进，但是只有把这些先进理论与我国教育实际结合起来才能发挥事半功倍的效果，否则，只是简单的一味照搬，只会起到事倍功半的作用。

因此，我们对待全球化的态度不应当是"拿来主义"，无论是对传统教育思想

① 茹宗志.论全球化趋势下中国教育主权思想的发展与创新[J].高教探索,2004,(4).

② 郝瑞庭.中小学生出国留学热述评[J].中国青年研究,2000,(1).

还是国外的教育理论都应该进行合理的取舍，都应当是在本土性中融入世界性，在世界性中融入本土性。我们要寻找以维护主权国家的民族特色和政治利益的全球化为前提，世界范围内的教育活动受到主权国家一定程度的控制选择的教育模式。这才是应对全球化的正确之路。

参考文献

1. Benjamin Levin.教育改革——从启动到成果[M].项贤明,洪成文,译.北京:教育科学出版社,2004.

2. 陈永明.国际师范教育改革比较研究[M].北京:人民教育出版社,1998.

3. 波尔·达林.教育改革的限度[M].刘承辉.译.重庆:重庆出版社,1991.

4. 杜威.民主主义与教育[M].王承绪,译.北京:人民教育出版社,2001.

5. 弗里德曼.资本主义与自由[M].张瑞玉,译.北京:商务印书馆,1986.

6. 富兰.变革的力量——透视教育改革[M].中国教育科学研究所,加拿大多伦多国际学院,译.北京:教育科学出版社,2000.

7. 顾明远.教育大辞典[M].增订合编本.上海:上海教育出版社,1998.

8. 顾明远.论教师教育的开放性[J].高等师范教育研究,2001,(4).

9. 顾月华.基础教育均衡发展的实质及实施[J].教育发展研究,2004,(5).

10. 郭凯.教育民营化的凸显及对我国民办教育的政策建议[J].湖南师范大学学报:教育科学版,2004,(3).

11. 郭福昌,吴德刚.教育改革发展论[M].石家庄:河北教育出版社,1996.

12. 国际货币基金组织.世界经济展望[M].北京:中国金融出版社,1997.

13. 国际 21 世纪教育委员会.教育——财富蕴藏其中[M].联合国教科文组织总部中文科,译.北京:教育科学出版社,1996.

14. 国务院关于基础教育改革与发展的决定[J].安徽教育,2001,(7-8).

15. 哈贝马斯.公共领域的结构转型[M],曹卫东,等,译.上海:学林出版社,1999.

16. 哈耶克.哈耶克论文集[M].邓正来,译.北京:首都经济贸易大学出版社,2001.

17. 郝瑞庭.中小学生出国留学热述评[J].中国青年研究,2000,(1).

18. 洪成文.90 年代国外教育督导发展轨迹[J].比较教育研究,2001(6).

19. 胡康大.欧盟主要国家中央与地方关系[M].北京:中国社会科学出版社,2000.

20. 胡卫.民办教育的发展与规划[M].北京:教育科学出版社,2000.

21. 胡卫.摆脱困境的成功尝试——公立学校"转制"个案调查[J].教育发展研究,1999,(4).

22. 华东师大教育科学学院教育科学资料中心.新技术革命与教育[M].上海:华东师范大学出版社,1984.

23. 黄福涛."全球化"时代的高等教育国际化——历史与比较的视角[J].北京大学教育评论,2003(2).

24. 黄兴.关于基础教育办学体制改革的几点思考[J].吉林教育科学:普教研究,1998,(5).

25. 黄向阳.德育原理[M].上海:华东师范大学出版社,2000.

26. 杰夫·惠迪,萨莉·鲍尔,大卫·哈尔平.教育中的放权与择校:学校、政府和市场[M].马忠虎,译.北京:教育科学出版,2003.

27. 江泽民.论三个代表[M].北京:中央文献出版社,2001.

28. 蒋国华.西方教育市场化[J].全球教育展望,2001,(9).

29. 教育部基础教育司.中小学德育工作文献规章要览[M].北京:人民教育出版社,1998.

30. 拉塞克,维迪努.从现在到 2000 年教育内容的全球展望[M].马胜利,高毅,丛莉,等,译.北京:教育科学出版社,1996.

31. 劳凯声.教育市场的可能性及其限度[J].北京师范大学学报:社会科学版,2005(1).

32. 里斯本小组.竞争的极限[M].张世鹏,译.北京:中央编译出版社,2000.

33. 李定仁,徐继存.教学论研究二十年[M].北京:人民教育出版社,2001.

34. 李海燕.以人为本、以德为先构建学校德育的三维模型[J].课程·教材·教法,2006,(7).

35. 林德布鲁姆.市场体制的秘密[M].南京:江苏人民出版社,2002.

36. 联合国教科文组织.世界文化报告——文化、创新与市场(1998)[R].关世杰,等,译.北京:北京大学出版社,2000.

37. 联合国教科文组织国际教育发展委员会.学会生存[M].上海师范大学外国教育研究室,译.北京:教育科学出版社,1996.

38. 刘复兴.教育民营化与教育的准市场制度[J].北京师范大学学报:社会科学版,2003,(5).

39. 卢梭.爱弥儿[M].李平沤,译.北京:商务印书馆,1978.

40. 陆有铨.躁动的百年[M].济南:山东教育出版社,1997.

41. 马克思,恩格斯.马克思恩格斯选集:第 1 卷[M].北京:人民出版社,1995.

42. 马克思,恩格斯.马克思恩格斯全集:第 3 卷[M].北京:人民出版社,1979.

43. 马克思,恩格斯.马克思恩格斯全集:第 23 卷[M].北京:人民出版社,1979.

44. 马克思,恩格斯.马克思恩格斯全集:第 42 卷[M].北京:人民出版社,1979.

45. 马和民,高旭平.教育社会学研究[M].上海:上海教育出版社,1998.

46. 马德益. 英国基础教育薄弱学校改革的市场化特征 [J]. 外国教育研究,2005,(4).

47. 孟德斯鸠.论法的精神[M].张雁深,译.北京:商务印书馆,1959.

48. 欧文斯.教育组织行为学[M].窦卫霖,温建平,王越,译.上海:华东师范大学出版社,2001.

49. 钱源伟.基础教育改革研究[M].上海:上海科技教育出版社,2003.

50. 檀传宝.学校道德教育原理[M].北京:教育科学出版社,2003.

51. 施良方,崔允漷.教学理论:课堂教学的原理、策略与研究[M].上海:华东师范大学出版社,1999.

52. 苏霍姆林斯基.给教师的一百条建议[M].杜殿坤,编译.天津:天津人民出版社,1981.

53. 孙喜亭.教育问题的理论与求索[M].北京:人民教育出版社,2004.

54. 汤林森.文化帝国主义[M].冯建兰,译.上海:上海人民出版社,1999.

55. 藤田英典.走出教育改革的误区[M].张琼华,许敏,译.北京:人民教育出版社,2000.

56. 万俊人.经济全球化与文化多元论[J].中国社会科学,2002,(2).

57. 王善迈.市场经济中的政府与市场[M].北京:北京师大出版社,2002.

58. 王晓朝,杨熙楠.传统与后现代[M].桂林:广西师范大学出版,2006.

59. 王宗敏,张武升.教育改革论[M].郑州:河南教育出版社,1991.

60. 王乃信.深化基础教育管理体制改革研究[J].教育研究,1996,(5).

61. 王乐夫,陈干金.我国政府公共服务民营化问题分析——以公共性为研究视角[J].学术研究,2004,(3).

62. 邬志辉.现代教育管理专题[M].北京:中央广播电大出版社,2004.

63. 邬志辉.全球化背景下基础教育课程改革[J].教育科学研究,2002,(6).

64. 吴志宏,冯大鸣,周嘉方.新编教育管理学[M].上海:华东师范大学出版社,2000.

65. 吴忠魁.教育变革的理论模式[M].成都:四川教育出版社 1988.

66. 项贤明.当前国际教育改革主题与我国教育改革走向探析[J].北京师范大学学报:社会科学版,2005,(4).

67. 徐玉珍.可持续发展与基础教育的革新[J].教育研究,1999,(10)。

68. 雅克·阿达.经济全球化[M].北京:中央编译出版社,2000.

69. 雅斯贝尔斯.什么是教育[M].邹进,译.北京:三联书店,1991.

70. 以赛亚·伯林.自由论[M].胡传胜,译.南京:译林出版社,2003.

71. 易法建.组织改革心理学[M].郑州:河南大学出版社,1997.

72. 袁振国.当代教育学[M].北京:教育科学出版社,2004.

73. 袁振国.中国教育政策评论:2004[M].北京:教育科学出版社,2004.

74. 袁振国.中国教育政策评论:2005[M].北京:教育科学出版社,2005.

75. 袁振国.教育改革论[M].南京:江苏教育出版社,1992.

76. 查尔斯·赫梅尔.今日的教育为了明日的世界[M].王静,赵穗生,译.北京:中国对外翻译出版公司,1983.

77. 瞿葆奎.教育学文集:国际教育展望[M].北京:人民教育出版社,1993.

78. 詹姆斯·施密特.启蒙运动与现代性[M].徐向东,卢华萍,译.上海:上海人民出版社,2005.

79. 詹中原.新公共管理[M].台北:五南图书出版股份有限公司,2002.

80. 张焕庭.教育辞典[M].南京:江苏教育出版社,1989.

81. 张人杰.现代教育改革论[J].外国教育资料,1985,(5).

82. 赵祥麟.外国现代教育史[M].上海:华东师范大学出版社,1987.

83. 赵中建.全球教育发展的热点研究[M].北京:教育科学出版社,1999.

84. 赵中建.近年来美国学校管理改革述评[J].教育研究,2001,(5).

85. 郑双阳,洪明.美国公立学校市场化改革初期失利现象透视——"教育选择公司"的经营破产说明了什么?[J].外国教育研究,2006,(4).

86. 朱小蔓.教育的问题与挑战——思想的回应[M].南京:南京师范大学出版社,2000.

87. Adam Gamoran.Do Magnet School Boost Achievement?[J].Education Leadership,1996,(10).

88. DFEE,Handbook for Education Action Zones[Z].London,DFEE,1998.

89. J.H.Ballantine,The Sociology of Education:A systematic Analysis,Englewood chiffs,N.J.:Prentice-Hall(2nd.ed.1989).

90. National Charter School Week 2005 [EB/OL].http://www.edreform.com/_upload/ncsw-numbers pdf 2005-04.

91. R.E.Herriott,N.Gross.The Dynamics of Planned Educational Change:Case Studise and Analyses[M].Mccutchan Publishing Corporation,1979.

后 记

　　本书主要是为适应教育学专业研究生和本科生的教学需要而编写。1999年,安徽师范大学教育系开始招收教育硕士研究生。根据教育硕士专业学位委员会课程设置的指导性意见,《基础教育改革研究》是教育硕士(教育管理方向)研究生必修的专业课程。随后学校本科生培养计划调整,该课程也同时被列为教育学专业本科学生的必修课程。而在当时,坊间能够寻找到作为研究生和本科生教学之用的教学参考用书非常有限。教学的实践需要逼迫着我们进行基础教育改革的问题思考与研究,并且开始注意积累各方面的相关资料。

　　因此,本书是教育学专业研究生和本科生教学的直接成果。本书的主要内容已经在几届教育学专业研究生和本科生的教学中讲授过,并且随着时间的推移而不断地作出调整和修改,终成现在的体系。我们知道,本书现有的体系仍然存在许多问题;相关的表述和观点亦有待进一步地斟酌和论证;作为教育研究的一个领域,其专门的术语和概念也有待进一步地规范;但就我们目前所具有的水平而言,也只能这样了。

　　有幸的是,本书2007年被列入安徽省规划教材出版计划。这直接促成了本书的最后成稿和出版。尽管,本书的研究已经列入安徽师范大学教育科学学院学科建设的研究序列,但如果没有省规划教材出版计划,没有安徽师范大学出版社编辑的几次催促,则本书的出版显然可能还要后延。

　　本书是分工合作的结果。全书经讨论确定基本观点的表述和体系结构,然后分工撰写。具体分工如下:周兴国撰写第二、三、四、五章,朱家存撰写第一章、第九章,李宜江撰写第六、七、八章。周兴国承担了全书的统稿工作,李宜江则在承担撰写任务的同时,还承担有许多繁琐的资料搜寻和日常的事务性工作。

　　本书在写作过程中吸取和参考众多研究者的研究成果,在此要向这些基础教育改革的研究专家表示感谢;有一些引用的文献或许因为这样那样的原因而没有注明,在此由衷地表示歉意。

　　感谢安徽师范大学出版社的编辑胡志恒先生。

作　者
2010 年12月18日